ÉDITION POPULAIRE A 2 SOUS LA FEUILLE.

Il paraît une feuille par semaine.

LES CHAINES

DE

L'ESCLAVAGE

PAR J.-P. MARAT,

Membre de la Convention Nationale;

PRÉCÉDÉES D'UN DISCOURS PRELIMINAIRE

PAR M. A. HAVARD;

ORNÉES D'UN BEAU PORTRAIT DE L'AUTEUR, GRAVÉ SUR ACIER, QUI SERA DISTRIBUÉ GRATIS AUX SOUSCRIPTEURS.

Prospectus.

Les *Chaines de l'Esclavage* ne datent pas de notre première révolution; elles furent publiées, *et il est bon d'en faire faire la remarque*, pour la première fois en 1774, à Édimbourg, et écrites en anglais. Ce n'est qu'en 1792 que l'auteur les fit paraître en France. Depuis elles n'ont jamais été reproduites. Ce livre est donc aujourd'hui très-rare et très-coûteux.

Dans quelque livre que ce soit on n'a retracé, comme le fait l'auteur des *Chaines de l'Esclavage*, une aussi effrayante série d'atrocités, et l'on n'a jamais présenté à l'esprit un pareil bloc de crimes. Et ce qui fait le mérite de cet ouvrage, c'est qu'il ne s'y trouve pas une seule réflexion qui ne soit appuyée sur un *fait historique*, de sorte que pour réfuter l'auteur, il faudrait commencer par dire que l'histoire est fausse.

Et dans un siècle où la tyrannie et l'humanité luttent corps à corps, il est utile de mettre sous les yeux des peuples, les actions des monstres qui, regardant l'espèce humaine comme leur propriété, ont cru qu'ils pouvaient en disposer à leur gré : les uns avec un raffinement d'hpocrisie souvent couronné de succès, les autres ouvertement et sans jamais s'envelopper d'aucun voile.

De tout ce que rapporte l'auteur des *Chaînes de l'Esclavage* il faut en conclure que les peuples seront malheureux et persécutés, tant que les lois auxquelles ils doivent obéissance ne seront pas la véritable expression de leur volonté. C'est vers ce but que marche la génération nouvelle; c'est sur ce point qu'il faut le plus l'éclairer, le plus la convaincre, parce que c'est la base inébranlable sur laquelle doit reposer le bonheur de l'humanité tout entière.

O France! dusses-tu irriter davantage encore la rage des tyrans, c'est à toi qu'il appartient de désabuser tous les peuples, et de les persuader que ce qui est dans l'intérêt de tes enfans est aussi dans l'intérêt de toutes les nations!

Les *Chaînes de l'Esclavage* formeront un volume in-8° de 20 feuilles imprimées sur papier fin satiné; 4 ou 5 feuilles formeront une livraison qui sera portée à domicile. Les souscripteurs pourront retirer une feuille tous les samedis de chaque semaine chez l'éditeur ou dans les dépôts.

La première feuille est en vente.

PRIX A PARIS DE L'OUVRAGE COMPLET : 2 FRANCS.

Nota. Le Discours préliminaire et le Portrait paraîtront avec une des dernières livraisons.

On souscrit à Paris,

Chez Adolphe HAVARD, Éditeur, rue Saint-Jacques, N° 234.

OLLIVIER, rue Saint-André-des-Arts, 33.

ROUANNET, rue Verdelet, 6.

VIAL, au bureau de *la Tribune*.

BOUSQUET, Palais-Royal.

GRIMPERELLE, r. Poissonnière, 21.

En vente, chez les mêmes, la deuxième édition de l'*Histoire patriotique des Arbres de la Liberté*, par Grégoire; prix : 2 fr.

IMPRIMERIE DE AUGUSTE AUFFRAY, PASSAGE DU CAIRE, N° 54.

LES CHAINES

DE

L'ESCLAVAGE.

IMPRIMERIE DE AUGUSTE AUFFRAY,
PASSAGE DU CAIRE, 54.

LES CHAINES

DE

L'ESCLAVAGE,

OUVRAGE DESTINÉ A DÉVELOPPER LES NOIRS ATTENTATS DES PRINCES
CONTRE LES PEUPLES; LES RESSORTS SECRETS, LES RUSES, LES ME-
NÉES, LES ARTIFICES, LES COUPS D'ÉTAT QU'ILS EMPLOIENT POUR
DÉTRUIRE LA LIBERTÉ, ET LES SCÈNES SANGLANTES QUI ACCOMPA-
GNENT LE DESPOTISME;

PAR J.-P. MARAT,

PRÉCÉDÉES D'UN DISCOURS PRÉLIMINAIRE

ET ACCOMPAGNÉES DE NOUVELLES NOTES,

PAR M. A. HAVARD.

Impatiens freni.

PARIS,

ADOLPHE HAVARD, ÉDITEUR,

RUE SAINT-JACQUES, 234.

1833.

AVERTISSEMENT DE L'ÉDITEUR.

Les Chaînes de l'Esclavage, comme nous l'avons dit dans notre Prospectus, furent composées dans la langue anglaise, *quinze ans avant* notre révolution.

Nous saisissons l'occasion de le répéter ici, car l'époque de la composition de cet ouvrage prouve de la manière la plus incontestable, que Marat avait, en 1774, les mêmes idées, la même haine pour les tyrans et toutes leurs atrocités, que lorsque la révolution éclata.

Maintenant doit-on être surpris qu'il ait poursuivi le crime avec cette persévérance, cette activité qu'on trouve rarement, même dans ceux qui se dévouent aux intérêts de la chose publique ? Non.

Pressé par le temps, nous n'avons pu placer en tête de cette édition, une notice détaillée sur la vie et les ouvrages de ce citoyen; un jour, nous en avons l'espoir, nous nous en occuperons.

Le portrait placé en tête de cette édition est d'une ressemblance parfaite; nous pouvons l'affirmer.

La peinture dont s'est servi l'artiste nous a été confiée par la sœur même de Marat; et jamais cette peinture n'avait été prise pour modèle. Il sera facile de s'en convaincre par la comparaison que chacun pourra faire avec les autres portraits de Marat publiés jusqu'à ce jour, qui, à quelques exceptions près, ne sont, de l'aveu de la sœur de Marat, que d'ignobles caricatures.

Qu'il nous soit permis de consigner ici toute la reconnaissance que nous devons à mademoiselle Marat, femme remarquable par son amour pour la patrie, son caractère noble et indépendant, son esprit et ses connaissances.

DISCOURS PRÉLIMINAIRE

Lorsque d'horribles convulsions torturent les entrailles de la patrie, c'est un devoir pour tout homme de cœur de s'occuper de politique; et jamais cela ne fut plus éminemment utile qu'aujourd'hui, où la patrie a dans son propre sein le poison de la monarchie. Ce n'est pas qu'on ne puisse être honnête homme et pourvu d'estimables qualités, sans examiner à chaque instant de la vie, pour ainsi dire, la marche gouvernementale. On peut être bon époux, bon père, plein d'empressement à obliger ses amis: mais là ne se bornent pas les devoirs du vrai citoyen. L'homme qui ne porte intérêt qu'à ce qui l'entoure, n'a qu'une fraction de vertu; il n'est point égoïste par rapport à ceux qu'il connaît, qu'il affectionne; mais il l'est certainement par rapport aux masses.

La politique, peuples, ne l'oubliez pas, c'est la science du gouvernement; et s'en occuper, c'est exercer un contrôle perpétuel sur les actes des hommes arrivés au pouvoir. Lors même qu'ils sont de votre choix, les surveiller est pour vous un devoir de tous les instants. Un grand homme à qui la France,

le monde entier même, est redevable des plus importantes améliorations introduites dans le système social a écrit: Quand un citoyen dit que m'importe, la
patrie est perdue.

Aussi, rendre les hommes indifférens sur ce qui
doit les intéresser tous et le plus, ce fut toujours
le plan des tyrans, de ces hommes qui posent
des barrières sur la terre, taillent le genre humain par portions qu'ils se distribuent à leur fan-
taisie.

De pareilles idées révoltent plus ou moins les citoyens, selon qu'ils sont plus ou moins avancés dans
leur éducation politique. Aussi, que l'on feuillette
les annales de l'histoire, on verra que les princes
en général ont tous travaillé à entraver l'esprit humain dans son mouvement de progression. Et quand
ils en viennent à leurs fins, ils font de prétendues
concessions aux peuples et viennent effrontément
leur dire que leur bonheur est l'objet de toute leur
sollicitude. Hypocrisie et profonde et raffinée en
même temps! Comme si chez eux tout, la plupart
du temps, n'était pas calcul depuis la cruauté jusqu'à la clémence! ils jouent avec la vie des hommes;
on ne saurait jamais trop le répéter aux nations jusqu'à persuasion complète.

Eh! mon Dieu, pour être convaincu sur l'heure,
il ne faut que prendre connaissance des faits, et
ceux de notre époque sont bien suffisans.

O toi! Pologne, sœur de la France, toi qui, sur
les champs de bataille, mêlas ton sang à notre sang,

toi dont la reconnaissance inscrivit le nom sur nos drapeaux victorieux, n'es-tu pas là avec tes débris épars en tous lieux pour attester le brigandage, les forfaits inouïs, l'assassinat, le massacre de l'innocent jusque dans les bras de sa tendre mère!

O Nicolas! vil scélérat, ton nom seul fait remonter tout le sang vers le cœur; on étouffe quand on songe à tous tes crimes!

Ah! de quelle vertu ne serait pas doué celui qui te . . . . , et te ferait faire le tour du monde traîné sur la claie.

Et pourtant il est des approbateurs de ta conduite! et ce sont les rois tes confrères! ce sont eux qui ont affermi ton bras rougi du sang polonais. Eh bien! nous faisons des vœux, et Dieu sait s'ils sont ardens, pour que le sort que nous te souhaitons

. . . .

Et, quand on pense qu'avec le système qu'on voudrait adopter de toutes parts, en tous lieux, des malheurs doivent toujours succéder à d'autres malheurs! Mais non! tant d'infamie réveille l'humanité jusque dans les cœurs les plus froids, les plus timides; et chacun finit enfin par voir où l'on voudrait nous mener.

Un mouvement de résistance existe; les nations s'organisent, s'entendent sur leurs communs intérêts : et s'il est un beau spectacle, un spectacle digne de faire verser des larmes au citoyen vertueux et sensible, c'est la concorde universelle vers laquelle nous marchons infailliblement.

Citoyens, qu'il est beau de poursuivre une telle tâche; qu'il est glorieux d'accomplir une telle mission! Et nous nous ralentirions d'une minute! oh! non; nous ne le ferons pas : nous ne voudrions pas qu'on nous dit que nous avons retardé le triomphe de l'humanité.

Ce triomphe, pour quiconque suit, étudie, apprécie les conséquences de chaque événement, les tergiversations du pouvoir, les hésitations qui le mettent chaque jour plus à découvert et font sentir sa faiblesse; ce triomphe, dis-je, est certain.

Mais pour l'effectuer que ne faut-il pas faire encore? Il faut travailler l'esprit des nations, faire passer dans l'esprit de tous les hommes les principes inébranlables qui se sont déjà emparés d'un grand nombre de citoyens. Les tyrans, nous le savons, voudront résister; eh bien! tant mieux : ils n'en périront que plus vite. Ce que nous désirons le plus, c'est qu'ils ne nous tyrannisent pas en détail. Si la monarchie avait fait en France en trois mois ce qu'elle a fait depuis trois ans, il y a déjà long-temps que l'abominable système existant serait renversé.

Ne nous plaignons donc pas des fautes des gouvernemens; laissons-les faire : ils se coupent un bras avec l'autre. Mais ayons sur eux une attentive surveillance; que rien n'échappe à nos yeux, et chaque infamie qu'ils commettront sera un pas de plus de fait vers le nouvel ordre de choses.

Ce nouvel ordre de choses déjà, et c'est là qu'est toute notre espérance, effraie moins à mesure qu'il s'approche plus : la raison en est simple, claire et accessible à tout esprit calme, juste et de bonne foi.

Il est donc évident que nous avançons ; le nier, ce serait nier le mouvement. D'ailleurs il n'est pas dans la nature de l'intelligence humaine de rester stationnaire; on pourrait prouver cela par l'histoire. Or, son mouvement est rétrograde ou progressif; mais il ne peut être rétrograde, car il n'est pas dans la nature que l'homme se plie avec grâce au mouvement que l'on fait pour l'écraser : au contraire, il recherche en toutes choses ce qui peut le plus faire son bien être, ce qui est le plus en rapport avec l'humanité, la raison et le bon sens.

Eh bien ! marcher vers la perfection, c'est marcher droit à la République : et la République, qu'on ose encore appeler utopie, n'est autre chose que le gouvernement du pays avec la participation *de tout le pays.*

Oui, nous avançons. Pense-t-on qu'aujourd'hui on respecterait assez peu la morale pour demander le rappel à l'ordre d'un orateur[1] qui dirait à la tribune que nous avons payé quatorze millions pour hâter l'arrivée d'un tigre (don Miguel) en Portugal? Je ne le crois pas. Ce n'est pas que je suppose un seul instant, Dieu m'en garde, que Bizieu du Lézard, De Conny et Dutertre aient changé de manière de voir : dans le fond de leur âme ils ont aujourd'hui, comme à cette époque, des autels pour la tyrannie, le servilisme

[1] Labbey du Pompières. Séance du 19 mai 1829.

et le brigandage. Mais il savent, ces hommes et tous leurs dignes acolytes, que l'opinion publique est trop avancée pour crier à *l'indécence* dans un pareil cas.

Et certes, c'est un grand pas de fait, que l'opinion, en quelques années, en soit venue à se faire respecter ainsi.

Oui, l'opinion publique est en progrès; le patriotisme gagne tous les cœurs, s'empare de toutes les âmes; il dispute pied à pied le terrain à la tyrannie, et la refoule vers le tombeau où elle doit descendre.

C'est maintenant dans la célérité du mouvement qu'on donnera au patriotisme de la masse que tout dépend Abandonné à lui-même, le patriotisme certainement ne meurt pas, mais il est moins ardent. Il faut donc l'alimenter sans cesse de ce qui chaque jour lui donne et plus de force et plus de lumières. Et cet aliment il consiste principalement dans la haine que doit inspirer la dégoûtante corruption de la monarchie.

Déjà la révolution de 89, produite par les lumières que le 18ᵉ siècle fit passer dans toutes les têtes, avait ébranlé tous ces trônes qu'on avait osé croire solides; de nouvelles idées, que pour un temps le despotisme impérial a comprimées, changèrent la face du monde; aujourd'hui elles ont repris leur cours, et plus enracinées, parce que l'expérience nous a profité, nous ne sommes pas dans la disposition de nous livrer au premier hypocrite ou audacieux qui

voudrait s'emparer des rênes de l'État, nous pro-
mit-il *la meilleure des républiques.*

Que d'encouragemens un tel état de choses ne
doit-il pas donner à cette multitude innombrable de
citoyens qui sont considérés, sur cette terre, comme
s'ils étaient des bêtes de somme. On n'a point égard
à leur intelligence qui se développe de plus en plus;
à l'instruction qu'ils acquièrent et qui leur donne
le sentiment de leur dignité, de leurs droits; qui
leur facilite les moyens de s'entendre, de s'associer
pour multiplier leurs forces et résister à l'oppression.
Non, on ne le veut pas, le parti en est pris; et les
rois, en le prenant, sont conséquens avec eux-mêmes : ils prouvent toutes leurs craintes, et que la
monarchie, ce vieil édifice, vermoulu et à demi-
croulé, n'a plus pour étais que les bois pourris de
leurs trônes.

Si nous ne sommes pas encore au but, nous l'en-
trevoyons. Nous savons où nous marchons; nous
savons ce que nous voulons; nous battons en brè-
che la vieille enceinte de la monarchie; bientôt nous
serons maîtres de la place et justice sera faite à ceux
qui tirent sur nous.

Et alors, rasant aux cris de l'enthousiasme et de
la joie ce repaire où le crime se lègue de père en
fils, où l'on forge des fers aux nations en leur parlant de liberté, où on les abrutit en leur parlant
d'instruction, où on leur souffle le germe du vice
et de la corruption, en leur parlant de morale et
vertu; alors, dis-je, nous construirons l'édifice

social sur un sol vierge; l'haleine empestée des rois
ne sera plus un principe de mort pour la liberté, ce
germe toujours renaissant et pourtant tant de fois
écrasé sous les pieds des tyrans.

Oui, tremblez, misérables, et vos satellites aussi;
les armes qui doivent vous combattre, elles sont
toutes forgées, et la vengeance les a remises aux
mains des peuples en leur criant MARCHEZ; que la
Marseillaise, escortée de tous ses souvenirs, vous
souffle le courage au cœur; affranchissez-vous, le
temps en est venu; c'est la vertu, c'est le ciel, c'est la
voix de Dieu même qui le veut, qui vous l'ordonne!!!

Alors, rois, tous vos sceptres et vos couronnes
seront mis au pilon. Et vous.... attendons; ce que les
nations font est toujours bien fait et surtout sans
appel.

Ainsi les peuples sont prêts; ils sont impatiens;
il s'échauffent dans la longe qui les tient captifs :
mais ils ne bougeront pas avant que le moment de
bouger soit arrivé.

Et c'est dans le laps de temps qu'il leur reste
encore à parcourir qu'ils achèveront de se mûrir.
La presse, cet ardent foyer qui entretient l'esprit
humain dans un état toujours complet d'ébullition,
est la sentinelle avancée des peuples; elle veille à
tous leurs intérêts, ouvre les entrailles de la fourberie et les leur montre; accable de sa voix accu-
satrice des ministres qui, à l'exemple de leurs
maîtres, se font voleurs et viennent parler publiquement de leur *vieille probité*.

Elle apprend aux nations que la vertu, comme on l'a déjà dit, se débat depuis des millions d'ans, entre les mains du crime; qu'à quelque époque et dans quelque pays que ce soit, la royauté fut toujours animée des mêmes idées et dirigée par les mêmes principes.

Seulement les époques diffèrent, en ce sens que les peuples apportent plus ou moins de résistance à la tyrannie qu'on exerce sur eux; c'est sur ce point que l'homme qui suit de l'œil l'esprit humain dans sa course, s'arrête et juge de son degré de maturité; il peut bien quelquefois faire une pause; mais en somme, la civilisation, pour quiconque en a suivi l'histoire, est un point de lumière que l'on voit grandir : tous les événemens concourent à en rendre la clarté plus forte, plus accessible à tous les regards, et ce ne sont pas les efforts que l'on fait pour nous plonger dans l'ignominie et l'esclavage qui lui font faire le moins de progrès.

Ce principe établi, l'étude de l'histoire écrite comme elle doit l'être, est l'arsenal où l'on trouve le plus d'armes contre le système monarchique, système absurde, inhumain, offensant pour les hommes.

Ah! s'il est un livre qui prouve cela par les faits, c'est, sans contredit, celui que précèdent ces réflexions. L'esprit est effrayé de tant d'infamies. Jamais, il nous semble, on n'avait fait une étude aussi approfondie de causes de la tyrannie et des maux auxquels nous sommes en proie. Que le livre de Marat justifie bien ce mot de ce Romain qui disait qu'*un roi ne peut être qu'une méchante bête !*

Si en toutes choses il faut connaître les causes du mal pour y apporter remède, jamais but ne fut mieux atteint.

En effet, que de crimes, que d'atrocités, que de fourberies, d'astuces, de vols, d'hypocrisies, d'immoralités de tous genres! quelle galerie de scélérats n'y passons-nous pas en revue! Et puis des hommes aussi vils que plats viennent encore effrontément nous vanter ce qui fait gémir tant de nations depuis des millions d'ans? Allez, gens sans pudeur, sortez de nos rangs; votre place est au pied des trônes : là, soumis, obéissans, attentifs au moindre geste du maître, vous exécutez ses ordres avant même qu'il ait parlé, afin d'obtenir plus tôt votre récompense. Rien ne vous coûte; et la lâcheté est pour vous la moindre chose. Allez, j'aime à le croire, la vertu n'a jamais parlé à vos cœurs : vous seriez trop malheureux !

Citoyens, si dans notre douleur tant d'horreurs et de bassesses nous attristent, nous arrachent des larmes, ah! n'en doutons pas, ces larmes sont les vapeurs qui forment la foudre : soyons courageux, persévérans; continuons à faire, l'histoire en main l'autopsie du cœur des rois, et en y voyant la source des malheurs qui désolent la terre, chacun de nous s'écriera : JE SUIS SURPRIS DE LA PATIENCE DU GENRE HUMAIN.

NOTICE.

—

L'ouvrage que je publie aujourd'hui était dans mon portefeuille depuis bien des années; je l'en tirai en 1774, à l'occasion de la nouvelle élection du parlement d'Angleterre. Me sera-t-il permis de dire ici quelques mots de son origine et de ses succès : la sourde persécution qu'il m'attira de la part du cabinet de Saint-James, mettra mes lecteurs en état de juger du prix qu'y attachait le ministère Anglais.

Livré dès ma jeunesse à l'étude de la nature, j'appris de bonne heure à connaître les droits de l'homme, et jamais je ne laissai échapper l'occasion d'en être le défenseur.

Citoyen du monde, dans un temps où les Français n'avaient point encore de patrie, chérissant la liberté dont je fus toujours l'apôtre, quelquefois le martyr, tremblant de la voir bannie de la terre entière, et jaloux de concourir à son triomphe, dans une île qui paraissait son dernier asile, je résolus de lui consacrer mes veilles et mon repos.

Un parlement décrié par sa vénalité touchait à sa fin, le moment d'élire le nouveau approchait; sur lui reposaient toutes mes espérances. Il s'agissait de pénétrer les électeurs de la Grande-Bretagne de la nécessité de faire tomber leur choix sur des hommes éclairés et vertueux; le seul moyen praticable était de réveiller les Anglais de leur léthargie, de leur peindre les avantages inestimables de la liberté, le maux effroyables du despotisme, les scènes d'épouvante et d'effroi de la tyrannie; en un mot, de faire passer dans leur âme le feu sacré qui dévorait la mienne. C'était le but de mon ouvrage.

Mais le moyen qu'il pût être accueilli d'une nation fortement prévenue contre tout ce qui sent l'étranger, s'il ne paraissait dans la langue du pays? Pour intéresser davantage à sa lecture, je tirai de l'histoire d'Angleterre presque tous les exemples à l'appui de mes principes. Dévorer trente mortels volumes, en faire des extraits, les adapter à l'ouvrage, le traduire et l'imprimer, tout cela fut l'affaire de trois mois. Le terme était court, il fallait toute mon activité, et mon ardeur était sans bornes : pendant cet intervalle, je travaillai régulièrement vingt et une heure par jour : à peine en prenais-je deux de sommeil; et pour me tenir éveillé, je fis un usage si excessif de café à l'eau qu'il faillit me coûter la vie, plus encore que l'excès du travail.

L'ouvrage sortit enfin de dessous la presse. Le désir extrême que j'avais qu'il vit le jour à temps, soutint mon courage jusqu'à cette époque : aussi lorsque je l'eus remis aux publicateurs, croyant n'avoir plus rien à faire que d'en attendre tranquillement le succès, tombé-je dans un espèce d'anéantissement qui tenait de la stupeur : toutes les facultés de mon esprit étaient étonnées, je perdis la mémoire, j'étais hébê é, et je restai treize jours entiers dans ce piteux état, dont je ne sortis que par le secours de la musique et du repos.

Dès que je pus vaquer à mes affaires, mon premier soin fut de m'informer du sort de l'ouvrage; on m'apprit qu'il n'était pas encore dans le public. J'allai chez les publicateurs, chargés de le faire annoncer par les papiers-nouvelles : aucun n'y avait songé, quelques-uns même revinrent sur leur engagement; j'en trouvai d'autres : je me déterminai à faire moi même les démarches nécessaires; et dans mon impatience, je courus chez les différens éditeurs de ces papiers. Comme il n'annoncent aucun livre sans payer, j'offris d'acquitter à l'instant les frais; tous refusèrent, sans vouloir donner aucune raison de cet étrange refus. Un seul [1] me fit entendre que le discours aux électeurs de la Grande-Bretagne, mis à la tête de l'ouvrage, pouvait en

---

[1] C'était le sieur Woodfall, imprimeur du public Advertiser.

être la cause. Il n'était que trop visible qu'ils étaient vendus. Voulant en avoir la preuve, je lui offris dix guinées, pour une simple annonce, au lieu de cinq schellings, qui était le prix ordinaire : je ne pus rien gagner ; et je ne doutai plus qu'une bourse mieux remplie que la mienne n'eut pris les devans, et couvert l'enchère.

L'empressement que le sieur Becquet, libraire du prince de Galles, montra dès que le livre parut, de faire rayer son nom de la liste des publicateurs, me mit sur la voie : je compris trop tard que le ministre craignant que cet ouvrage ne barrat ses menées, pour s'assurer de la majorité du parlement, avait acheté imprimeur, publicateurs et journalistes. Je n'eus pas de peine à remonter à la source, au moyen des renseignemens que je venais de me procurer : mon imprimeur était Écossais, attaché au lord North, auquel il faisait passer les feuilles de l'ouvrage à mesure qu'elles sortaient de la presse. Quelques mots qu'il laissa tomber un jour dans la conversation m'avaient appris ses relations avec ce lord ; et en me présageant que la trop grande énergie du livre l'empêcherait d'être accueilli, il alla jusqu'à dire qu'elle m'attirerait des désagrémens. Instruit par l'exemple de Wilkes, des attentats auxquels un ministre audacieux pourrait se porter contre moi, et peu d'humeur de lui vendre paisiblement le droit de m'outrager, j'eus pendant six semaines une paire de pistolets sous mon chevet, bien déterminé à recevoir convenablement le messager d'état qui viendrait enlever mes papiers. Il ne vint point; le ministre, informé de mon caractère, avait jugé à propos de n'employer que la ruse, d'autant plus assuré de son fait, qu'en ma qualité d'étranger, je n'étais pas présumé connaître les moyens de le déjouer.

Indigné des entraves mises à la publication de mon ouvrage, je pris le parti d'envoyer en présens l'édition presqu'entière aux sociétés patriotiques du nord de l'Angleterre, réputées les plus pures du royaume : les exemplaires à leurs adresses furent exactement remis par les voitures publiques.

Le ministre en eût vent : pour rendre nulles toutes mes réclamations, il m'environna, d'émissaires qui s'attachèrent à mes pas, gagnèrent mon hôte, mon domestique, et interceptèrent toutes mes lettres, jusqu'à celles de famille.

Surpris de voir la correspondance de mes connaissances, de mes amis, de mes parens, tout-à-coup interrompue, je ne doutai point que je ne fusse entouré d'espions. Pour les dépayser, je pris le parti de passer en Hollande, de revenir à Londres par le nord de l'Angleterre, et de visiter en passant les sociétés patriotiques auxquelles j'avais fait passer mon ouvrage. Je séjournai trois semaines à Carlisse, à Berwick et Newcastle. C'est là que toutes les menées du ministre me furent dévoilées : j'appris que trois de ces sociétés m'avaient envoyé des lettres d'affiliation dans une boîte d'or, qui fut remise en mon absence à l'un de mes publicateurs, des mains du

quel les émissaires ministériels l'avaient retirée en
mon nom. Celles de Newcastle en particulier, n'ayant
pas voulu souffrir que je suportasse seul les frais de
l'édition que j'avais distribuée en cadeaux, me les
remboursèrent exactement, après en avoir fait une
nouvelle, qu'elles répandirent dans les trois royaumes ; après m'avoir fêté chacune à son tour, et m'a-
voir décerné la couronne civique. Mon triomphe
était complet ; mais il était tardif : j'eus la douleur
de voir qu'à force de repandre l'or à pleines mains[1],
le ministre était parvenu à étouffer l'ouvrage jusqu'à ce que les élections fussent finies ; et qu'il ne
lui laissa un libre cours, que quand il n'eut plus à
redouter le réveil des électeurs.

On voit par cet historique que ce n'est pas d'aujourd'hui que je sacrifie sur les autels de la liberté.
Il y a dix-huit ans que je remplissais en Angleterre
les devoirs qu'impose le civisme le plus pur, avec le
même zèle que je les ai remplis en France depuis la
révolution : et si, pour servir plus efficacement ma
patrie, j'ai bravé tous les dangers, je ne craignis
point, pour provoquer la réforme de la constitution
anglaise et cimenter la liberté, d'attaquer les prérogatives de la couronne, les vues ambitieuses du
monarque, les menées du ministre, et la prostitution du parlement.

[1] J'ai appris quelques années après, d'un membre du département,
dont je soignais la santé, que le ministre avait dépensé plus de huit
mille guinées pour empêcher la publication de mon livre avant la fin
des élections.

— 7 —

Au reste, la persécution que j'éprouvais alors, n'a rien de commun avec celle que j'ai éprouvée depuis. Elle m'a coûté, il est vrai, bien des démarches, une grande perte de temps, le chagrin de manquer mon but, et l'honneur d'être noté en lettres rouges sur les tablettes de Georges III. Mais à compter pour rien celui d'être noté, en lettres de sang, sur celle de Louis XVI et de tous les potentats de l'Europe, tous les périls auxquels j'ai échappé, tous ceux qui me menacent encore, les maux inouïs que j'ai soufferts pour la cause publique sont sans nombre. Si du moins la France était libre et heureuse. Hélas! Elle gémit plus que jamais sous le [1] joug de la tyrannie. O ma patrie! Comment la plus puissante des nations fut-elle toujours la plus opprimée? Quels outrages n'as-tu pas essuyé, depuis tant de siècles, de la part de tes rois, de tes princes, de tes magnats, ces dieux de la terre par leur orgueil, et par leurs vices l'écume du genre humain? A quelle misère ne t'a pas exposé la cupidité de tes agens? Quels maux ne t'ont pas fait tes conducteurs, tes mandataires, tes propres représentans, lâches esclaves du plus vil des mortels? Quel opprobre, quelles angoisses, quelles calamités n'as-tu pas souffertes de la part de la horde nombreuse de tes implacables ennemis? Et ta patience n'est pas au bout! Pour combler la mesure, faudra-t-il donc t'exposer encore aux perfidies des nouveaux scélérats? Et quels dé-

---

[1] Ce morceau était sorti de la plume de l'auteur, un peu avant l'époque du 10 août.

sastres te reste-t-il à éprouver de la part des puissances conjurées contre toi, si ce n'est la dévastation
et des supplices ignominieux !

Tant de malheurs n'ont fondu si long-temps sur
ta tête, que pour n'avoir pas connu l'atrocité de tes
chefs, et n'avoir pas su démêler le noir tissu des
artifices qu'ils ont employés pour te remettre à la
chaîne. Le tableau que je mets aujourd'hui sous tes
yeux, était destiné à l'instruction de tes enfans,
puisse-t-il les pénétrer d'horreur pour la tyrannie?
Puisse-t-il les tenir en garde contre les machinations
de leurs mandataires ? Puisse-t-il les armer contre les
entreprises du cabinet, et puisse le monarque ne
jamais les prendre au dépourvu.

AUX ÉLECTEURS

DE LA GRANDE-BRETAGNE.

Dans les temps de calme et d'abondance, au milieu des succès d'un gouvernement paisible, les nations entraînées par le courant de la prospérité s'endorment sans défiance entre les bras de leurs chefs, et la voix d'un Dieu ne les réveillerait pas de leur léthargie. Mais dans les temps de troubles et de calamités, lorsque les princes, marchant au pouvoir arbitraire, foulent les lois à leurs pieds sans honte et sans remords, l'attention publique est réveillée par les moindres objets, et la voix d'un simple citoyen peut faire impression sur les esprits.

Messieurs, si en rassemblant sous vos yeux, dans un même tableau, les odieux artifices qu'emploient

---

[1] Ce discours peut très-bien s'appliquer aux électeurs français.

les princes pour se rendre absolus, et les scènes
épouvantables du despotisme, je pouvais révolter
vos cœurs contre la tyrannie, et les enflammer de
l'amour de la liberté, je m'estimerais le plus heureux
des hommes.

Le parlement actuel touche à sa fin, et jamais dissolution ne fut plus désirée par un peuple opprimé :
vos droits les plus sacrés ont été violés avec audace
par vos représentans ; vos remontrances ont été ar-
tificieusement repoussées par le trône ; vos réclamations ont été étouffées avec perfidie, en multipliant
les griefs qui les excitèrent ; vous mêmes avez été
traités comme des sujets remuans, suspects et mal
affectionnés. Telle est notre disposition ; et si bientôt
elle ne change, le peu de liberté qui vous est laissé
est prêt à disparaître. Mais l'heure des réparations
s'avance, et il dépend de vous d'obtenir la justice
que vous réclamez en vain depuis si long-temps.

Tant que la vertu règne dans le grand conseil de
la nation, les droits du peuple et les prérogatives de
la couronne se balancent de manière à se servir mutuellement de contre-poids. Mais, dès qu'on n'y
trouve plus ni vertu ni honneur, l'équilibre est détruit ; le parlement, qui était le glorieux boulevart
de la liberté britannique, est métamorphosé en une
faction audacieuse qui se joint au cabinet, cherche
à partager avec lui les dépouilles de l'état, entre
dans tous les complots criminels des fripons au
timon des affaires, et appuie leurs funestes mesures ;
en une bande de traîtres, masqués sous le nom de

gardiens fidèles, trafiquant honteusement des droits et des intérêts de la nation : alors le prince devient absolu, et le peuple esclave; triste vérité dont nous n'avons fait que trop souvent la triste expérience.

De vous seuls, messieurs, dépend le soin d'assurer l'indépendance du parlement; et il est encore en votre pouvoir de faire revivre cette auguste assemblée, qui, dans le dernier siècle, humilia l'orgueil d'un tyran, et rompit vos fers : mais pour cela, combien ne devez-vous pas vous montrer délicats dans le choix de vos mandataires?

Rejetez hardiment tous ceux qui tenteraient de vous corrompre : ce ne sont que des intrigans qui cherchent à augmenter leurs fortunes aux dépens de leur honneur, et du bien être de leur patrie.

Rejetez tous ceux qui tiennent quelques places de la cour, quelque emploi des officiers de la couronne; quelque commission que le roi peut améliorer : comment des hommes aussi dépendans, et semblables à ceux qui remplissent aujourd'hui le sénat, vous représenteraient-ils avec intégrité?

Rejetez ceux qui mendient vos suffrages; vous n'avez rien de bon à attendre de ce côté-là : s'ils n'étaient jaloux que de l'honneur de servir leur patrie, descendraient-ils à un rôle aussi avilissant? Ces basses menées sont les allures du vice, non de la vertu : sans doute le mérite aime les distinctions honorables; mais content de s'en montrer digne, il ne s'abaisse point à les solliciter, il attend qu'elles lui soient offertes.

Rejetez tous ceux qui sont décorés de quelques titres pompeux : rarement ont-ils des lumières, plus rarement encore ont-ils des vertus : que dis-je ? ils n'ont de la noblesse que le nom, le luxe, les travers et les vices.

Rejetez la richesse insolente; ce n'est pas dans cette classe que se trouve le mérite qui doit illustrer le sénat.

Rejetez la jeunesse inconsidérée, quel fond pourriez-vous faire sur elle? Entièrement livrée au plaisir dans ce siècle de boue, la dissipation, le jeu, la débauche absorbent tout son temps; et, pour fournir aux amusemens dispendieux de la capitale, elle serait toujours prête à épouser la cause du cabinet. Mais fut-elle exempte de vices; peu instruite des droits du peuple, sans idée des intérêts nationaux, incapable d'une longue attention, souffrant avec impatience la moindre gêne, et détestant la sécheresse des discussions politiques, elle dédaignerait de s'instruire pour remplir les devoirs d'un bon serviteur.

Choisissez pour vos représentans des hommes distingués par leur habileté, leur intégrité, leur civisme; des hommes versés dans les affaires publiques, des hommes qu'une honnête médiocrité met à couvert des écueils de la misère, des hommes que leur mépris pour le faste garantit des appas de l'ambition, des hommes qui n'ont point respiré l'air infect de la cour, des hommes dont une sage maturité embellit une vie sans reproche, des hommes qui se

distinguèrent toujours par leur amour pour la justice, qui se montrèrent toujours les protecteurs de
l'innocence opprimée, et qui, dans les différens
emplois qu'ils ont remplis, n'eurent jamais en vue
que le bonheur de la société, la gloire de leur
pays.

Ne bornez pas votre choix aux candidats qui se
présenteront, allez au-devant des hommes dignes de
votre confiance, des hommes qui voudraient vous
servir, mais qui ne peuvent disputer cet honneur à
l'opulent sans mérite qui s'efforce de vous l'arracher; et prenez-vous y de manière que le désir de
vous consacrer leurs talens ne soit pas acheté par la
crainte de déranger leurs affaires ou de ruiner leur
fortune : repoussez avec horreur toute voie de corruption, montrez-vous supérieurs aux largesses,
dédaignez même de vous asseoir à des tables pro-
stituées [1].

Le cabinet, suivant sa coutume, va déployer les
plus grands efforts pour influencer votre choix. Les
attraits de la séduction triompheront-ils de votre
vertu? La fierté anglaise est-elle donc si fort avilie
qu'il ne se trouve plus personne qui rougisse de se
vendre? Lorsque de si grands intérêts commandent
impérieusement, les petites passions oseront-elles
élever leurs voix? méritent-elles donc d'être satis-
faites à si haut prix? A quels désastres mène le mé-

[1] En Angleterre, les candidats tiennent table ouverte pour les électeurs, tant que durent les élections.

pris des devoirs! Voyez vos sénateurs passer les journées entières à préparer, corriger et refondre des bills pour consacrer la propriété de leurs lièvres ou de leurs chiens : tandis que la moitié du peuple, périssant de misère par la surcharge des impôts ou les malversations des accapareurs, leur demande du pain. Voyez votre patrie, couverte des blessures que lui ont faites les agens de la cour, épuisée d'inanition et baignée dans son sang!

Messieurs, la nation entière a les yeux sur vous, dont elle attend le terme de ses souffrances, le remède à ses maux. Si votre cœur, fermé à tout sentiment généreux, refusait à vos compatriotes la justice que vous leur devez : du moins, sachez sentir la dignité de vos fonctions, sachez connaître vos propres intérêts. C'est à vous qu'est confié le soin d'assurer la liberté du peuple, de défendre ses droits. Pendant le cours des élections, vous êtes les arbitres de l'état, et vous pouvez forcer à trembler devant vous ces mêmes hommes qui voudraient vous faire trembler devant eux. Serez-vous sourds à la voix de l'honneur? Ah! comment une mission aussi sublime pourrait-elle s'allier avec l'infamie de la vénalité? Que dis-je? ces candidats qui prodiguent l'or et n'épargnent aucune bassesse pour vous mettre dans leurs intérêts, n'ont pas plutôt extorqué vos suffrages, qu'ils laissent percer leur orgueil, et vous accablent de dédain. Punissez-les de leur insolence, repoussez leurs caresses hypocrites, songez au mépris qui les suit, et faites tomber votre choix sur des

hommes pénétrés de ce qu'ils doivent à leurs commettans.

Le parlement, sous l'influence de la cour, ne s'oc-
cupera jamais du bonheur public. Ne concevez-vous
pas que des intrigans qui ne doivent leur nomination qu'à l'or qu'ils ont semé, non contens de négliger vos intérêts, se font un devoir de vous traiter
en vils mercenaires? Cherchant à raccrocher ce qu'ils
ont dépensé pour vous corrompre, ils ne feront
usage des pouvoirs que vous leur avez remis que
pour s'enrichir à vos dépens, que pour trafiquer
impunément de vos droits. Quelques présens peuvent-ils donc être mis en parallèle avec les maux
que cause la vénalité? avec les avantages que vous
procurerait un sénat pur et fidèle?

Songez aussi à ce que vous devez à la postérité.
Combien vos ancêtres étaient jaloux de transmettre
intacts à leurs enfans, les droits qu'ils avaient reçus
de leurs pères! Ce qu'ils ont fait avec tant de peine,
vous pouvez le faire avec tant de facilité; ce qu'ils
ont fait au mépris de tant de dangers, vous pouvez
le faire sans péril. Le feu sacré qui brûlait dans leur
sein, n'enflammera-t-il jamais vos cœurs? Ne lais-
serez-vous à vos descendans que des noms couverts
d'opprobre? Ne frémirez-vous point à l'idée de
faire le malheur des générations à venir? Les
siècles de la liberté sont-ils donc passés sans retour?
Et faudra-t-il que vos fils, en pleurant sur leurs
chaînes, s'écrient un jour avec désespoir : « *Voilà*
les fruits de la vénalité de nos pères! »

Messieurs, avec du désintéressement et du courage, un peuple peut toujours conserver sa liberté : mais une fois que ce trésor inestimable est perdu, il est presque impossible de le recouvrer : or, il est bien près de l'être, lorsque les électeurs mettent à prix leurs suffrages.

INTRODUCTION.

Il semble que ce soit le sort inévitable de l'homme, de ne pouvoir être libre nulle part : partout les princes marchent au despotisme, et les peuples à la servitude.

C'est un étrange spectacle que celui d'un gouvernement politique. On y voit, d'un côté, les hardis desseins de quelques ambitieux, leurs audacieuses entreprises, leurs indignes menées, et les ressorts secrets qu'ils font jouer pour établir leur injuste empire : de l'autre, on y voit les nations qui se reposaient à l'ombre des lois, mises aux fers ; les vains efforts que fait une multitude d'infortunés pour s'affranchir de l'oppression, et les maux sans nombre que l'esclavage traîne à sa suite. Spectacle à-la-fois horrible et magnifique, où paraissent, tour-à-

2

tour, le calme, l'abondance, les jeux, la pompe, les festins, l'adresse, la ruse, les artifices, les trahisons, les exactions, les vexations, la misère, l'exil, les combats, le carnage et la mort.

Quelquefois le despotisme s'établit tout-à-coup par la force des armes, et une nation entière est violemment asservie : mais ce n'est pas de cette marche de l'autorité légitime au pouvoir arbitraire, que j'ai à parler dans cet ouvrage; c'est des efforts lents et continus, qui, courbant peu à peu sous le joug la tête des peuples, leur font perdre à la longue et la force et l'envie de le secouer.

A bien considérer l'établissement du despotisme, il paraît être la suite nécessaire du temps, des penchans du cœur humain et de la défectuosité des constitutions politiques. Faisons voir comment, à leur faveur, le chef d'une nation libre usurpe le titre de maître, et met enfin ses volontés à la place des lois. Passons en revue cette multiplicité de machines auxquelles la sacrilége audace des princes a recours, pour saper la constitution : suivons leurs noirs projets, leurs basses intrigues, leurs sourdes menées; entrons dans les détails de leur funeste politique, dévoilons les principes de cet art trompeur, saisissons-en l'esprit général, et rassemblons dans un même tableau les atteintes portées en tous lieux à la liberté. Mais en développant ce vaste sujet, ayons moins égard à l'ordre des temps qu'à la connexion des matières.

Dès qu'une fois un peuple a confié à quelques-uns

de ses membres le dangereux dépôt de l'autorité publique, et qu'il leur a remis le soin de faire observer les lois : toujours enchaîné par elles, il voit tôt ou tard sa liberté, ses biens, sa vie, à la merci des chefs qu'il s'est choisi pour le défendre.

Le prince vient-il à jeter les yeux sur le dépôt qui lui est confié? Il cherche à oublier de quelles mains il l'a reçu. Plein de lui-même et de ses projets, chaque jour il supporte avec plus d'impatience l'idée de sa dépendance, et il ne néglige rien pour s'en affranchir.

Dans un état nouvellement fondé [1] ou reformé, porter à découvert des coups à la liberté, et vouloir d'abord en ruiner l'édifice, serait une entreprise téméraire. Quand le gouvernement dispute à force ouverte la suprême puissance, et que les sujets s'aperçoivent qu'on veut les asservir, ils ont toujours le dessus. Dès ses premières tentatives, réunis contre lui, ils lui font perdre en un instant le fruit de tous ses efforts [2]; et c'en est fait de son autorité, s'il ne témoigne la plus grande modération. Aussi n'est-

[1] Les états sont tous fort bornés à leur naissance : ce n'est que par les conquêtes qu'ils étendent leurs limites.

[2] C'est pour avoir voulu dominer trop impérieusement, que le sénat de Rome perdit son autorité : car alors le peuple sentit le besoin qu'il avait de protecteurs, et il eut des tribuns : puis les nouvelles violences du sénat mirent les tribuns à portée d'obtenir de nouvelles prérogatives.

Ce furent les audacieux attentats de Charles Ier qui ruinèrent son pouvoir. Dans ses éternelles altercations avec le parlement, l'air despotique qu'il affectait alarma ses sujets, et ils anéantirent son autorité.

ce point par des entreprises marquées que les princes commencent ordinairement à enchaîner les peuples; ils prennent leurs mesures de loin, ils ont recours à la lime sourde de la politique; c'est par des efforts soutenus, par des changemens à peine sensibles, par des innovations dont on peut difficilement prévoir les conséquences, qu'ils marchent en silence à leur but.

LES CHAINES

DE

L'ESCLAVAGE.

De l'amour de la domination.

Un bon prince est le plus noble des ouvrages du créateur, le plus propre à honorer la nature humaine, et à représenter la divine : mais pour un bon prince, combien de monstres sur la terre!

Presque tous sont ignorans, fastueux, superbes, adonnés à l'oisiveté et aux plaisirs. La plupart sont fainéans, lâches, brutaux, arrogans, incapables d'aucune action louable, d'aucun sentiment d'honneur. Quelques-uns ont de l'activité, des connaissances, des talens, du génie, de la bravoure, de la générosité ; mais la justice, cette première vertu des rois, leur manque absolument. Enfin, parmi ceux qui sont nés avec les dispositions les plus heureuses, et chez qui ces dispositions ont été le mieux cultivées, à peine en est-il un seul qui ne soit jaloux d'étendre son empire, et de commander en maître; un seul qui, pour être despote, ne soit prêt à devenir tyran.

L'amour de la domination est naturel au cœur humain, et dans quelque état qu'on le prenne, toujours il aspire à primer : tel est le principe des abus que les dépositaires de l'autorité font de leur puissance; telle est la source de l'esclavage parmi les hommes.

Commençons par jeter un coup d'œil sur l'aptitude plus ou moins grande des peuples à conserver leur liberté; nous examinerons ensuite les moyens mis en jeu pour la détruire.

De l'étendue de l'État.

C'est à la violence que les états doivent leur origine; presque toujours quelque heureux brigand en est le fondateur, et presque partout les lois ne furent, dans leur principe, que des réglemens de police, propres à maintenir à chacun la tranquille jouissance de ces rapines.

Quelqu'impure que soit l'origine des états, dans quelques-uns l'équité sortit du sein des injustices, et la liberté naquit de l'oppression.

Lorsque de sages lois forment le gouvernement, la petite étendue de l'état ne contribue pas peu à y maintenir le règne de la justice et de la liberté; et toujours d'autant plus efficacement qu'elle est moins considérable.

Le gouvernement populaire paraît naturel aux petits états, et la liberté la plus complète s'y trouve établie.

Dans un petit état, presque tout le monde se connaît, chacun y a les mêmes intérêts; de l'habitude de vivre ensemble naît cette douce familiarité, cette franchise, cette confiance, cette sûreté de commerce, ces relations intimes qui forment les douceurs de la société, l'amour de la patrie. Avantages dont sont privés les grands états, où presque personne ne se connaît, et dont les membres se regardent toujours en étrangers.

Dans un petit état, les magistrats ont les yeux sur le peuple, et le peuple a les yeux sur les magistrats.

Les sujets de plainte étant assez rare, sont beaucoup mieux approfondis, plus tôt réparés, plus facilement prévenus. L'ambition du gouvernement n'y saurait prendre l'essor sans jeter l'alarme, sans trouver des obstacles invincibles. Au premier signal du danger, chacun se réunit contre l'ennemi commun, et l'arrête. Avantages dont sont privés les grands états : la multiplicité des affaires y empêche d'observer la marche de l'autorité, d'en suivre les progrès; et dans ce tourbillon d'objets qui se renouvellent continuellement, distrait des uns par les autres, on néglige de remarquer les atteintes portées aux lois où on oublie d'en poursuivre la réparation. Or, le

prince mal observé, y marche plus sûrement et plus
rapidement au pouvoir absolu [1].

Des différens âges des nations.

A la naissance des sociétés civiles, un gros bon
sens, des mœurs dures et agrestes, la force, le courage, l'audace, le mépris de la douleur, la fierté,
l'amour de l'indépendance forment le caractère dis-
tinctif des nations. Tout le temps qu'elles gardent
ce caractère, est l'âge de leur enfance.

A ces vertus sauvages succèdent les arts domestiques, les talens militaires et les connaissances politiques nécessaires au maniement des affaires, c'est-
à-dire, propres à rendre l'état formidable au-dehors,
et tranquille au-dedans. Voilà l'époque de la jeunesse des nations.

Enfin, arrivent le commerce, les arts de luxe, les
beaux-arts, les lettres, les sciences spéculatives, les
raffinemens du savoir, de l'urbanité, de la mollesse,
fruits de la paix, de l'aisance et du loisir; en un
mot, toutes les connaissances propres à rendre les

---

1 Cette manière d'envisager les grands et petits états, est un peu
celle des publicistes du xviiie siècle. Sur ce point, leur politique a
vieilli. Aujourd'hui nous voyons les choses de plus haut; partout, que
l'état soit grand ou petit, les droits de l'homme, cette source de tout
bien, peuvent être et seront respectés. Quand à la surveillance à exercer sur les gouvernemens, la France prouve qu'avec la presse, cet ancre de salut de la société moderne, l'étendue de l'empire ne fait absolument rien. Nos ministres savent cela mieux que nous.

(*Nouvel éditeur.*)

nations florissantes. C'est l'âge de leur virilité, passé lequel elles vont en dégénérant, et marchent vers leur chute.

A mesure que les états s'éloignent de leur origine, les peuples perdent insensiblement l'amour de l'indépendance, le courage de repousser les ennemis du dehors, et l'ardeur de défendre leur liberté contre les ennemis du dedans. Alors aussi le goût de la mollesse les éloigne du tumulte des affaires et du bruit des armes ; tandis qu'une foule de nouveaux besoins les jette peu à peu dans la dépendance d'un maître.

Ainsi le développement de la force des peuples, diffère en tout point du développement de la force de l'homme. C'est dans leur enfance qu'ils déploient toute leur vigueur, toute leur énergie, qu'ils sont le plus indépendans, le plus maîtres d'eux-mêmes ; avantages qu'ils perdent plus ou moins en avançant en âge, et dont il ne leur reste pas même le souvenir dans la vieillesse. Telle est leur pente à la servitude, par le simple cours des événemens.

Dans le nombre, il en est toutefois quelques-uns qui ont l'art de se mettre à couvert de l'injure des années, de braver le pouvoir du temps, et de conserver pendant une longue suite de siècles la vigueur de la jeunesse ; nouveau phénomène qui distingue le corps politique du corps animal.

Des nations amies de la pauvreté.

Quand l'éducation n'a pas élevé l'âme, et que le

mépris de l'or n'est pas inspiré par le gouvernement,
la pauvreté abat le cœur et le plie à la dépendance,
qui mène toujours à la servitude. Comment des hommes avilis par leur misère, connaîtraient-ils l'amour
de la liberté? Comment auraient-ils l'audace de résister à l'oppression, et de renverser l'empire des
hommes puissans devant lesquels ils se tiennent à
genoux?

Lorsque l'amour de la pauvreté est inspiré par les
institutions sociales, c'est autre chose.

Tant que les richesses de l'état se trouvent bornées
à son territoire, et que les terres sont partagées à
peu près également entre ses habitans, chacun a les
mêmes besoins et les mêmes moyens de les satisfaire; or les citoyens, ayant entre eux les mêmes rapports, sont presque indépendans les uns des autres;
position la plus heureuse pour jouir de toute la liberté, dont un gouvernement soit susceptible.

Mais lorsque par une suite des rapines et des brigandages, par l'avarice des uns et la prodigalité des
autres, les fonds de terre sont passés en peu de
mains, ces rapports changent nécessairement; les
richesses, cette voie sourde d'acquérir la puissance,
en deviennent une infaillible de servitude; bientôt
la classe des citoyens indépendans s'évanouit, et
l'état ne contient plus que des maîtres et des sujets.

Les riches cherchant à jouir, et les pauvres à
subsister, les arts s'introduisent pour leurs besoins
mutuels, et les indigens ne sont plus que des instrumens du luxe des favoris de la fortune.

Amollis par des professions sédentaires et le luxe des villes, les artisans, les artistes et les marchands, avides de gain, deviennent de vils intrigans, dont l'unique étude est de flatter les passions des riches, de mentir, de tromper [1]; et comme ils peuvent jouir partout des fruits de leur industrie, ils n'ont plus de patrie.

A mesure que la population s'accroît, les moyens de subsistance deviennent moins faciles, et bientôt l'état n'est plus composé que d'une vile populace [2], que quelques hommes puissans tiennent sous le joug.

Aussi n'est-ce que chez les nations qui eurent la sagesse de prévenir les funestes effets du luxe, en s'opposant à l'introduction des richesses et en bornant la fortune des citoyens, que l'état conserva si longtemps la vigueur de la jeunesse.

Chez ces nations, les mœurs étaient sévères, les goûts épurés et les institutions sublimes.

La gloire, source féconde de ce que les hommes firent jamais de grand et de beau, y était l'objet de toutes les récompenses, le prix du mérite en tout genre, le salaire de tous les services rendus à la patrie.

C'était aux jeux olympiques, devant [3] la Grèce

---

[1] Aussi les romains regardaient-ils les arts de luxe et le commerce, comme des professions d'esclaves.

[2] C'est ce qu'on vit arriver à Sparte, par l'introduction du luxe. Sous Lycurgue, on y comptait trente mille citoyens. Sous Agis et Cléomenes, à peine y en avait-il sept cent. *Plut., Vie de Cléomenes.*

[3] Tout ce que la Grèce renfermait d'hommes illustres, les lettrés,

assemblée, que le mérite littéraire était couronné. Un seul parmi une foule immense de candidats recevait la couronne, et la gloire dont il était couvert rejaillissait toujours sur ses parens, ses amis, sa patrie, son berceau.

Les grands hommes étaient entretenus aux dépens de l'état, on leur dressait des statues, on leur élevait des trophées, on leur décernait des couronnes [1] ou des triomphes, suivant qu'ils avaient bien mérité de la patrie.

Le souvenir des grandes actions était conservé par des monumens publics, et le héros [2] y occupait la place la plus distinguée.

A ce sublime ressort qu'employèrent avec tant de succès quelques peuples de l'antiquité, que substituent les nations modernes? L'or! mais l'or est le salaire d'un flatteur, d'un baladin, d'un histrion, d'un mercenaire, d'un valet, d'un esclave. Ajoutez-le à ces récompenses divines, au lieu d'en relever le prix, vous ne ferez que les avilir, et la vertu cessera d'en être avide.

Tant que les nations amies de la pauvreté conservèrent leurs institutions politiques, la liberté régna [3]

les nobles, les magistrats, les ambassadeurs, les princes, les grands capitaines étaient juges du mérite, et décernaient le prix.

[1] Pour prix de la liberté qu'il venait de rendre à Athènes, Trazibule reçoit une couronne de deux branches de laurier.

[2] Pour prix de la victoire de Marathon, Miltiades obtient d'être représenté dans l'endroit le plus apparent du tableau qui serait fait de la bataille.

[3] Les Spartiates se maintinrent libres, tant qu'ils chérirent la pau-

dans l'état; et elle y aurait régné aussi long-temps que le soleil éclairera le monde, si elle n'avait pas eu à redouter le bouleversement des empires par l'ambition de leurs chefs.

Des vices de la constitution politique.

C'est en profitant de ces vices, que les princes sont parvenus à se mettre au-dessus des lois.

Dans quelques gouvernemens, les vices de la constitution se développent par le seul agrandissement de l'état, et mènent nécessairement le peuple à la servitude par le seul cours des événemens; tel était celui de toutes les nations barbares qui se précipitèrent sur l'Europe vers la fin du troisième siècle, et qui s'y établirent après l'avoir ravagée.

Dans quelques autres gouvernemens, la servitude est directement établie par le droit de la guerre, au mépris du droit des gens; tel était celui des Romains, et de presque toutes les monarchies fondées sur la féodalité.

Entre tant d'exemples que fournit l'histoire, le plus remarquable est celui des Francs; traçons ici un léger crayon de leur établissement dans les Gaules, et jetons un coup d'œil sur les vices capitaux de leur constitution politique; nous aurons la preuve complète de cette vérité.

---

vreté; ils furent asservis, dès qu'ils connurent les richesses et les vices qu'elles engendrent. De même, Rome vit entrer dans ses murs la servitude avec l'or des peuples qu'elle avait dépouillés.

Les barbares qui s'établirent dans les Gaules, étaient sortis des forêts de la Germanie, comme tous ceux qui dévastèrent l'empire Romain. Pauvres, grossiers, sans commerce, sans arts, sans industrie, mais libres, ils ne tenaient à leurs terres que par des cases de jonc ; ils vivaient du produit de leurs champs, de leurs troupeaux, de leur chasse, ou bien ils suivaient volontairement des chefs pour faire du butin [1].

Les chefs, nommés *ducs ou princes*, c'est-à-dire *conducteurs* ou *commandeurs*, étaient de simples citoyens qui se distinguaient par leur habileté, leur courage, et surtout leur éloquence; car c'est principalement de l'art de persuader que venait l'ascendant qu'ils avaient sur leurs compatriotes.

Quelque nom qu'ils portassent, ils n'étaient jamais considérés que comme les premiers entre égaux, et leur autorité n'était attachée qu'à leur mérite personnel; subordonnés à la volonté générale, comme le plus mince citoyen, elle les déposait et les remplaçait à son gré [2].

Chaque chef avait une troupe choisie qui s'attachait particulièrement à lui, s'engageait à le défen-

[1] Quand l'un des chefs ou des princes annonçait à l'assemblée le projet de quelque expédition, en demandant qu'on le suivît, ceux qui l'approuvaient se levaient, et offraient leurs secours. *César; Debell; Gall, lib. 7; Tacit, de morib. Germ.*

[2] Lors même que la couronne fut héréditaire, l'armée, c'est-à-dire la nation, déposait les rois à son gré : elle les jugeait et les punissait, elle ne choisissait pas même toujours le successeur au trône dans la famille régnante.

dre, et l'accompagnait partout ; c'étaient ses fidèles compagnons [1] ; de son côté, il leur donnait des armes et des chevaux, sur la part qui lui revenait des rapines communes.

Quoique les Germains qui allaient au pillage sous un chef, ne s'attachassent à lui que pour leur propre intérêt, et qu'ils lui obéissent volontairement, sans jamais y être forcés, la considération qu'ils avaient pour sa personne, les disposait néanmoins à se soumettre encore plus volontiers à ses ordres. Et comme ils ne prévoyaient pas où pourrait les conduire un jour l'ascendant d'un capitaine, accoutumé à les commander, et la longue habitude de suivre ses ordres, ils ne prirent à son égard aucune précaution, n'imaginant pas que des hommes exercés aux armes et pleins de cœur, pussent jamais être maîtrisés, moins encore opprimés, par un individu qui ne primait que sous leur bon plaisir. Ainsi leur courage naturel faisait que chacun se reposait sur lui-même, ses parens et ses amis, du soin de sa sûreté, de sa liberté, de ses vengeances.

Cette profonde sécurité ne tarda pas à favoriser les menées de l'ambition et de la politique.

L'influence qu'avait naturellement sur eux tout homme depuis long-temps en possesion de conduire leurs expéditions et d'arranger leurs différens, devait

---

1 Tacite les désigne par le mot *comes*, compagnon, d'où est venu celui de comte : Marcuffe par celui d'*Anstrustion*; nos premiers historiens, par celui de *Leude* : les auteurs qui suivirent, par celui de *vasseau*, de *baron*, de *seigneur*.

être considérable. Elle ne pouvait qu'augmenter
encore, par le soin qu'il prenait de capter leur bienveillance, par les égards qu'il leur témoignait, par
les cadeaux qu'il leur faisait, par les insinuations qu'il
leur suggérait, par les promesses de dévouement et
les sermens de fidélité qu'il leur extorquait, quand
ils étaient chauds de vin ; promesses fatales, sermens
téméraires, qu'il ne manquait pas de leur rappeler à
la première occasion. Voilà le principe de l'empire
des princes et des rois ; car dans l'origine les rois et
les princes furent tous de simples chefs de brigands.

Le respect pour le père refléchissait nécessairement sur les enfans, il paraissait naturel d'en attendre les mêmes services. Le désir qu'avait un chef de
transmettre sa prééminence à ses fils, et le soin qu'il
prenait de les charger de bonne heure de quelque
coup de main, accoutumait leurs camarades à les
voir à leur tête. Quand ils montraient de l'habileté et
du courage, il était donc simple qu'ils succédassent
au commandement, et que la place de capitaine se
perpétua dans la famille. Voilà l'origine de la noblesse héréditaire ; car la noblesse héréditaire ne fut
d'abord que la succession aux dignités dans les mêmes
familles.

Les Francs portèrent dans les Gaules leurs mœurs
et leurs usages.

Des hommes asservis conquièrent pour un maître,
des hommes libres conquièrent pour eux ; ainsi tous
ceux qui survécurent à la victoire, eurent part à la

conquête, et partagèrent suivant leurs grades les terres enlevées aux vaincus. Celles que chacun reçut en
propre se nommèrent *allodiales* [1].

Après la conquête, ayant à maintenir leurs nouvelles possessions, non-seulement contre les anciens
habitans du pays qu'ils avaient dépouillés, ma iscon-
tre les ennemis du dehors, ils s'occupèrent du soin
de les défendre; ce fut le principal objet de leur
police; ils apportèrent donc à leur gouvernement les
modifications qu'exigeait leur situation nouvelle.
Tout homme libre en recevant une terre, s'engagea à
marcher en armes contre l'ennemi commun, sous un
chef de son choix, et le général de l'expédition resta
chef de la colonie, sous le nom de roi.

La grandeur de l'état amena la multiplicité des
affaires; et la multiplicité des affaires, empêchant
d'assembler la nation pour délibérer sur chacune,
nécessita la stabilité de l'administration. Le prince
se prévalut de la stabilité de l'administration, pour
augmenter sa puissance, se fortifier contre la nation
elle-même; et rendre la couronne héréditaire. Ce
fut là, sans doute, l'objet de ses premiers soins,
et peut-être celui des premières délibérations de
l'armée.

Dans son principe, le gouvernement des Francs
était purement démocratique, comme celui des

---

[1] Terme de jurisprudence féodale. On nommait ainsi les terres en
franc-alleu, celles que les seigneurs ne pouvaient mettre dans leur prétendue dépendance.

(*Nouvel éditeur.*)

3

Germains. . L'autorité souveraine résidait dans la nation assemblée[2], et s'étendait sur chaque branche d'administration. Après la conquête le pouvoir d'élire le roi, de faire les lois, d'accorder des subsides, de frapper monnaie, de décider de la paix et de la guerre, de redresser les griefs publics, de prononcer définitivement sur les objets en litige, de réviser les procès, tout cela fut encore de son ressort.

Chef illustre de la nation, car elle se trouvait tout entière dans l'armée, le roi fut chargé de la puissance exécutive, du soin de veiller à l'observation des lois, à l'administration de la justice, au salut de l'état; et pour subvenir aux frais du gouvernement, autant que pour défrayer sa maison, au lieu d'un revenu fixe, on lui assigna un vaste domaine. Ayant ainsi une multitude de terres à donner, il put récompenser les services, s'attacher ses anciens compagnons, s'en faire de nouveaux.

La plus grande partie des terres du domaine dont ils faisaient hommage au roi, leur fut donc accordée pour un temps déterminé, à condition qu'ils

[1] Qu'on ouvre les annales de ces peuples, on y verra que la puissance suprême résidait dans le corps de la nation; que toutes les lois de l'état étaient faites par le peuple assemblé, et qu'il en remettait l'exécution à des agens de son choix.

Tacite assure même que le consentement de tous les membres de l'état était nécessaire, pour rendre valides les délibérations, sur les objets importans.

[2] Ces assemblées se nommèrent d'abord Champs-de-Mars, puis Champ-de-Mai, dénominations tirées du temps et du lieu où elles se tenaient. En Espagne, on les nommait *Cortès;* en Angleterre, *Willena gamot;* en Allemagne, *Diète.*

défendraient gratuitement l'état, et qu'ils rendraient
la justice ; car chez les Germains l'administration de
la justice était constamment réunie au service militaire. Ces terres accordées aux vasseaux du prince,
furent appelées en différens temps, tantôt *fiefs*, tantôt *bénéfices*.

En sa qualité de chef de la nation, le roi eût donc
sous lui des officiers particuliers qu'il décora du titre
de *ducs*, de *comtes*, de *barons*. Les ducs eurent le
commandement de la milice des provinces conjointement à l'administration de la justice ; les comtes
eurent de pareils emplois dans les villes, et les barons
dans leurs terres. Ce sont ces officiers du prince
qui devinrent les grands de l'état. Les barons imitè-
rent l'exemple du roi, et partagèrent aux mêmes
conditions partie de leurs terres à leurs soldats. Ces
terres partagées se nommèrent *arrières-fiefs* ; et ces
officiers subalternes, également chargés des fonctions judiciaires et militaires, se nommèrent *arrières-vassaux, gravions, vicaires, centeniers, échevins,*
etc. Ce sont ces officiers subalternes qu'on nomma
dans la suite des temps *écuyers gentilshommes*, et qui,
conjointement aux grands du royaume, formèrent
dans l'état un ordre distinct sous la dénomination
de nobles.

C'était une maxime fondamentale du gouvernement féodal, que ceux qui étaient sous la puissance
militaire d'un chef, étaient aussi sous la puissance
juridique ; le prince avait donc juridiction immé-
diate sur les vassaux, les vassaux sur les arrières-

vassaux ; les arrières-vassaux sur les habitans libres
ou serfs de leur terres. Mais lorsque le prince, les
vassaux ou les arrières-vassaux exerçaient les fonctions de juges, ils ne jugeaient jamais seuls ; ils
avaient chacun une cour composée d'adjoints notables [1], et ils tenaient des assises, selon la coutume
des Germains. Ainsi la cour du baron connaissait
des différens entre les habitans de la même baronnie;
celle du comte, des différens entre les habitans
d'une même ville; celle du duc, des différens entre
les habitans des baronnies d'une même province,
tandis que celle du roi connaissait des différens entre tous les barons du royaume. Le roi était donc le
dépositaire du pouvoir judiciaire suprême, et il le
faisait exercer par les officiers de la couronne, tels
que le grand justicier, le connétable, le sénéchal,
le chambellan, le trésorier et le chancelier, conjointement à plusieurs barons du domaine; mais
dans la crainte que les dépenses, la perte de temps et
les fatigues qu'entraîneraient des voyages de long-
cours, n'empêchassent les parties de recourir au tribunal du prince, il établit des juges ambulans qui
faisaient leur tournée dans le royaume à des temps
marqués, pour juger toutes les causes qui ressor-
taient de leur tribunal.

Tel fut le gouvernement des Francs après la conquête des Gaules. Comme il pose sur les mêmes principes que celui des différentes monarchies que les

---

[1] Voyez la formule des jugemens donnée par Du Cange.

Germains fondèrent en Europe; on le désigne communément sous la dénomination de *gouvernement féodal.*

Le gouvernement féodal bien calculé pour de petites peuplades, ne pouvait convenir à une grande nation. Je ne dirai rien ici de l'atrocité de son droit des gens, qui était destructif de toute liberté; mais j'observerai qu'il manquait par le point le plus important; — la sage distribution des pouvoirs; et qu'il renfermait plusieurs causes d'anarchie, qui ne tardèrent pas à se développer et à mener au despotisme. Ainsi tous les inconvéniens qui en résultèrent, provinrent de ce que les Francs qui s'établirent dans les Gaules se réunirent en un seul corps politique.

Relevons ici ses vices capitaux. La puissance législative, toujours sage lorsqu'elle s'exerce librement dans le calme, est semblable à un fleuve majestueux, qui roule paisiblement ses eaux dans les valons qu'il féconde. Mais la puissance exécutrice, confiée à un seul, est semblable à un torrent terrible, qui se cache sous terre en partant de sa source, et se remontre bientôt après pour sortir de son lit, rouler ses flots avec fracas, et renverser tout ce qui s'oppose à son cours impétueux. C'est d'elle seule que vinrent les maux effroyables que ce gouvernement a fait si long-temps à l'humanité.

Chef illustre de la nation, le prince (ai-je dit) fut constitué en dignité et en puissance, pour veiller à l'observation des lois, au maintien de la justice, au salut de l'état. Tant que la couronne fut élective,

elle était presque toujours décernée à celui qui mé-
ritait le mieux de la porter; mais dès qu'elle devint
héréditaire, le prince ne fit plus rien pour s'en rendre digne; et bientôt corrompu par les plaisirs et la
mollesse, il se reposa des soins du gouvernement sur
ses favoris. Dès-lors la raison ne fut plus écoutée
dans le conseil, l'amour du bien public n'eut plus
de part aux délibérations; dès lors aussi le peuple
ne vit plus dans son chef un serviteur fidèle, et trop
souvent il y trouva un ennemi dangereux.

Dans un état bien constitué, la puissance publique doit être divisée en un grand nombre de magistratures, qui soient toutes dépendantes du peuple
et toutes indépendantes l'une de l'autre; qui se con-
trebalancent, se tempèrent et se repriment mutuellement. Mais cette distribution des pouvoirs; — chef-
d'œuvre de la sagesse, était au-dessus des conceptions
d'une peuplade, à peine sortie de la barbarie. Or,
pour avoir mal fixé les limites du pouvoir qui fut
confié au monarque, la constitution s'altéra insensiblement; et pour avoir négligé les mesures propres
à le contenir dans ses bornes, les ministres en abu-
sèrent continuellement afin de rendre le prince indépendant du souverain, et de le mettre au-dessus des
lois.

Le droit de nommer à tous les emplois, et de
disposer de toutes les charges de l'état, déféré au
prince comme prérogative du trône, était une suite
de celui qu'avait tout chef d'expéditions militaires de
choisir ses compagnons d'armes; ainsi que le droit

de distribuer les terres de la couronne était une
suite de celui de distribuer en cadeaux la part du
butin qui lui était échue.

Tant que les Francs coururent le monde et ne
furent que guerriers, ces droits étaient sans inconvéniens, il était impossible qu'un chef s'en servît,
pour mettre sous le joug des hommes qui chérissaient l'indépendance et qui avaient les armes à la
main. Mais une fois que les Francs eurent des établissemens fixes, que l'armée fut dispersée sur un
vaste terrain, que la nation ne sut plus ce qui se
passait, et ne put plus se réunir contre ses oppresseurs, les terres destinées à payer les services rendus
à l'état ne furent plus employées qu'à payer les services rendus au prince, qui se prévalut du privilége
de les accorder, pour se faire un nombre prodigieux
de créatures, augmenter sa puissance, et se mettre
en mesure de détruire la liberté publique.

L'hommage que les vassaux et les officiers du
prince lui fesaient de leurs terres, venait de l'engagement que les compagnons d'un chef prenaient de
le suivre dans ses expéditions. Ainsi des engagemens
contractés à table, le verre à la main, devinrent des
institutions politiques qui donnèrent une foule de
suppots aux monarques, décidèrent du sort des
empires, et fixèrent les destinées de l'Europe, pendant une longue suite de siècles.

La maxime fondamentale du gouvernement féodal, que tous ceux qui étaient sous la puissance militaire d'un chef, étaient aussi sous sa puissance ju-

diciaire, venait de l'usage où étaient les Francs, de
prendre pour arbitre de leurs altercations, le chef
aux ordres duquel ils étaient habitués d'obéir. Ainsi
d'une simple condescendance résulta une maxime
politique, qui confondit tous les pouvoirs réunis
entre les mains des officiers du prince, le redoutable
pouvoir de juger, et le pouvoir militaire plus redoutable encore, et qui couvrit la France de vexations,
d'extorsions, de prévarications, d'attentats et d'as-
sassinats juridiques.

Le droit déféré au prince, comme prérogative du
trône, de convoquer les assemblées nationales n'était
que celui qu'avaient les chefs de convoquer l'armée.
Ce droit ne pouvait jamais devenir dangereux à une
petite peuplade, qui ne subsistait que du produit de
ses champs, de ses bestiaux, de sa chasse ou de ses
rapines; parce que leurs propres besoins obligeaient
fréquemment les chefs de la convoquer. Mais chez
un grand peuple qui a des moyens assurés de subsistance et dont le monarque a un vaste domaine, les
motifs de convoquer la nation sont beaucoup plus
rares, et l'embarras de l'assembler sur quelques
points du royaume fait qu'elle n'est plus convoquée
que pour des objets de la dernière importance [1].
Encore le prince met-il tout en usage pour se dispenser de la convoquer, même dans les circonstances

[1] Sous les rois de la première race, et sous ceux de la seconde, ces
assemblées, assez rarement tenues, se bornaient à désigner dans la famille royale celui qui devait monter sur le trône, à faire des lois nouvelles, et à statuer sur la levée des subsides.

les plus urgentes. Ainsi, peu après la conquête, toutes les affaires se trouvèrent portées du sénat de la nation dans le cabinet du prince; ce qui le rendit d'emblée l'arbitre de l'état, en attendant qu'il en devint le maître. Pour réussir, il n'eut besoin que d'un peu d'adresse et de quelques talens. Pendant le cours d'un règne prospère, le peuple se néglige et s'endort dans la sécurité; tandis que le prince, ayant sans cesse les yeux ouverts sur ses intérêts, envahit tout, et parvient à se rendre absolu. Il est vrai que les assemblées avaient le droit d'ordonner le redressement des griefs publics; mais elles ne se tenaient qu'une fois l'année, pendant quarante jours. Or, pour remédier aux abus, l'action réprimante du législateur n'était que momentanée; au lieu que celle du gouvernement, pour multiplier les attentats, était continuel.

Comme l'autorité suprême résidait dans la nation assemblée, cette autorité ne reçut aucune atteinte, tant que l'état eut peu d'étendue; parce que la nation, peu nombreuse, s'assemblait toujours pour l'exercer par elle-même. Mais aussitôt que la nation fut dispersée sur une vaste étendue de pays, ne pouvant plus s'assembler en corps, elle fut réduite à le faire par ses représentans, et à confier la souveraine puissance à ses chargés de pouvoirs : dès-lors la liberté n'eut plus de garans, plus de boulevarts; car à un petit nombre près d'âmes élevées qui la chérissent pour elle-même, les hommes n'y tiennent que par les avantages qu'elle procure; or, toutes les fois qu'ils en trouvent de plus grands à la détruire qu'à la défendre le désir d'augmenter leur bien-être particulier l'emporte nécessairement sur la crainte de participer au malheur commun; dèslors chacun renonçant à la patrie, ne cherche plus qu'à s'en rendre l'arbitre ou à la vendre à un maître. Ainsi, peu après la conquête, le gouvernement des Francs devint représentatif, et bientôt la nation perdit tous ses droits de souveraineté; forcée, comme elle le fut par l'étendue de l'état, d'en remettre l'exercice à des hommes uniquement occupés de leurs intérêts personnels, et toujours tentés d'employer les pouvoirs dont ils étaient revêtus, pour satisfaire leur cupidité, leur avarice, leur ambition.

Dans un petit état, presque toujours borné au territoire d'une ville ou de quelques hameaux, la nation, tout entière dans une peuplade pauvre et agreste, ayant les mêmes intérêts, les mêmes magistrats, les mêmes murailles, étant animée du même esprit, et faisant de la liberté son bien suprême, a toujours ses chefs sous les yeux; elle éclaire de près leur conduite; et elle leur ôte jusqu'à l'idée de rien entreprendre contre le devoir. Mais dans un vaste état, la nation, divisée en plusieurs provinces, dont chaque canton, chaque ville, chaque bourg a des magistrats, des rapports et des intérêts particuliers, ne forme pas un tout bien uni : loin de s'intéresser également aux affaires publiques, les membres du souverain n'y prennent le plus souvent aucune part; étrangers les uns aux autres, ils ne sont liés ni par la bienveillance, ni par l'estime, ni par l'amitié, ni par des avantages réciproques, ni par des droits communs, ni par la haine de la tyrannie, ni par l'amour de la liberté; comment donc connaîtraient-ils les devoirs du civisme, l'amour de la patrie! Dès lors il n'y a plus d'union dans le corps politique, l'homme se montre partout, et partout le citoyen disparaît. Ainsi l'état ayant trop d'étendue, les délégués de la nation ne sont plus sous les yeux; peu à peu ils s'accoutument à agir sans la consulter, déjà ils la comptent pour rien, bientôt ils trahissent sans scrupules ses intérêts, et ils finissent par trafiquer impunément de ses droits.

Dans un état où les hommes n'étaient devenus l'objet de la considération publique, qu'à raison de leurs lumières, de leur bravoure, de leurs vertus, l'honneur d'être choisis pour représentans du peuple tomba nécessairement sur les chefs [1] : dès cet instant, la nation fut dépouillée de l'autorité suprème, qui devint bientôt l'apanage des grands et des nobles.

Ainsi, par la simple extension de l'état, la forme primitive du gouvernement passa de la démocratie à l'aristocratie, sans que rien eut été changé à la constitution. J'aurai dû dire passa au despotisme,

[1] Sous le règne d'Édouard-le-Confesseur, les francs tenanciers ou vassaux choisirent pour représentans de la nation les aldermens, les ducs, les shérifs et les autres officiers civils et militaires de l'état. Alfred déposa les aldermens sous prétexte de les remplacer par gens plus capables. Si les annales saxonnes attribuent ce droit au prince, ce n'était que parce qu'il l'avait usurpé.

car les grands et les nobles étant tous des créatures de la cour, le prince se trouva seul maître de la souveraineté.

Quoique chaque délégué eut la liberté de proposer dans l'assemblée nationale ce qu'il jugeait à propos, c'était au prince qui la présidait de fixer les objets sur lesquels elle devait statuer; car le droit de présidence, devenu prérogative de la couronne [1], était une suite naturelle de celui qu'avait le chef de l'armée de proposer les expéditions à faire. D'ailleurs ce droit ne pouvait être dévolu qu'à lui seul : car dès que la nation vint à former un grand peuple, le gouvernement eut une foule de nouvelles relations et au-dedans et au-dehors, que lui seul connaissait. Le prince, devenu de la sorte l'âme de toutes les délibérations, parvint bientôt à enchaîner le souverain, qui ne put plus voir que lorsque son premier serviteur lui ouvrait les yeux, ni parler que lorsqu'il l'interrogeait.

Une fois maître d'enchaîner l'activité du souverain, le prince l'empêcha de connaître des desseins cachés du cabinet, de l'abus que le gouvernement faisait de son autorité, des atteintes qu'il portait aux lois; et il ne lui laissa plus que la liberté d'écouter ses demandes, de satisfaire à ses besoins, et de con-

[1] Nos monarques dédaignent maintenant de présider les assemblées de la nation; ils ne croient représenter dignement qu'à la tête de leur conseil; que serait-ce, si le souverain ne leur avait pas même laissé le droit d'assister à ces assemblées, en qualité de simples membres de l'état, comme cela devrait être dans un gouvernement bien ordonné.

courir à ses projets ambitieux. Dès cet instant, l'état
se trouva dans la dépendance de son chef. Ainsi
cette prérogative, peu ou point dangereuse chez un
petit peuple qui avait toujours les yeux ouverts sur
ses intérêts, et toujours les armes à la main, devint
bientôt fatale à la liberté publique. C'est d'elle
dont se servirent si souvent les rois des deux premières races, pour détourner l'attention publique
de dessus les attentats du gouvernement, en la
portant au-dehors; car alors ils ne manquaient jamais
de pousser quelque province à la révolte, ou d'engager la nation dans quelque guerre étrangère. Or,
à chaque expédition qu'ils faisaient, ayant de nouvelles armées à former, pour conquérir beaucoup, il
fallait qu'ils répandissent beaucoup; et comme toutes
leurs richesses consistaient dans le domaine de la
couronne, il fallait qu'ils ravissent sans cesse les
terres et les dépouilles des vaincus, et qu'ils donnassent sans cesse ces terres et ces dépouilles; de là
les troubles, les dissensions, les profusions, les
vexations, les rapines et les brigandages qui remplissent les annales de ces règnes malheureux, faibles,
durs et barbares.

La révolution, que le seul agrandissement de l'état
avait opérée dans la forme du gouvernement, ne
se borna pas là.

Avant la conquête, la dignité de chef de l'armée,
toujours revêtue du pouvoir judiciaire, était une
véritable magistrature populaire. Mais, après la
conquête, elle devint une simple commission royale :

l'autorité des magistrats du peuple fut donc anéantie, en passant tout entière dans les mains du prince. Lorsque le prince ou ses officiers rendaient la justice, c'était toujours d'après le jugement d'un tribunal composé de notables. Dans le gouvernement primitif, ces notables étaient de simples citoyens, immédiatement tirés du corps du peuple, et tous intéressés à s'opposer aux jugemens arbitraires d'un seul. Mais après la conquête, ces adjoints furent des tenanciers, conséquemment des créatures du chef, toujours prêtes à lui sacrifier les accusés. Aussi la justice, mal administrée par les barons, ne servit-elle qu'à en faire des oppresseurs.

Cette révolution en opéra bientôt une prodigieuse dans les mœurs de la nation. Avant la conquête, la fortune et la naissance ne déterminaient pas le choix du peuple; mais elles devenaient une récompense attachée aux dignités qu'il conférait; les talens et les vertus étaient donc des fruits naturels à la démo-cratie. Mais après la conquête, tous les grands emplois se trouvèrent conférés par le roi, et ils ne le furent qu'à ses favoris. Pour les obtenir, il ne fut plus question de se distinguer par un mérite su-périeur, mais de plaire, et bientôt les courtisans ne songèrent qu'à étudier les goûts du prince, à profiter de ses faiblesses, à se prêter à ses caprices, à flatter ses passions, à ramper à ses pieds. Dès lors l'amour de la gloire, le courage, la franchise, la générosité, l'élévation des sentimens, firent place à la souplesse, à l'adulation, à l'hypocrisie.

Il y a plus : pour obtenir ces emplois, presque toujours il fallut écarter des concurrens ; les favoris se les disputèrent donc entre eux, et bientôt ils ne furent plus occupés qu'à se supplanter l'un l'autre. Dès-lors la franchise, la vérité, la droiture firent place à la dissimulation, à la fourberie, à la perfidie, aux trahisons.

Leur cœur, toujours ouvert à l'ambition, se ferma à tout sentiment généreux, pour s'ouvrir à mille passions honteuses ; la voix de l'honneur ne se fit plus entendre, les liens du sang et de l'amitié furent détruits.

La nation, n'exerçant plus le droit de faire les lois et de nommer aux emplois, perdit bientôt toute considération ; les valets de la cour, à la fois insolens et rampans, dédaignèrent le peuple, et s'énorgueillirent de ramper sous un maître.

Ainsi se placèrent dans leur âme, à côté des vices qui déshonorent l'humanité, tous ceux qui l'humilient, le dédain, la hauteur et l'orgueil.

Le caractère national n'en fut pas moins dégradé. Dès que le peuple eut perdu le pouvoir suprême, il n'entra plus pour rien dans l'administration de l'état, il ne prit plus part aux affaires ; dès lors, indifférent au bien public, il ne s'occupa que de ses intérêts particuliers, et bientôt, faute d'alimens, l'amour de la patrie s'éteignit dans tous les cœurs.

Après avoir perdu l'exercice de ses droits, le peuple en perdit peu à peu la connaissance : alors il cessa de les défendre contre le⋅ ⋅⋅teintes du gouvernement, dont il devint enfin la p⋅⋅ie.

Couverts à la fois d'honneurs et d'infamie, les courtisans voulurent être respectés; ils se rendirent redoutables : comme le prince, couvert à la fois de dignités et de crimes, se rendit terrible pour se rendre sacré. Dès ce moment, tous les rapports furent renversés : condamné au mépris par ses propres agens, le peuple les environna de respects; et le souverain, dépouillé de sa puissance par ses mandataires, tomba aux pieds de ses propres serviteurs, et adora en tremblant l'ouvrage de ses mains.

Après avoir tout envahi, le despote travailla à tenir à ses pieds la nation abattue. Non content de s'être rendu sacré aux peuples opprimés, il leur fit un crime du simple désir de secouer le joug : dès lors, machinant avec sécurité contre la patrie, il put impunément consommer sa perte : le souverain lui-même se vit traiter en criminel, toutes les fois qu'il entreprit de ramener au devoir son coupable délégué.

C'est ainsi que, dans le gouvernement féodal, on voyait sans cesse, par le simple cours des choses, les inconvéniens naître des inconvéniens, les abus des abus, les désordres des désordres; la liberté conduire à la licence, la licence à l'anarchie, l'anarchie au despotisme, le despotisme à la tyrannie, la tyrannie à l'insurrection, l'insurrection à l'affranchissement, l'affranchissement à un gouvernement libre et régulier.

Ne terminons point cet article, sans dire un mot de l'atrocité du droit de la guerre chez les Francs.

Chez les peuples modernes, souvent le conquérant sacrifie tout à son ambition, à ses fureurs, à ses vengeances; et rarement les peuples prennent-ils part à la querelle entre le prince légitime et l'usurpateur : peu inquiets lequel des deux triomphera; aussitôt que l'un est défait, ils se donnent à l'autre, et si la fortune les ramènent sous le joug de leur ancien maître, ils ne songent pas seulement à se justifier devant lui. Mais chez les Francs, les vaincus ¹ étaient réduits en servitude, et tous leurs biens devenaient la proie du vainqueur.

L'esclavage, produit à main armée, est un état violent, durant lequel le gouvernement reçoit de fortes secousses des peuples qui cherchent à recouvrer leur liberté; alors l'état est semblable à un corps robuste qui secoue souvent ses chaînes, et qui les brise quelquefois. Aussi, pour retenir les peuples dans les fers, les princes ont-ils jugé plus sûr de les conduire peu à peu à l'esclavage, en les endormant, en les corrompant et en leur faisant

¹ En lisant la déplorable histoire des peuples soumis au gouvernement féodal, on voit avec plaisir que les despotes jouissaient rarement eux-mêmes de la liberté qu'ils enlevaient aux autres. Esclaves à leur tour des ministres et des valets qu'ils chargeaient de leurs ordres, plusieurs ont été renfermés dans leurs palais, plusieurs aussi ont été déposés et reclus dans des couvens, quelques-uns ont été massacrés, et presque tous ont passé leurs jours dans les transes. Or, le spectacle des alarmes dans lesquelles ils ont vécu et des tourmens qu'ils ont souffert, console un peu des maux effroyables qu'ils ont fait à l'humanité.

4

perdre jusqu'à l'amour, jusqu'au souvenir, jusqu'à l'idée de la liberté. Alors l'état est un corps malade qu'un poison lent pénètre et consume, un corps languissant qui est courbé sous le poids de sa chaîne, et qui n'a plus la force de se relever.

Ce sont les moyens artificieux employés par la politique pour amener les peuples à cet affreux état, que je me propose particulièrement de développer dans cet ouvrage.

Du pouvoir du temps.

Le premier coup que les princes portent à la liberté, n'est pas de violer avec audace les lois, mais de les faire oublier. Pour enchaîner les peuples, on commence par les endormir.

Tandis que les hommes ont la tête échauffée des idées de liberté, que l'image sanglante de la tyrannie est encore présente à tous les esprits, ils détestent le despotisme, et veillent d'un œil inquiet sur toutes les démarches du gouvernement. Alors le prince craintif se garde bien de faire aucune entreprise : il paraît au contraire le père de ses sujets, et son règne celui de la justice. Dans les premiers temps, l'administration est même si douce, qu'il semble qu'elle ait en vue d'augmenter la liberté, loin de chercher à la détruire.

N'ayant rien à débattre, ni sur leurs droits qu'on ne conteste point, ni sur leur liberté qu'on n'attaque point, les citoyens deviennent moins soigneux à éclairer la conduite de leur chef ; peu à peu ils cessent de se tenir sur leurs gardes, et ils se déchargent enfin de tous soucis pour vivre tranquilles à l'ombre des lois.

Ainsi, à mesure qu'on s'éloigne de l'époque orageuse où la constitution prit naissance, on perd insensiblement de vue la liberté. Pour endormir les esprits, il n'y a donc qu'à laisser aller les choses d'elles-mêmes. On ne s'en fie pourtant pas toujours là-dessus au seul pouvoir du temps.

Des fêtes.

L'entrée au despotisme est quelquefois douce et riante. Ce ne sont que jeux, fêtes, danses et chansons. Mais dans ces jeux, le peuple ne voit point les maux qu'on lui prépare, il se livre aux plaisirs, et fait retentir les airs de ses chants d'allégresse.

Insensés, tandis qu'ils s'abandonnent à la joie, le sage entrevoit déjà les malheurs qui menacent de loin la patrie, et sous lesquels elle succombera un jour : il découvre dans ces fêtes les premiers pas de la puissance au despotisme[1]; il aperçoit les chaînes couvertes de fleurs, prêtes à être étendues sur les bras de ses concitoyens.

« Ainsi les matelots se livrent à une joie indiscrète, lorsqu'ils aperçoivent du rivage l'haleine

---

[1] Pour endormir les nobles, en temps de paix, l'empereur Manuel Comène inventa les tournois. Panciral, *lib.* 2, *cap.* 20.

des vents enfler doucement les voiles, et rider la surface des eaux; tandis que l'œil attentif du pilote voit à l'extrémité de l'horison s'élever le grain qui va bientôt bouleverser les mers. »

Des entreprises publiques.

Au pouvoir du temps et des fêtes on joint la distraction des affaires; on entreprend quelque monument national; on fait construire des édifices publics, des grands chemins, des marchés, des temples. Les peuples, qui ne jugent que sur l'apparence, croient le prince tout occupé du bien de l'état, tandis qu'il ne l'est que de ses projets; ils se relâchent toujours davantage, et ils cessent enfin d'avoir l'œil sur leur ennemi.

Dès que les esprits commencent à n'être plus tendus, les vices du gouvernement commencent à se développer; et le prince toujours éveillé sur ses intérêts, ne songe qu'à étendre sa puissance; mais il a soin d'abord de ne rien faire qui puisse détruire cette profonde sécurité.

Gagner l'affection du peuple.

Ce n'est pas assez de commencer par endormir les esprits, les princes travaillent encore à se les concilier; et ce que font les uns pour distraire l'attention du peuple, les autres le font pour gagner son affection.

Le peuple Romain qui distribuait les faisceaux et donnait le commandement des armées, ce maître absolu de la terre était passionné des spectacles, la magnificence des fêtes fut le moyen dont se servirent, pour se l'attacher, ceux qui lui ravirent sa puissance et sa liberté.

Pour captiver le peuple, les princes ont quelquefois recours aux largesses.

César parvenu à l'empire, combla de dons ses officiers, ses soldats, et le peuple. Alors on entendit de tous côtés la stupide multitude s'écrier *vive l'empereur*; tel ramassant un sesterce s'épuisait en éloges sur la libéralité de son nouveau maître.

Lorsque Charles II monta sur le trône d'Espagne, le premier soin de ses ministres fut de ramener l'abondance dans l'état; à cet appât; ils joignirent celui des spectacles; jamais on ne vit tant de combats de taureaux, tant de comédies, tant de jeux, tant de fêtes au goût de la nation [1].

Louis XIV allant plus loin, s'étudia à gagner les cœurs par ses manières, ses prodigalités, sa magnificence. Il avait soin que personne ne sortit mécontent de sa présence; il s'assurait par des emplois de ceux qui lui étaient supects, et s'attachait par des bienfaits la foule avide des courtisans. A la cour, il

[1] Désormaux, *Abrégé chronologique de l'histoire d'Espagne.*
Tout don fait au peuple par le prince doit être suspect, si ce n'est dans quelque calamité soudaine. Le seul moyen honnête de soulager les peuples qu'ait un prince, qui ne vise pas au despotisme, c'est de diminuer les impôts.

donnait des festins, des feux d'artifice, des bals masqués, des tournois, des spectacles. Dans les campagnes, il répétait ces fêtes, il visitait dans sa pompe les villes conquises, invitait à sa table les femmes de qualité, faisait des gratifications aux militaires, jetait de l'or à la populace, et il était élevé jusqu'aux nues

Louis Ier roi d'Espagne, signala les commencemens de son règne en comblant de graces et de bienfaits tous ceux qui l'approchaient.

Mais ce n'est pas aux dons seuls qu'ont recours les princes pour gagner l'affection des peuples.

En montant sur le trône, Ferdinand débuta par des actes apparens de bonté; il donna ordre qu'on ouvrit les prisons à tous ceux qui y étaient détenus pour crimes non capitaux, il publia une amnistie en faveur des déserteurs, et des contrebandiers, il assigna deux jours de la semaine pour recevoir les suppliques de ses sujets, et leur donner audience.

Avant de paraître en public, quelquefois Élisabeth commandait à ses gardes de frapper sur la populace; puis, comme si elle eut été réellement fâchée qu'ils eussent suivi ses ordres, elle relevait aigrement leur brutalité, et s'écriait: *que ses sujets étaient ses enfans, qu'on se garda bien de leur faire outrage.* Séduits par ces faux airs de bienveillance, ces malheureux se précipitaient à ses pieds, en bénissant leur reine.

¹ Désormaux, *hist. d'Espagne.*

C'est souvent par une condescendance affectée que les princes s'attachent à gagner les cœurs.

Le peuple de Venise admire la bonté de ses maîtres, lorsqu'il voit chaque annnée le doge à la tête du sénat, rendu à Sainte-Marie Formose pour y acquitter un vœu, ne pas dédaigner un chapeau de paille et deux bouteilles de vin, que les artisans de la paroisse ont coutume de lui offrir; lorsqu'il voit le doge accepter quelques melons que les jardiniers viennent lui présenter le premier août, et leur permettre de l'embrasser; lorsqu'il voit tous les sénateurs assister le jour du mardi gras au massacre d'un taureau ou à quelqu'autre fête populaire; lorsqu'il voit le grand conseil, le jour de la fête-dieu, passer en procession dans la place Saint-Marc, chaque noble ayant à sa droite un mendiant.

Qui le croirait? Les princes marchent quelquefois au despotisme par une route qui semblerait devoir les en éloigner.

Afin d'augmenter leur autorité, quelques-uns, par un raffinement de politique, veulent paraître justes, bons, modérés; pour tromper les autres, ils se revêtent eux-mêmes du manteau de la bonne foi.

Ximènes [1] s'étant rendu l'idole des Castillans par la pureté apparente de ses mœurs, ses aumônes, sa munificence, son hypocrisie, parvint à bannir de leurs cœurs toute défiance; et ils le laissèrent tramer à son aise contre la liberté publique, solder de ses

---

[1] Régent de Castille, sous Charles-Quint. Banarès, *hist. de Ximènes.*

épargnes des troupes mercenaires, et augmenter l'autorité royale.

Le peuple de Terre-ferme, enchanté des manières populaires des podestats, vante la douceur du gouvernement de la seigneurie. En voyant les inquisiteurs d'état écouter favorablement ses plaintes, et tenir les grands jours pour la recherche des nobles du pays qu'il n'aime point, il s'imagine qu'elle n'a pour but que le soin de sa défense, et il bénit l'équité de ses maîtres.

D'autres fois ceux qui commandent flattent l'ambition du peuple, pour mieux masquer la leur; ils ne lui parlent que de ses droits, ils affectent un zèle extrême pour ses intérêts, et s'érigent en tyrans, en feignant de le défendre. Voilà comment les princes de l'Europe en usèrent avec le peuple pour écraser les nobles, et fonder un gouvernement absolu sur les ruines du gouvernement féodal.

Mais, que ne mettent-ils point en œuvre pour captiver leurs sujets? Quelques-uns s'attachent à rendre le peuple heureux; puis saisissant avec adresse le moment où il vient à vanter son bonheur, ils affectent du dégoût pour l'empire, ils feignent d'être las du fardeau de la couronne; de vouloir abdiquer, puis ils se font presser de continuer à tenir les rênes de l'état; ruse funeste, ces fourbes ayant alors la confiance aveugle de la nation, et les moyens d'en abuser.

De l'appareil de la puissance.

Dans un sage gouvernement, les fonctionnaires publics doivent porter les attributs de leurs dignités; les honneurs qu'on leur rend sont censés rendus au peuple, dont ils sont les mandataires; la pompe dans laquelle ils paraissent lorsqu'ils sont en fonctions n'est point pour eux. ils ne sont que des piliers auxquels sont suspendues les enseignes nationales.

Mais bientôt le vulgaire perd de vue ces utiles vérités; peu d'hommes savent même distinguer de ces enseignes la personne qui les porte, ignorance dont les princes profitent habilement pour se mettre à la place de la nation, ne jamais se montrer que dans l'éclat de la majesté royale; et prétendre néanmoins que, revêtus ou dépouillés des ornemens de la royauté, ils n'en sont pas moins des objets sacrés de vénération, lors même que le destin les a précipités du trône.

Quoi qu'il en soit, aux yeux du peuple, la pompe des princes fait partie de leur puissance [1]; aussi la plupart se sont-ils étudié à en imposer par un appareil menaçant [2].

[1] Richelieu était bien persuadé de cette vérité, lorsqu'il reprochait à Louis XIII d'avoir si fort négligé ce point là. *Voyez son testament politique.*

[2] C'est la magnificence du premier Cosme de Médicis qui lui donna tant d'ascendant sur ses compatriotes; ce fut elle qui, malgré la forme démocratique du gouvernement de Florence, malgré l'attachement des

Quand ils se montrent en public, c'est toujours
avec les attributs de l'autorité suprême. Quelquefois ils font porter devant eux le glaive de la justice,
le sceptre et les faisceaux. Souvent ils se font accom-
pagner en pompe par les grands officiers de la couronne, par le nombreux cortége de leurs courtisans, et presque toujours par la bande formidable de
leurs satellites [1].

Ils ont soin aussi d'entretenir le faste de leurs maisons, dans la crainte qu'en cessant de faire les maîtres, les grands qui les approchent ne cessent de
faire les sujets ; ils en imposent toujours par un ton
impérieux ; et afin de mieux apprendre aux peuples
à les respecter, ils introduisent dans leur cour un
cérémonial imposant ; quelques-uns vont même jusqu'à ordonner qu'on ne les serve et qu'on ne leur
parle qu'à genoux [2].

Dans les pays de l'Orient, les princes employent
plus d'art encore pour se faire révérer et obéir aveuglément. Renfermés dans leurs palais au milieu de
leurs esclaves, ils se font rarement voir en public ; mais
toujours dans la pompe la plus imposante, toujours

citoyens à leurs priviléges, malgré la popularité de ceux qui remplissaient les premières magistratures, le rendit l'âme de la république, et
aveugla le peuple au point de lui laisser usurper l'autorité suprême.

[1] Autrefois les princes étaient accoutumés à se promener presque
sans gardes au milieu de leurs sujets, comme un père de famille au milieu de ses enfans ; mais, dès qu'ils l'ont pu, ils se sont empressés de se
donner une garde imposante : et aujourd'hui, il y a peu de monarques
qui n'ait plusieurs régimens de satellites.

[2] Philippe II, roi d'Espagne, en fit une ordonnance expresse.

accompagnés d'une garde nombreuse richement vêtue, toujours environnés de leurs ministres couverts d'or et de perles, qui baissent les yeux et attendent les ordres de leur maître dans un profond silence.

Ce soin que les princes ont pour eux-mêmes, ils l'ont pour leurs officiers; jaloux de faire paraître dans les magistrats, non l'homme de la loi; mais l'homme constitué en dignités.

Parmi les édits que Jacques Ier rendit en 1613, les membres de son conseil d'Écosse eurent ordre de ne point aller à pied dans les rues, mais en voiture et en grand-habit [1].

Philippe II, roi d'Espagne, ordonna par un décret particulier à tous les membres des conseils supérieurs et des chancelleries de ses états, de ne jamais paraître en public qu'avec de longues [2] robes et la barbe.

Les princes ne sont pas moins attentifs à se ménager entr'eux les mêmes respects. Voyagent-ils? ils se reçoivent avec pompe, ils se traitent avec magnificence, ils se prodiguent tous les honneurs; et pour que le peuple soit d'autant plus frappé de la grandeur des maîtres, toujours de hautes marques de distinction sont accordées à leur suite [3].

Rien ne sert mieux les princes que le soin qu'ils ont de fixer l'admiration du vulgaire sur leur per-

[1] Spotwood.

[2] Désormaux, *Abrégé chronologique de l'histoire d'Espagne.*

[3] Plutarque, *Vie de Philopœmen.*

sonne, par l'appareil de la puissance. En voyant ses agens entourés de brillans satellites, le peuple n'ose porter sur eux des regards assurés; les sages eux-mêmes ont peine à se défendre d'une certaine vénération pour la morgue environnée de tant de lustre, si tant est que ce qu'il y a de moins méritant au monde puisse être illustré.

Avilir les peuples:

Une fois qu'on a distrait et séduit les esprits, on s'efforce de les avilir.

L'activité, la frugalité, le désintéressement, la vigilance, l'amour de la gloire et de la patrie, voilà les vertus au moyen desquelles les peuples conservent leur liberté; aussi les princes qui aspirent au despotisme, travaillent-ils à leur en faire perdre le goût.

Pour assujettir les Spartiates, Philopemen les contraignit d'abandonner la manière mâle dont ils élevaient leurs enfans [1]; il les livra à la mollesse, et bientôt il parvint à éteindre en eux cette grandeur d'âme, cette élévation de cœur qu'il redoutait si fort.

Après avoir réuni la principauté de Galles à ses états, Edouard Ier, convaincu que rien ne contribuait davantage à nourrir l'amour de la liberté de ses nouveaux sujets, que le récit poétique de leurs exploits, qu'ils avaient coutume de chanter dans

---

[1] Sir J. Vynne, pag. 15.

leurs fêtes martiales, fit une exacte perquisition de tous les poètes Gallois, et les condamna à mort [1].

De nos jours, les Anglais n'ont-ils pas, dans la même vue, obligé les Écossais de quitter leur habillement national, et de renoncer à leurs fêtes civiques ?

Mais il est rare que les princes employent la violence pour avilir leurs sujets : c'est à l'adresse qu'ils ont communément recours. Ils font construire des théâtres, des cirques, des salles de récréation, des casins, des redoutes : ils encouragent [2] les talens propres à amuser le peuple et à fixer son inconstance; ils protègent ceux qui les cultivent, ils pensionnent des acteurs, des musiciens, des baladins, des histrions; et bientôt le citoyen entraîné vers les plaisirs, ne pense plus à autre chose.

Cyrus, ayant appris que les Lidiens s'étaient révoltés, ne voulant pas saccager leurs villes, moins encore y mettre de fortes garnisons, s'avisa d'y établir des jeux publics, des tavernes, des lieux de débauche [3] : dès-lors ils ne fut plus dans le cas de tirer l'épée contre ces peuples.

Ceux qui gouvernaient à Athènes faisaient une dépense prodigieuse pour l'entretien des théâtres.

---

[1] Hume, *hist. d'Angleterre.*

[2] Quelques princes ont même poussé la fureur jusqu'à persécuter ceux qui entreprenaient de faire rentrer le peuple en lui-même. Charles Ier ne fit-il pas condamner par la chambre étoilée, Phrinne à un supplice cruel, pour avoir écrit contre la passion du théâtre!

[3] Hérod., liv. I.

A Rome, les empereurs donnaient souvent des spectacles au peuple [1]; bientôt le goût de ces plaisirs dégénéra en passion, corrompit les mœurs des citoyens, et leur fit perdre jusqu'à l'idée de la liberté.

Dans la vue d'amollir le courage des Anglais, les princes de la maison de Stuart encouragèrent le goût des plaisirs.

Jacques Ier leur fit construire de vastes théâtres; et bientôt les mascarades, les farces et les bals devinrent leur principale affaire.

Durant le règne de Charles Ier, la fureur des spectacles était si grande, que cinq théâtres toujours ouverts, ne suffisaient pas pour le peuple de Londres [2].

Partout les princes ont soin d'inspirer à leurs sujets le goût des spectacles. On n'imagine pas combien cet

---

[1] Auguste introduisit à Rome la pantomime, et les Romains furent si charmés de ce nouveau genre de divertissement, que le goût en devint général, passa de la capitale dans les provinces, et s'y soutint jusqu'au démembrement de l'empire.

La passion des Romains pour la pantomime fut portée jusqu'au délire. Partagés entre Pilade et Batille, mimiques fameux, ils formèrent de puissantes cabales. Ces cabales dégénérèrent en factions : elles voulurent se distinguer, et elles prirent des couleurs, comme avaient fait les bleus et les verts pour ceux qui conduisaient les chars dans les courses du cirque,

En proie aux factieux, Rome fut agitée de troubles si violents, que pour rétablir la paix, les empereurs prirent souvent le parti de renvoyer les histrions : mais ils eurent toujours soin de les rappeler, lorsqu'ils voulurent faire passer quelque projet contre la liberté publique. *Suidas et Zozime.*

[2] Phrinnés histria mastix, pag. 15.

artifice leur réussit? Une fois que le peuple a pris le goût de ces amusemens, il lui tiennent lieu de tout, il ne peut plus s'en passer, et jamais il n'est si à craindre que lorsqu'il en est privé.

La guerre civile de 1641 ne commença en Angleterre, que lorsque les théâtres furent fermés.

Que dis-je? on a vu des peuples opprimés demander au prince [1] des spectacles, comme le seul remède à leurs maux.

Ainsi les jeux, les fêtes, les plaisirs [2], sont les appâts de la servitude, et deviennent bientôt le prix de la liberté, les instrumens de la tyrannie.

Suite du même sujet.

Si, joint à ce goût pour la frivolité et la dissipation qu'inspire le théâtre, les pièces qu'on joue [3] sont issues de sentimens relâchés, de maximes rampantes, d'adroites flatteries pour les personnes constituées en dignité : si on y fait l'éloge des vices ou des folies de princes régnans, comme dans ces pastorales

[1] Les Romains, après la destruction de la république. Les habitans de Trèves, après le sac de leur ville, etc.

[2] Je ne connais que les Grecs, à l'exception des Athéniens, chez qui le théâtre et les jeux publics ne tendaient pas à ce but. Aussi appelaient-ils les poètes dramatiques, les conservateurs des villes.

[3] Les Anglais avaient trouvé l'art de tourner cet artifice contre sa fin, en mettant au théâtre des pièces remplies de grandes idées de liberté, de vifs sentimens pour la patrie. Mais chez eux la corruption du siècle s'est enfin répandue dans tous les rangs. A part un petit nombre de citoyens qui ont encore des mœurs et la tête saine, le goût des amu-

allégoriques qu'on représentait à la cour de Charles Ier et de Louis XIV : alors le théâtre devient une funeste école de servitude. Au lieu de nous montrer des hommes et des sages, les défenseurs de l'état, les bienfaiteurs de la patrie, on ne nous montre que des amans, des fous, des fats, des coquettes, des fripons, des dupes, des maîtres insolens, et de bas valets. Au lieu de dévoiler les noirs complots des mauvais princes, leurs trames perfides, leurs crimes atroces, on ne dévoile que des intrigues d'amour, des tracasseries de ménage, des aventures de boudoir. Au lieu d'en faire une école de vertu, on en fait une école de mauvaises mœurs. Que si de temps en temps, on donne quelques bonnes pièces, la farce qui les suit en détruit ordinairement l'impression. Les sages réflexions qu'elles ont fait naître, sont effacées par les turlupinades d'un bouffon ou les tours d'une soubrette : les nobles sentimens qu'elles ont excités s'exhalent en risées, et l'auditoire est congédié en folâtrant [1].

semens s'est emparé de tous les cœurs ; et dans l'avilissement où ils sont tombés, ils n'ont plus qu'une froide admiration pour l'héroïsme ; la vertu ne les touche plus. Dépravés eux-mêmes ou vils complaisans du public, leurs auteurs dramatiques se sont pliés au goût dominant, et à leur honte éternelle ils ne travaillent qu'à le corrompre toujours plus.

[1] Dira-t-on que c'est attribuer trop d'influence aux représentations théâtrales? Mais qu'on y réfléchisse un peu, ces maisons de récréation publique sont le seul endroit en Angleterre où il ne soit pas permis à un auteur hardi d'exposer librement ses idées, le seul endroit où une grande âme ne puisse pas faire éclater ses sentimens : le prince ayant eu grand soin de réserver à ses ministres l'examen des pièces qui doivent être représentées devant le public.

Encourager les lettres, les beaux-arts et les talens agréables.

Pendant les crises orageuses d'une révolution, on ne pense qu'à l'établissement de la liberté; mais dans le calme qui les suit, l'ardeur patriotique s'éteint, la paix donne d'autres idées, d'autres sentimens; et au milieu de mille objets de dissipation, on oublie jusqu'à ses devoirs.

Déjà la nation n'est plus unie; les douces liaisons qu'avait formées l'amour de la patrie sont détruites; les membres de l'état sont bien encore citoyens, mais ils ont cessé d'être patriotes.

C'est en encourageant les lettres, les beaux-arts et les talens agréables qu'Auguste plia les Romains au joug; et que ses successeurs y plièrent les nations barbares qu'ils avaient subjuguées [1].

Jamais peuple ne fut plus indépendant que les Germains. Sans établissement fixe, continuellement engagés dans quelque expédition pour faire du butin,

---

[1] Il paraît étrange (dit un historien célèbre) que les progrès des arts et des lettres, qui, chez les Grecs et les Romains augmentaient le nombre des esclaves, soient devenus dans ces derniers temps une source générale de liberté, et il a recours à une foule d'argumens forcés pour rendre raison de ce phénomène, qu'une simple distinction éclaircit. Toute étude qui ne se rapporte pas aux droits de l'homme, en fixant l'esprit sur des objets étrangers, doit nécessairement faire perdre de vue la liberté : tandis qu'en ouvrant le sanctuaire des sciences et des lettres à une nation barbare, elle porte tôt ou tard ses idées de ce côté-là.

Les Romains ne connaissaient encore que la politique et le métier de

passionnés de la liberté, et toujours sous les armes, ils donnèrent d'abord peu d'autorité à leurs princes; encore cette autorité était-elle peu respectée. Mais lorsque ces princes eurent assuré leurs conquêtes, pour étendre et affermir leur puissance, ils travaillèrent à inspirer à leurs sujets le goût des occupations tranquilles, il les engagèrent à cultiver les arts de la paix en leur faisant connaître les doux fruits de l'industrie; il les encouragèrent à se livrer à l'étude des lettres, à la mollesse et aux douceurs d'une vie contemplative.

Dès que la couronne de la Grande-Bretagne fut affermie sur la tête d'Alfred, ce prince s'appliqua à inspirer à ses sujets le goût des lettres et des arts; pour les engager à les cultiver, il les cultiva lui-même, et ne cessa de répandre ses graces sur tous ceux qui s'y distinguaient [1].

Jusqu'au règne de Ferdinand [2], l'Espagne, livrée presque sans relâche aux feux des dissentions civiles, était encore barbare; on n'y connaissait que le métier des armes. Pour étendre sa puissance, ce prince commença à faire naître dans ses états le goût des

---

la guerre : pour les en détourner, Auguste les engagea à cultiver la poésie et les beaux-arts.

Sous le gouvernement féodal, les peuples, plongés dans une crasse ignorance, perdirent enfin dans les fers jusqu'à l'idée de la liberté : mais lorsqu'ils vinrent à cultiver les arts et les sciences, une fois livrés à l'esprit de réflexion, ils tournèrent leurs vues sur eux-mêmes, et ils sentirent leurs droits.

[1] Assert., pag. 13. Flor. Nigorn., pag. 588.

[2] Époux d'Isabelle.

lettres, en répandant ses bienfaits sur ceux qui s'y appliquaient.

Philippe II et Philippe III, également avides de puissance, favorisèrent de tout leur pouvoir les lettres et les arts.

Non content d'encourager les lettres, Philippe IV courut lui-même la carrière de bel esprit. Et, dès que Philippe V fut parvenu à s'assurer la paisible possession du trône, son premier soin fut de protéger les lettres, de fonder des académies, et de récompenser les talens.

Lorsque la puissance royale eut pris le dessus, François Ier commença à accueillir les lettres, il attira les savans étrangers dans ses états, et encouragea les beaux-arts.

Ses successeurs, Louis XIV surtout, ont tous suivi cet exemple.

Au reste, aucun prince ne caresse les gens de lettres qu'autant qu'ils flattent son orgueil, servent à ses plaisirs, relèvent sa magnificence, prêchent la soumission à ses ordres. Et combien de vils sycophantes mettent tout leur esprit à servir d'instrument au despotisme, à préconiser la servitude, à sanctifier l'oppression! Prostitution infâme qui étouffe la liberté sous les fleurs mêmes de l'imagination, du goût et du génie.

Corrompre le peuple.

Nul gouvernement ne se maintient par sa propre constitution ; mais par les vertus civiques qui l'empêchent de dégénérer. Ce ressort détruit, c'en est fait de la patrie; au lieu de concourir au bien général, chacun ne cherche plus que ses avantages personnels, les lois tombent dans le mépris, et les magistrats eux-mêmes sont les premiers à les violer. Aussi, après avoir avili les peuples songe-t-on à les corrompre.

L'orsqu'il n'y a point de censeurs publics dans l'état, le prince cherche à introduire des nouveautés propres à relâcher les mœurs; tout ce qui peut en arrêter la dépravation, il l'abolit; il altère tout ce qui peut former une bonne police, et il travaille à pervertir les citoyens avec le même zèle qu'un sage législateur travaillerait à les régénérer.

C'est toujours par des routes semées de fleurs que les princes commencent à mener le peuple à la servitude. D'abord ils lui prodiguent les fêtes: mais comme ces fêtes ne peuvent pas toujours durer quand on ne dispose pas des dépouilles du monde entier, ils cherchent à lui ouvrir une source constante de corruption ; ils travaillent à encourager les arts, à faire fleurir le commerce, et à établir l'inégalité des fortunes, qui traîne toujours le luxe à sa suite.

Ceux qui ont sous les yeux le gouvernement féodal dégénéré en despotisme ou en oligarchie, trouveront cette assertion bien étrange. Les princes encouragent l'industrie et le commerce, diront-ils, pour tirer des plus fortes contributions de leurs sujets, non pour les avilir; mais ce n'est pas des peuples asservis, c'est des peuples à assservir dont je parle. Laissons donc à part les efforts que firent, il y a quelques siècles, les Vénitiens, les Génois, les Florentins, les Hollandais, les Français, les Espagnols, les Portugais, les Anglais, pour encourager l'industrie, les arts, le commerce, et suivons, à cet égard, les tentatives de l'administration chez des peuples libres.

Les anciens Bretons, les Gaulois et les Germains étaient presque indépendans. Lorsque, divisés en petites tribus, ils ne possédaient que leurs armes et leurs troupeaux, il ne fut pas possible à leurs chefs de les mettre sous le joug; pour les asservir, les Romains introduisirent parmi eux l'industrie, les arts, le commerce; de la sorte, ils leur firent acheter les douceurs de l'abondance aux dépens de leur liberté.

Agricola ayant subjugué les Bretons, introduisit parmi eux l'urbanité et les arts de la paix; il leur apprit à se procurer les commodités de la vie, il s'efforça de leur rendre leur condition agréable; et ces peuples se plièrent si fort à la domination de leurs maîtres, qu'une fois soumis, ils cessèrent de leur donner de l'inquiétude, et perdirent jusqu'à l'idée de leur première indépendance [1].

Impatient d'établir son empire sur les Anglais, Alfred se servit du même artifice.

---

[1] Tacite, Vie d'Agricola.

J'ai dit que pour ouvrir à leurs sujets une source constante de corruption, les princes travaillent à faire fleurir le commerce dans leurs états. Cette proposition n'aurait rien eu d'étrange, si je l'avais restreinte au luxe; mais le moyen de la révoquer en doute, le luxe étant toujours une suite nécessaire du commerce.

Or, il est constant que les princes ne négligent rien pour favoriser le luxe, ils l'étalent à-l'envi, et ils sont les premiers à jeter dans les cœurs ces semences de corruption [1].

S'ils ne le prêchent pas tous d'exemple, encore

1 Comme le luxe charme si fort le commun des hommes, qu'il les entraîne dans mille excès dispendieux, toujours suivis de la ruine des familles et quelquefois de celle de l'état; après avoir encouragé le luxe, souvent les princes se sont vus obligés de le restreindre. Mais par un contraste assez singulier, dans le temps même qu'ils le réprimaient par leurs édits, ils le prêchaient par leur exemple. Tandis que Louis XIV défendait aux lieutenans-généraux de ses armées et autres officiers qui tenaient table, d'y faire servir autre chose que du potage, du rôti avec des entrées de grosses viandes et quelques entremets, sans assiettes volantes et hors-d'œuvre, il étalait sur la sienne les productions des quatre parties du monde. Tandis qu'il réglait la quantité d'or et d'argent qui pouvait être employée en vaisselle, meubles, équipages, habits, etc., il prodiguait en magnifiques extravagances les revenus de l'état.

Ils ont beau faire des ordonnances, le luxe n'y perd rien; leurs lois vont même contre leur fin, en donnant plus de prix à ce qu'elles défendent; et c'est peut-être souvent pour cela qu'ils les font.

Le goût des plaisirs qui régnait à la cour de Jacques Ier, Charles II, Louis XIV, gagna tous les rangs. Chaque jour enfantait quelque fête, chaque nuit quelque mascarade, où assistaient les personnes de marque : aussi le désœuvrement, la paresse, la dissipation et le luxe prirent-ils la place des mœurs simples, de l'industrie et de l'instruction.

refusent-ils de le réprimer. Sous Auguste, le sénat proposa plusieurs fois la réforme des mœurs et du luxe, réforme à laquelle l'empereur était obligé de travailler, en vertu de sa charge de censeur ; mais il éluda toujours avec art ces demandes importunes[1].

Quelques princes vont même jusqu'à y forcer leurs sujets. Pour assujétir le peuple de Cumes, Aristomène, cherchant à énerver le courage de la jeunesse, voulut que les garçons laissassent croître leurs cheveux, qu'ils les ornassent de fleurs, et portassent comme les filles de longues robes de couleurs différentes ; il voulut, lorsqu'ils allaient chez leurs maîtres de danse ou de musique, que des femmes leurs portassent des parasols et des éventails ; que dans le bain, elles leur donnassent des miroirs, des peignes, des parfums, et cette éducation devait durer jusqu'à l'âge de seize ans [2].

Le commerce et le luxe ont toujours des effets trop funestes aux nations qui ont des mœurs, pour ne pas en développer les principaux.

Du commerce.

Il exige que les différens peuples communiquent entre eux. Or le désir d'être bien venus les uns des autres les rend sociables, il adoucit leurs manières, et les guérit de l'opinion trop avantageuse qu'ils ont

[1] Dion Cassius, liv. 54.
[2] Denis d'Halicarn, liv. 7.

d'eux-mêmes, des préjugés ridicules de l'amour-propre.

En procurant à chacun les productions des divers climats, il les assujettit à de nouveaux besoins, il leur donne de nouvelles jouissances, il les amollit par le goût des superfluités, et les corrompt par les plaisirs du luxe.

Si le commerce adoucit les mœurs agrestes, il déprave les mœurs simples et pures, s'il fait disparaître quelques ridicules nationaux, il donne mille ridicules étrangers; s'il efface bien des préjugés funestes, il détruit bien des préjugés utiles.

Dans ce flux et reflux d'allans et de venans qu'il nécessite, chacun porte quelque chose de son pays; bientôt les manières, les usages, la police, le culte se mêlent et se confondent; peu à peu on se réconcilie avec tous les gouvernemens, et on oublie celui sous lequel on a reçu le jour. Le marchand, habitué à vivre avec des étrangers, regarde du même œil ses compatriotes, et finit par ne plus les connaître. Un Européen qui a voyagé n'est plus ni Anglais, ni Hollandais, ni Allemand, ni Français, ni Espagnol, mais un peu de tout cela.

Le commerce ne confond pas seulement les usages et les manières; mais les mœurs de tous les pays; l'ivrognerie, le luxe, le faste, la passion du jeu, la débauche viennent de mode, et chaque peuple joint à ses vices plus d'un vice étranger.

Un vrai marchand est citoyen du monde. Avide de richesses, il parcourt la terre pour en amasser, il s'attache aux pays qui lui offrent le plus de ressources, et sa patrie est toujours celui où il fait le mieux ses affaires.

Sans cesse occupé de ses gains, il n'a la tête meublée que d'objets de commerce, de spéculations lucratives, de calculs, de moyens d'amasser de l'or et d'en dépouiller autrui. Étranger à tout le reste, son cœur se ferme aux affections les plus nobles, et l'amour de la liberté s'y éteint avec celui de la patrie.

Même chez les hommes les plus honnêtes, l'esprit mercantile avilit l'âme et détruit l'amour de l'indépendance. A force de tout soumettre au calcul, le marchand parvient par degrés à évaluer chaque chose : pour lui tout est vénal, et l'or n'est pas moins le prix des bons offices, des actions héroïques, des talens, des vertus, que le salaire du travail, des productions de la terre et des ouvrages de l'art.

En calculant sans cesse ses intérêts avec rigueur, il contracte un caractère d'équité stricte ou plutôt d'avarice, ennemi de toute générosité de sentimens, de toute noblesse de procédés, de toute élévation d'âme; qualités sublimes qui tirent leur source du sacrifice que l'homme fait de ses intérêts personnels au bonheur de ses semblables, à la dignité de son être.

L'esprit mercantile faisant regarder les richesses comme le souverain bien, la soif de l'or entre dans tous les cœurs; et lorsque les moyens honnêtes d'en acquérir viennent à manquer, il n'est point de bassesses et de turpidudes dont on ne soit prêt à se couvrir.

Ces effets sautent aux yeux les moins clairvoyans; en voici qui ne sont sensibles qu'aux yeux exercés.

Des spéculations en tout genre amènent nécessairement la formation des compagnies privilégiées pour certaines branches de commerce exclusif : compagnies toujours formées au préjudice du commerce particulier, des manufactures, des arts et de la main-d'œuvre, par cela seul qu'elles détruisent toute concurrence. Ainsi, les richesses qui auraient coulé par mille canaux divers pour féconder l'état, se concentrent dans les mains de quelques associations qui dévorent la substance du peuple et s'engraissent de sa sueur.

Avec les compagnies privilégiées naissent les monopoles de toute espèce, les accaparemens des ouvrages de l'art, des productions de la nature, et surtout des denrées de première nécessité : accaparemens qui rendent précaire la subsistance du peuple, et le mettent à la merci des ministres, chefs ordinaires de tous les accapareurs.

Sur le système des monopoles se modèle graduellement l'administration des finances. Les revenus de l'état sont affermés à des traitans, qui se mettent ensuite à la tête des compagnies privilégiées, et qui détournent à leur profit les sources de l'abondance publique. Bientôt la nation devient la proie des maltotiers, des financiers, des publicains, des concussionnaires : vampires insatiables qui ne vivent que de rapines, d'extorsions, de brigandages, et qui ruinent la nation pour se charger de ses dépouilles.

Les compagnies de négocians, de financiers, de traitans, de publicains et d'accapareurs, donnent toujours naissance à une foule de courtiers, d'agens de change et d'agioteurs : chevaliers d'industrie uniquement occupés à propager de faux bruits pour faire hausser ou baisser les fonds, enlacer leurs dupes dans des filets dorés, et dépouiller les capitalistes en ruinant le crédit public.

Bientôt la vue des fortunes immenses de tant d'aventuriers inspire le goût des spéculations, la fureur de l'agiotage s'empare de tous les rangs, et la nation n'est plus composée que d'intrigans cupides, d'entrepreneurs de banques, de tontines ou de caisses d'escompte, de faiseurs de projets, d'escrocs et de fripons, toujours occupés à rechercher les moyens de dépouiller les sots, et de bâtir leur fortune particulière sur les ruines de la fortune publique.

De tant d'intrigans qui s'attachent à la roue de fortune, la plupart sont précipités : la soif de l'or leur fait aventurer ce qu'ils ont pour acquérir ce qu'ils n'ont pas ; et la misère en fait bientôt de vils coquins, toujours prêts à se vendre et à servir la cause d'un maître.

Lorsque les richesses sont accumulées dans les mains des faiseurs de spéculations, la foule immense des marchands n'a plus que son industrie pour subsister ou assouvir sa cupidité ; et comme le luxe leur a donné une foule de nouveaux besoins, et que la multiplicité de ceux qui courent après la fortune leur ôte les moyens de les satisfaire, presque tous se voient réduits aux expédiens ou à la fraude ; dès lors plus de bonne foi dans le commerce : pour s'enrichir ou se soustraire à l'indigence, chacun s'étudie à tromper les autres : les marchands de luxe dépouillent les citoyens dérangés, les fils prodigues, les dissipateurs : toutes les marchandises sont sophistiquées, jusqu'aux comestibles ; l'usure s'établit, la cupidité n'a plus de frein, et les friponneries n'ont plus de bornes.

Aux vertus douces et bienfaisantes qui caractérisent les nations simples, pauvres et hospitalières, succèdent tous les vices de l'affreux égoïsme, froideur, dureté, cruauté, barbarie ; la soif de l'or dessèche tous les cœurs, ils se ferment à la pitié, la voix de l'amitié est méconnue, les liens du sang sont rompus, on ne soupire qu'après la fortune, et on vend jusqu'à l'humanité [1].

A l'égard des rapports politiques de la horde des spéculateurs, il est de fait qu'en tout pays les compagnies de négocians, de financiers, de traitans, de publicains, d'accapareurs, d'agens de change, d'agioteurs, de faiseurs de projets, d'exacteurs, de vampires et de sangsues publiques, toutes liées avec le gouvernement, en deviennent les plus zélés suppôts.

Chez les nations commerçantes, les capitalistes

[1] C'est en Hollande, surtout, qu'il faut voir ces funestes effets de l'esprit mercantile.

et les rentiers faisant presque tous cause commune
avec les traitans, les financiers et les agioteurs; les
grandes villes ne renferment que deux classes de citoyens, dont l'une végète dans la misère, et dont
l'autre regorge de superfluités : celle-ci possède tous
les moyens d'oppression ; celle-là manque de tous
les moyens de défense. Ainsi, dans les républiques,
l'extrême inégalité des fortunes met le peuple entier
sous le joug d'une poignée d'individus. C'est ce qu'on
vit à Venise, à Gênes, à Florence, lorsque le commerce y eut fait couler les richesses de l'Asie. Et
c'est ce qu'on voit dans les Provinces-Unies, où les
citoyens opulens, seuls maîtres de la république,
ont des richesses de princes, tandis que la multitude
manque de pain.

Dans les monarchies, les riches et les pauvres
ne sont les uns et les autres que des suppôts du
prince.

C'est de la classe des indigens qu'il tire ces légions
de satellites stipendiés qui forment les armées de
terre et de mer; ces nuées d'alguazils, de sbires, de
barigels, d'espions et de mouchards soudoyés pour
opprimer le peuple et le mettre à la chaîne.

C'est de la classe des opulens que sont tirés les
ordres privilégiés, les titulaires, les dignitaires, les
magistrats, et même les grands officiers de la couronne [1]; lorsque la noblesse, les terres titrées, les

1 Cela se voit en Angleterre, où la plupart des lords ont pour tige
quelque marchand parvenu. Cela se voit surtout en France, où presque tous les nobles de fraîche date descendent de quelque maltotier, de

grands emplois, les dignités et les magistratures
sont vénales : alors la fortune bien plus que la naissance rapproche du trône, ouvre les portes du sénat, élève à toutes les places d'autorité, qui mettent
les classes inférieures dans la dépendance des ordres privilégiés, tandis qu'ils sont eux-mêmes dans
la dépendance de la cour.

C'est ainsi que le commerce métamorphose les
citoyens opulens et indigens, en instrumens d'oppression ou de servitude.

Si le commerce corrompt presque tous ses agens,
il a une influence bien plus étendue sur la société
entière, par le luxe qu'il traîne toujours à sa suite [1].

Du luxe.

Le premier effet du luxe est d'étouffer l'amour
de la gloire; car dès qu'on peut attirer les regards
par de superbes équipages, des habits somptueux,
une foule de valets, on ne cherche plus à se distinguer par des mœurs pures, de nobles sentimens,
de grandes actions, des vertus héroïques.

quelque financier, de quelque concussionnaire de province gorgé du
sang des peuples, ou de quelque valet parvenu par des spéculations
désastreuses pour l'état; témoin ceux qu'enrichit le système de Law.

[1] Il y a de grandes et dures vérités dans ce passage. Il fera, nous le
croyons, monter le rouge au visage de ces hommes qui osent dire qu'un
commerçant ne doit pas avoir d'opinion. Mais dieu merci, les progrès
que nous faisons au pas de course dans notre éducation politique dés-
abuse toutes les classes de citoyens; et bientôt, nous en sommes convaincus, on n'aura plus à reprocher au commerçant de n'avoir pas
d'opinion politique.　　　　　　　　　(*Nouvel éditeur.*)

Le luxe amène toujours le relâchement, la dissipation, le goût des plaisirs : pour rendre leur commerce plus agréable, les deux sexes se réunissent et se corrompent l'un l'autre; la galanterie s'établit, elle produit la frivolité qui donne un prix à tant de riens, rabaisse tout ce qui est important; et bientôt on oublie ses devoirs.

En faisant le charme de la société, les arts que le luxe nourrit, et les plaisirs qu'il promet nous entraînent vers la mollesse; ils rendent nos mœurs plus douces, ils énervent cette fierté qui s'irrite des liens de la contrainte.

En étendant des guirlandes de fleurs sur les fers qu'on nous prépare, ils étouffent dans nos âmes le sentiment de la liberté, et nous font aimer l'esclavage.

Ainsi, en amollissant et en corrompant les peuples, le luxe les soumet sans résistance aux volontés d'un maître impérieux, et les force de payer du sacrifice de leur liberté le repos et les plaisirs dont il les laisse jouir[1].

Le luxe n'énerve pas simplement les esprits, mais rien n'est plus propre à les diviser : lorsqu'il s'intro-

[1] A voir les funestes effets du luxe, on serait tenté de désirer la perte des arts qui le nourrisent; arts dangereux dont l'invention a déjà tant coûté à l'humanité, et qui ne font plus qu'augmenter nos misères, en augmentant nos besoins.

Mais quoi dira quelqu'u , quels charmes a donc la liberté qu'il faille tout lui sacrifier? Insensés, n'est-ce pas à son triomphe que tient le règne de la justice, la paix et le bonheur de l'état?

Eh! qu'a donc le luxe de si aimable, demanderai-je à mon tour,

duit dans l'état, plus d'union entre les membres, chacun cherche à attirer les regards, à effacer son voisin, à s'élever au-dessus des autres. Détournant les yeux de dessus le bien général, on ne les tient fixes que sur ses intérêts particuliers, et l'amour de la patrie est anéanti dans tous les cœurs.

A mesure que le luxe s'étend, il met le superflu au rang du nécessaire. D'abord on se livre à la dissi-

---

qu'il doive l'emporter sur toute autre jouissance, sur la liberté et la félicité publiques?

Le plaisir d'acquérir de la considération par des vertus, d'être honoré de tout le monde et de jouir de sa propre estime, ne vaut-il pas bien celui de se faire remarquer par un faste recherché? On croit insipide la vie des peuples pauvres : mais ces jeux publics, qui chez les Grecs rappelaient sans cesse les cœurs à la patrie, étaient-ils moins enchanteurs que les plaisirs qui suivent l'opulence, et qui flattent si fort nos petites âmes? Quoi de plus ravissant que ces fêtes, où le plus brave des jeunes Samnites avait droit de choisir pour compagne la fille qu'il voulait, et où la beauté, les graces, l'esprit, devenaient le prix de la vertu? Quoi de plus ravissant que les distinctions que ces peuples accordaient aux grands hommes. Où était l'Athénien qui n'eût tout sacrifié à l'honneur d'avoir une statue dans le Céramique?

Et puis compte-t-on pour rien cette précieuse union des citoyens dans tout gouvernement où la loi a établi l'égalité, cette aimable franchise avec laquelle les citoyens traitent entre eux, cette loyauté qui règne dans leur commerce. Mais faut-il tout cela pour nous faire goûter le prix de la liberté? Qu'on examine le sort des états qui l'ont perdue; qu'on se rappelle les horreurs qui accompagnent le despotisme; qu'on jette les yeux sur le règne des Tibère, des Néron, des Caligula, des Claude, des Caracalla; sur celui des Louis IX, des Charles Ier, des Jacques II, des Louis XIV : lorsque l'empire est en proie à une foule de satellites, lorsque les noms des proscrits retentissent de toutes parts, lorsque le sang des citoyens coule à grands flots, nous sommes révoltés contre le pouvoir arbitraire, et nous sentons avec effroi le malheur des peuples qui y sont asservis.

pation, on en contracte l'habitude, les plaisirs deviennent besoins, ces nouveaux besoins, il faut les
satisfaire; et comme tous ne le peuvent également,
ils sont agités de sentimens divers : d'un côté se trouvent l'envie, la jalousie, la haine; de l'autre côté
l'orgueil et le mépris : — nouvelles semences de
discordes[1].

Une fois corrompu par le luxe, sans cesse on est
dévoré de nouveaux désirs. Les moyens de les satisfaire manquent-ils? on s'intrigue pour se procurer
ces vaines jouissances.

Le mal va toujours en augmentant; car à force
de vouloir se distinguer, on ne se distingue plus;
mais comme on a pris un rang, et que l'envie de se
faire regarder subsiste toujours, toutes les cordes
sont tendues pour sortir de cette égalité insuppor-
table. Dès-lors il n'y a plus de rapport entre les besoins et les moyens, et l'on cherche à se vendre.
Que d'esclaves volontaires!

Enfin une foule de citoyens, indigens par leurs
nouveaux besoins, souffrent de se voir les derniers,
s'agitent vainement pour s'affranchir de cette pau-

[1] Combien de princes ont fomenté ces divisions par leurs ordonnances! Dans un édit de 1244, Philippe-le-Bel défendit aux bourgeois
de porter ni vert, ni gris, ni hermine, ni or, ni pierres précieuses,
dont il laissa l'usage aux nobles. Aux bourgeois riches de 2,000 liv.,
il défendit de se vêtir d'étoffes au-dessus de 12 sols l'aune; et aux
moins riches, d'étoffes au-dessus de 8 sols : tandis qu'aux prélats et aux
barons il permit de se vêtir d'étoffes de 25 sols.
Presque tous les princes ont fait de semblables ordonnances.

vreté humiliante, et sont réduits à faire des vœux pour la ruine de l'État.

Telle est la puissante influence du luxe, que souvent il suffit seul pour détruire la liberté, même chez les peuples qui en sont le plus jaloux. Tant que Rome ne nourrissait que de pauvres citoyens, la bonne foi, l'honneur, le courage, l'amour de la patrie et de la liberté habitaient dans ses murs; mais dès qu'elle se fut enrichie de l'or des vaincus, les mœurs antiques firent place à une foule de vices; et bientôt on vit ces hommes, autrefois si fiers, si impatiens du joug, devenus les lâches adorateurs de leurs maîtres, s'avilir chaque jour par de nouvelles bassesses [1].

Malgré la sagesse de ses lois, à peine eût-elle ouvert ses portes aux trésors de l'ennemi, qu'elle cessa de se reconnaître dans ses lâches rejetons. Bientôt les mœurs et les devoirs se trouvèrent en opposition; la pauvreté jusqu'alors honorée, fut couverte de mépris, les richesses devinrent l'objet de tous les vœux, le luxe s'établit avec rapidité, on se porta à la volupté avec fureur; et quand les délices eurent appauvri ces voluptueux, on vit une foule de citoyens prodigues chassés de leurs héritages et honteux de leur indigence, faire servir la cabale à leur ambition pour troubler la paix de l'État, et à leur tête quelques hommes puissans ameuter tour-à-tour le peuple, déchirer tour-à-tour la patrie par des fac-

[1] Tacite, *Vie d'Agricola.*

tions, verser tour-à-tour le sang des citoyens, usurper le souverain pouvoir, et forcer les lois à se taire.

Ainsi périt la liberté à Athènes, à Lacédémone,
à Sparte; ainsi périra-t-elle chez les Anglais; ainsi
périra-t-elle parmi nous.

Flatter l'avarice du peuple.

Dès que les richesses sont le prix de tout ce qui
attire la considération, elles tiennent lieu de naissance, de mérite, de talens, de vertus : chacun les
recherche comme le bien suprême; dès lors la cupidité souffle dans tous les cœurs son venin mortel,
et pour avoir de l'or, on ne craint plus de se couvrir d'infamie. Aussi ceux qui gouvernent ont-ils
soin de flatter l'avarice du peuple par le jeu, les
tontines, les loteries [1]; artifice constant des cabinets
de France, d'Angleterre, de Hollande et surtout de
Venise.

Par ce moyen, d'ailleurs, on amuse le peuple, on
l'empêche de réfléchir sur sa situation, et d'apercevoir les piéges qu'on lui tend.

De la débauche.

Un autre moyen de soumettre le peuple, c'est de
le faire vivre dans l'oisiveté, et de ne point contrôler ses goûts. Alors, sans sollicitude pour la liberté,

[1] En considérant le mince profit que le gouvernement anglais fait
sur les loteries, on ne peut guères lui prêter d'autres vues.

il ne prend plus de part aux affaires publiques, il ne songe qu'à ses besoins et à ses plaisirs. Une fois affectionné à l'argent, faut-il pour s'en procurer renoncer à ses droits? il présente sa tête au joug, et attend tranquillement son salaire. Si d'ailleurs les princes prennent soin de le fêter, il va même jusqu'à bénir ses tyrans.

Pour faire des Perses de bons esclaves, Cyrus les entretenait dans l'abondance, l'oisiveté, la mollesse; et ces lâches l'appelaient leur père.

Les empereurs Romains usaient de cette politique; ils donnaient au peuple des festins, des spectacles; et alors on entendait la multitude s'épuiser en éloges sur la bonté de ses maîtres [1].

Le gouvernement de Venise a grand soin de maintenir le peuple dans l'abondance, de lui donner de fréquens spectacles, et de le faire vivre dans la débauche en protégeant publiquement les courtisanes. Loin de contrôler les goûts des citadins, il ouvre la porte aux divertissemens, aux jeux [2], aux plaisirs, et il les détourne par-là de l'envie de s'occuper des affaires d'état. Il n'y a pas juqu'aux religieux auxquels il ne permette une vie débordée, et dont il ne favorise les déréglemens [3], de manière que tous les

---

1 Tacit, *Hist.*, liv. 4.

2 Il est de fait qu'à Venise on ouvre pendant tout le carnaval plusieurs ridotti, où chacun peut aller se ruiner à des jeux de hasard; et ce qui paraîtra peut-être fort étrange, c'est qu'à chaque table un noble en toge tient la banque.

3 En favorisant les déréglemens des religieux, le sénat a aussi en

libertins vantent la douceur du gouvernement de la
seigneurie.

Enfin, c'est une observation constante, qu'en
tout pays les débauchés, les femmes entretenues,
les valets, les chevaliers d'industrie, les faiseurs de
projets, les joueurs, les escrocs, les espions, les
chenappans sont pour le prince : ils attendent un
sort de la cour, des dilapidateurs publics, des concussionnaires, des dissipateurs, et ils sont toujours
prêts à devenir les suppots du despotisme.

Ainsi cette vie licencieuse, que le peuple appelle
sa liberté, est l'une des principales sources de sa
servitude.

Fausse idée de la liberté.

Tandis que les jeux, les fêtes, les spectacles, les
amusemens de toute espèce fixent les esprits, on
oublie la patrie, peu à peu on perd de vue la liberté;
déjà on n'en n'a plus d'idée, et on s'en forme enfin
de fausses notions.

Pour les citoyens toujours occupés de leur travail, de leur trafic, de leur ambition, de leurs plaisirs, elle n'est bientôt plus que le moyen d'acquérir
sans empêchement, de posséder en sûreté, et de se
divertir sans obstacles.

vue de les décrier dans l'esprit du peuple; car tout aveugle et corrompu qu'il est, il ne laisse pas de voir leur ignorance et d'être révolté
de leurs débauches.

Jusqu'ici le cabinet n'a encore travaillé qu'à endormir les peuples, à les plonger dans la sécurité, à les avilir et à les corrompre; c'est-à-dire à les façonner au joug qu'ils porteront un jour. Mais déjà il s'occupe à leur forger des chaînes.

Se faire des créatures.

Dans tout gouvernement où le prince dispose des bénéfices, des charges, des dignités, il s'en fait bien toujours des amis; cependant il ne les accorde d'abord qu'au mérite; mais une fois parvenu à avilir et à corrompre ses sujets, il travaille à s'en faire des créatures.

Maîtres des petits, les grands le sont en quelque sorte de l'état, et c'est avec eux qu'il commence à partager l'autorité; il séduit celui-ci par l'appât d'un emploi; celui-là par l'éclat d'un ruban; et bientôt les têtes viennent d'elles-mêmes se présenter au joug.

Indépendamment de la multitude de fonctionnaires qui occupent les différentes places de l'état, il tient par l'espoir ces nobles fainéans, ces petits ambitieux, qui courent sans cesse après la faveur et les dignités.

Ceux qu'il ne peut gagner par des effets, il les gagne par des promesses, des égards, des cajoleries. Flattés de ces marques de distinction, ils font tout pour les conserver.

A ces créatures du prince ajoutez la foule des

intrigans, que les hommes en place enchaînent par leur crédit.

Ainsi sans rien faire pour le devoir, ceux qui sont à la tête de quelque département ne songent qu'à flagorner le prince dans la vue de partager son autorité; ils se chargent de fers pour en faire porter à d'autres; tous recherchent la faveur avec empressement, et visent à s'élever; les gens même de la plus basse condition ne s'efforcent d'en sortir que pour dominer à leur tour.

Lorsque le prince est riche en domaines ou qu'il a le maniement des deniers publics, il se sert de ces richesses pour augmenter le nombre de ses créatures [1]. L'amour de l'or, qui est entré dans tous les cœurs avec le goût du luxe, lui soumet tous les rangs; et le riche comme le pauvre, préférant ce métal à la liberté, est toujours prêt à mettre son honneur à prix [2].

Que les choses ont changé! L'amour de l'égalité unissait les enfans de la patrie, en confondant l'intérêt particulier dans l'intérêt général; maintenant

---

Depuis Charles-Quint jusqu'à Philippe V, il sortait annuellement du trésor public 90,000,000 de livres pour le paiement des pensions accordées aux grands d'Espagne.

En France, le trésor public payait depuis Louis XIV plus de quarante millions de livres aux pensionnaires du prince.

[2] Tandis que la pauvreté était honorée à Rome, on donnait les magistratures à ceux qui en étaient les plus dignes, à ceux qui savaient le mieux gouverner l'état ou battre l'ennemi; mais quand les richesses eurent corrompu les cœurs, on nomma aux charges ceux qui savaient le mieux fêter le peuple.

l'amour du faste, de l'or, des dignités brise ces liens et isole chaque individu.

A voir la discorde, l'avarice et la vénalité des citoyens, on croirait la liberté aux abois; mais de tant d'hommes disposés à se vendre, le prince n'a que ceux qu'il peut acheter, les autres restent à regret fidèles à la patrie.

Éteindre l'amour de la gloire.

Lorsque le désir de s'illustrer enflamme les citoyens, et que leur âme n'a soif que de gloire, intrépides défenseurs de la liberté, aucun péril ne les étonne, aucun obstacle ne les décourage, aucune considération ne les arrête; et ils craignent moins les supplices que la honte de sacrifier la patrie aux volontés d'un tyran.

Aussi les princes ne négligent-ils rien pour changer l'objet de l'estime publique; à la gloire que le public seul dispense, ils substituent les dignités qu'eux seuls distribuent; et au lieu d'en payer les services rendus à l'état, ils n'en payent que les services rendus à leur personne.

Dès lors leurs créatures sont seules couvertes de marques d'honneur; et ces nouvelles distinctions sont bientôt accordées sans égards au mérite. De là résultent deux effets contraires; les petites âmes les recherchent, les grandes âmes les dédaignent. Décriées par l'usage qu'on en fait et l'indignité des personnes qu'on en décore, l'honneur de les mériter n'a plus d'attraits : or une fois avilies, il ne reste rien dans l'état pour exciter aux belles actions ; car quel homme assez sage pourrait se contenter d'être estimable sans être estimé? Ainsi, faute d'alimens, l'amour de la gloire s'éteint dans tous les cœurs [1].

Encourager la servitude.

Quand le prince est la source des emplois, des honneurs, des dignités, la faveur est l'objet de tous les vœux. Pour être quelque chose, chacun s'efforce de lui plaire ; de toutes parts on sacrifie l'avantage d'être libre à un joug brillant, et l'amour de la patrie à de honteuses distinctions ; on parle avec emphase de son mince mérite, on lui prête toutes les vertus ; on exalte le bonheur de vivre sous ses lois.

Ceux qui l'approchent affichent la bassesse. Ils s'empressent de ramper à ses pieds [2], méprisent tous ceux qui dédaignent d'imiter leur exemple ; et,

[1] Ce passage semble écrit pour notre époque, et chacun ne manquera pas d'en faire l'application à l'état de prostitution dans lequel est tombé la croix de la Légion-d'Honneur.
(*Nouvel éditeur.*)

[2] C'est la coutume des deux chambres du parlement d'Angleterre, lorsqu'elles adressent au monarque quelque remerciment, de ne jamais proportionner leurs expressions aux choses. Quelque petit que soit le mérite du prince, elles lui donnent toujours des louanges outrées. Qu'il fasse bien ou mal, elles le louent de tout, le remercient de tout, et jamais avec plus de zèle que lorsqu'il ne mérite ni louanges ni remercimens. Pour les arbitres de l'état, quel rôle que celui de vils adulateurs. Dira-t-on que ce sont-là des mots en l'air

fiers de leurs fers, briguent l'honneur honteux d'en
être le jouet.

Ils vont plus loin : manquant de vertus, ils n'en
peuvent souffrir dans les autres, et ils mettent
toute leur adresse à les ridiculiser. Sans cesse ils
insultent aux actions éclatantes ; sans cesse ils ca-
lomnient les gens de bien ; sans cesse ils font tomber
sur les partisans de la liberté les plus humiliantes
épithètes.

D'abord, on méprise leurs vils discours ; mais à
force de les répéter, et de ne point rougir, ils éton-
nent leurs adversaires ; puis la hardiesse avec laquelle
ils affrontent le ridicule en impose ; et comme la
plupart des hommes sont incapables de n'estimer
les choses que ce qu'elles valent, leur mépris s'arrête et leur admiration commence.

De son côté le prince n'élève aux honneurs qu'autant qu'on montre de bassesse [1]. Jamais sûr de sa
faveur tant qu'on n'est pas prêt à trahir la patrie,

Mais quand on prostitue des louanges, que reste-t-il à dire aux bons
princes, aux pères de la patrie? Où est l'attrait de la vertu, lorsque
la flatterie donne à d'autres les éloges qui n'appartiennent qu'aux gens
de bien? Et avec cet indigne abus, quel prince craindra d'être noté
d'infamie, ou sera tenté de remplir dignement le trône?

Ce n'est pas, dit-on, dans ces discours d'étiquette qu'il faut chercher l'amour de la liberté : tant pis, la flatterie et la vénalité se tiennent par la main; l'une va rarement sans l'autre, et l'esclavage est à
leur suite.

[1] Quoique l'infâme docteur Manwerings, l'apôtre du despotisme,
eut été déclaré, par le parlement, indigne de posséder aucun emploi
dans l'église anglicane, il fut néanmoins nommé, par Charles Ier, à
la riche cure de Stemford River en Essex.

il vous accable de sa disgrâce, si vous vous souvenez un instant du devoir [1]; de sorte qu'il n'y a que les vils flatteurs et les scélérats, qui vendent leur honneur pour vendre leur protection, qui puissent se soutenir dans des places si épineuses. Dès lors tous les vices règnent à la cour, et y marchent tête levée.

Ne pouvant pas vivre comme on voudrait, on vit selon les temps, les hommes, les affaires; les plus sages même n'ont plus qu'une froide admiration pour la vertu, et les meilleurs patriotes ne sont plus que des gens indifférens au bien public.

Enfin, rien n'excitant plus aux belles actions, la paresse, l'avarice, l'ambition, le dépit portent tout le monde à négliger ses devoirs; chacun fait un trafic honteux de ses avantages; et sans songer à s'acquitter dignement de ses emplois, on ne songe qu'à ce qu'on peut faire pour en tirer le meilleur parti. Dès lors, les sujets dévoués au prince n'ont plus d'autre soin que celui de se distinguer par une infâme prostitution à toutes ses volontés.

Écarter des emplois les hommes de mérite et les hommes de bien.

Dans un gouvernement libre nouvellement établi, ce sont toujours ceux qui ont rendu les plus

[1] Comme le pouvoir des rois d'Angleterre est actuellement limité, c'est un moyen de se faire rechercher que de fronder leur administration ; mais une fois auprès d'eux, il faut bien changer de gamme.

grands services à l'état qu'on met au timon des affaires ; ce sont toujours ceux qui ont montré le plus
de vertu qu'on place à la tête des tribunaux. Si l'on
commet au prince le soin de nommer ensuite aux
emplois, c'est sous condition qu'il n'y nommera que
des sujets dignes de les occuper. Mais pour machiner
à son aise, loin d'appeler à lui le mérite et la vertu,
il écarte à petit bruit du maniement des affaires les
hommes intègres et les sages, ceux qui jouissent de
la considération publique, pour n'y admettre que
des hommes de facile composition ou des hommes
dévoués [1].

Hypocrisie des princes.

Peu de princes sont assez téméraires pour attaquer
ouvertement la liberté. Lors même que leurs funestes
entreprises paraissent à découvert, ils en cachent
avec soin le but, ils voilent leurs machinations sous
de beaux dehors, et affichent la plus grande popularité [2].

[1] Telle était la pratique de Jacques Ier. Lorsqu'il y avait sur les
bancs des hautes cours de justice quelque patriote qui venait à se distinguer, il se hâtait de l'expulser. Bâcon lui ayant insinué dans une
lettre particulière, *de le nommer à la place de chancelier dont Cook était
revêtu, et dont sa popularité le rendait indigne,* il n'eut rien de plus pressé
que de suivre ce perfide conseil. Cabal, pag. 29.

[2] L'hypocrisie est la tache indélébile des princes, de ceux-mêmes
que la grandeur de leur puissance semblerait devoir garantir d'un
vice aussi bas.

Lorsque l'armée de Charles-Quint eut commis tant de cruautés à
Rome, et traité si indignement Clément VII, ce prince prit le deuil,
ordonna des processions et des prières dans toutes les églises pour la

Quelques-uns se servent de perfides agens pour fouler, vexer, dépouiller et opprimer les citoyens, bien résolus de s'appliquer ensuite le fruit des vexations de ces indignes ministres, de les charger seuls du poids de l'exécration publique, de les punir, et de se faire de la sorte la réputation de princes justes. C'est ainsi qu'en usent les sultans avec leurs pachas.

D'autres princes plus adroits se servent de ministres populaires, pour faire avec applaudissement le mal qu'ils n'auraient fait eux-mêmes qu'en s'exposant à la haine du peuple, et en se rendant l'objet de l'exécration publique. Ainsi, pour une seule et même chose, ils savent se faire bénir, tandis que d'autres se seraient chargés de malédictions.

Quelquefois même ils accroissent leur pouvoir, en feignant d'y renoncer.

Pour s'attirer la confiance, ils font révoquer quelques lois qui gênent trop la liberté du peuple; or, une fois qu'ils ont fait ce sacrifice à leur ambition, ils obtiennent tout ce qu'ils veulent; et l'abandon du peuple à leur égard n'a plus de bornes.

Des sourdes menées.

Tandis que les peuples se livrent au sommeil, le prince qui se voit environné d'hommes peu soigneux d'éclairer sa conduite, entreprend de porter quelques coups à la liberté.

délivrance du saint père qu'il retenait prisonnier, mais il ne punit aucun des coupables. Lamothe le Vayer, vol. 2, pag. 178.

Pour sonder le terrain, il hasarde quelque proposition propre à favoriser ses vues secrètes : si elle
passe, c'est un fondement sur lequel il se hâte de bâtir;
si elle effarouche, il a recours à la ruse, et cherche
à colorer ses desseins [1]. *Pour le bien de l'état*, ce beau
prétexte, dont ceux qui gouvernent couvrent leurs
projets ambitieux, est sans cesse dans sa bouche;
comme si le bonheur public lui tenait fort à cœur!
Il demande qu'on se fie à sa bienveillance; puis,
sans honte de se parjurer lâchement, il prend les Dieux
à témoins de la pureté de ses intentions, de son respect pour les lois qu'il se dispose à violer; et les peuples ont la sottise de s'abandonner à ses sermens.

D'autres fois, il fait proposer par ses créatures, au
nom des citoyens, les projets qu'il a en vue; et la nation, séduite par l'apparence, donne encore dans le
panneau. Ainsi, Pitt fit proposer, par de prétendus
patriotes, le projet d'une milice constante; et ce
projet passa. Ainsi, la cour fit depuis proposer, par
d'autres prétendus patriotes, le projet d'une milice
sur le pied des troupes réglées; et malheur aux Anglais, si ce projet vient de même à passer.

---

[1] C'est un des grands principes de Machiavel, que pour commander à leur aise, les princes doivent posséder à fond l'art de tromper
les hommes. « E necessario, dit-il dans son prince, saper ben colorir ed
« esser gran simulatore e dissimulatore; e sono tanto simplici gli uo-
« mini e tanto ubedienti alle necessita presenti, che colui chi inganna
« trovera sempre chi si larcera inganare *. »

* Il est nécessaire de feindre, de dissimuler et de savoir bien couvrir son jeu :
l'homme est si simple et si porté à se soumettre à ce qui existe, que celui qui veut
tromper trouvera toujours des dupes.

(*Nouvel éditeur.*)

Prêt à former quelque entreprise ouverte, pour distraire les esprits, le prince revouvelle les fêtes, les banquets, les spectacles; il se concilie la confiance publique en remplissant quelque engagement, ou bien il livre les sujets aux fureurs du jeu [1].

Afin de disposer le peuple à recevoir Mazarin, le jour qu'il devait rentrer dans Paris, Louis XIV fit publier une ordonnance portant injonction au prévôt des marchands et aux échevins d'ouvrir incessamment leurs bureaux pour le paiement de l'arrérage des rentes sur l'Hôtel-de-Ville [2].

Lorsque ce même prince voulait porter quelque coup fatal à la liberté, il prodiguait les deniers publics en fêtes, en banquets, en tournois [3].

Que si le prince tente quelque entreprise périlleuse, il a soin de ruser et de se ménager des moyens de justification.

Charles II ayant formé le dessein de se rendre absolu, employa les artifices du duc de Landersdale pour engager le parlement d'Écosse à passer un acte qui autorisât le conseil écossais à lever une nombreuse milice, et à l'employer dans l'État, sans qu'il fût besoin de recourir immédiatement au roi [4]. Ainsi

---

1 Comme les démarches du gouvernement ne sont guères éclairées que par ceux qui environnent la cour, ces scènes de séduction se passent presque toujours dans la capitale.

2 Histoire du cardinal Mazarin, vol. 4.

3 Il en donna un magnifique le jour qu'il révoqua l'édit de Nantes Volt., *Siècle de Louis XIV*.

4 Rapin, *Hist. d'Ang.*

faisant sortir en apparence de ses mains cette soldatesque, pour la mettre dans celles de son conseil,
Charles était le maître de la faire marcher, quand il
lui plairait, contre l'Angleterre, sans paraître l'y
avoir appelée; et si la fortune venait à se déclarer
contre lui, le blâme de cet attentat serait retombé
sur le conseil.

Les sourdes menées, voilà le grand ressort de la
politique des cabinets, ressort d'autant plus sûr,
que ses funestes effets ne se faisant pas sentir à l'instant même, et l'indignation publique ne devançant
jamais l'événement, les fripons au timon des affaires ont le temps de prévenir l'explosion de la fureur du peuple.

Jusqu'ici les coups portés à la liberté n'ont point
alarmé la nation. Comme ces changemens se sont
faits par degrés, et que les mœurs nouvelles se sont
établies sans violence, loin d'en avoir rien auguré de
sinistre, le peuple a cru sentir accroître son bien-être.
Mais bientôt tout va changer de face : déjà ce ne sont
plus des fêtes et des jeux; de tristes scènes ont succédé; les citoyens éclairés voient le danger qui les
menace, et l'avenir ne leur offre plus qu'une déso-
lante perspective.

Innover.

Il n'est point de constitutions politiques où les
droits du citoyen soient assez bien établis pour ne
rien laissser d'arbitraire au gouvernement; point de

constitution où le législateur ait porté la prévoyance jusqu'à couper la racine aux innovations. Or, c'est toujours par innover que les princes jettent les fondemens de leur inique empire.

Les premières innovations en ont à peine l'apparence : ce n'est point en sapant, c'est en minant le temple de la liberté, qu'on travaille à le renverser. On commence par porter de sourdes atteintes aux droits des citoyens, rarement de manière à faire une sensation bien forte, et toujours on a soin de ne pas annoncer ces atteintes par des démarches d'éclat.

S'il faut les consigner dans les actes de l'autorité publique; pour qu'elle se fasse moins sentir, on a soin de cacher ce qu'elles ont d'odieux, en altérant les faits, et en donnant de beaux noms aux actions les plus criminelles.

Souvent on débute par proposer quelques légères réformes qui n'indiquent rien que de convenable. On les énonce par des propositions générales, assez plausibles au premier coup d'œil, et cachant des conséquences qu'on n'aperçoit pas d'abord; mais dont on ne tarde pas à se prévaloir, et dont on tire des avantages prévus. Ou bien on ajoute à la fin quelque article qui détruit ce que les premiers offrent d'avantageux, et qui ne laisse subsister que ce qu'ils contiennent de funeste.

Quelquefois, pour attenter à la liberté, le prince attend le moment d'une crise alarmante qu'il a préparée : alors, sous prétexte de pourvoir au salut de l'état, il propose des expédiens désastreux qu'il cou-

7

vre du voile de la nécessité, de l'urgence des circonstances, du malheur des temps; il vante la pureté de ses intentions, il fait sonner les grands mots
d'amour du bien public, il affiche les soins de son
amour paternel. Si on hésite d'adhérer à sa proposition, il s'écrie : *Quoi! vous ne voulez pas, tirez-
vous donc seuls de l'abîme?* Personne n'a la force
de faire résistance, et chacun se laisse aller, quoiqu'il ne doute point que ces expédiens cachent,
sous de beaux dehors, des desseins sinistres. Le
piége se découvre-t-il? c'est lorsqu'il n'est plus temps
de l'éviter : alors le peuple, semblable au lion qui
tombe dans des filets cachés sous la feuillée, se débat pour les rompre, et ne fait que s'enlacer toujours
plus.

D'autres fois, sous quelque prétexte spécieux, le
prince commence par créer, de sa propre autorité,
quelque dignité, quelque charge, quelque emploi ;
ensuite il érige des cours de judicature, dont il rend
peu à peu les jugemens arbitraires.

En Angleterre, Henri VIII ayant usurpé le pouvoir de créer des pairs sans le consentement du parlement[1], érigea bientôt après, de son autorité privée,
le conseil d'York, sous prétexte de soulager ses sujets qui n'avaient pas le moyen de se faire rendre
justice dans les cours de Westminster. La juridiction
de ce tribunal s'étendait sur plusieurs comtés. D'a-

---

[1] Le lord Beauchamp fut le premier pair qui, en vertu d'une lettre-
patente du roi, ait pris place au parlement. Hume, *hist. d'Angleterre.*

bord il suivit en matières criminelles les formes en usage dans les autres tribunaux ; mais bientôt il ne lui fut plus permis de suivre que les intentions qu'il recevait du cabinet.

Sous prétexte que les brigands qui infestaient l'état, étaient trop nombreux pour être réprimés par les juges ordinaires, Édouard Iᵉʳ établit un tribunal particulier, sous le nom de *Commission du Trial-Bâton,* qu'il autorisa peu après à rechercher et à punir tous les délits : redoutable inquisition qui, seule, aurait suffi pour anéantir la liberté. Les membres de ce tribunal faisaient leur tournée dans les provinces, sévissaient sur le moindre soupçon, condamnaient sur la plus légère preuve, remplissaient les prisons de prétendus malfaiteurs, et leur permettaient ensuite de se racheter en payant de grosses sommes qui entraient dans les coffres du roi[1].

C'est un grand pas de fait vers la puissance arbitraire, que l'érection de ces tribunaux : en créant des commissions particulières, le prince anéantit l'autorité des magistrats, et attire à lui tout le pouvoir judiciaire, dont il se fait peu à peu une arme offensive et défensive, qui le rend redoutable à tous ceux qui osent réclamer contre ses malversations ou résister à ses attentats.

Ce n'est point par des jugemens d'éclat contre des citoyens distingués que débutent ordinairement

[1] Hume, *hist. d'Angleterre.*

ces tribunaux, mais par des sentences très-douces contre des citoyens obscurs. Ou, s'ils en viennent d'abord à des mesures violentes, c'est uniquement à l'égard de quelque grand malfaiteur, dont le châtiment, quoique arbitraire, est toujours agréable au peuple, plus habitué à consulter son ressentiment que jaloux du maintien des lois, et toujours prêt à affermir l'injuste puissance sous laquelle il doit lui-même gémir un jour.

Quand le prince n'érige pas de nouvelles cours de justice, il change les formes prescrites dans celles qui sont établies; il altère les fonctions des juges qu'il soustrait à l'autorité du législateur, il rend peu à peu les tribunaux arbitraires, et il évoque toutes les causes.

Henri IV d'Angleterre ordonna, par édit, que les jugemens rendus dans les cours royales ne seraient point soumis à l'examen du parlement, à moins qu'on n'accusât les juges d'ignorance ou de prévarication ; clause qui annulait tout appel.

En montant sur le trône, Jacques Ier rendit indépendant des lois le conseil d'York, devant lequel il faisait traîner les malheureuses victimes qui refusaient de s'y soumettre.

C'est ainsi qu'après avoir rendu arbitraire le pouvoir de la chambre étoilée, Charles Ier y traduisit les citoyens courageux qu'il voulait opprimer : tribunal de sang, où la scélératesse tenait la balance de justice, où le bon droit allait s'ensevelir, et où la tyrannie égorgeait chaque jour quelque innocente victime [1].

Multiplier les créatures du gouvernement.

Pour étendre leur puissance, les princes multiplient les emplois et les titulaires.

Sous les princes de la maison d'Autriche qui montèrent sur le trône d'Espagne, le nombre des emplois civils était prodigieux; il y avait des milliers de titulaires sans fonctions : à peine voyait-on un citoyen tant soit peu étoffé qui ne fut pourvu de quelque charge [2].

Mais pourquoi des exemples particuliers? C'est pour augmenter le nombre de leurs créatures que, dans les différentes monarchies de l'Europe, les rois ont imaginé les dignités de prince, d'archiduc, de duc, de duc à brevet, de pair, de comte, de vicomte, de marquis, de baron, de baronnet, de chevalier, d'écuyer, etc., etc., et qu'ils en multiplient à leur gré les titulaires.

C'est pour augmenter le nombre de leurs créatures qu'ils ont créé les places de gouverneurs de province, de commandans de ville, de château, de citadelle, de lieutenans-de-roi, de maréchaux, de lieutenans-généraux, de maréchaux-de-camp, de brigadiers, de sénéchaux, de baillis-d'épée, etc.

[1] Ruis fæd., vol. 19, pag. 414.
[2] Désormaux, *Abrégé chronologique de l'histoire d'Espagne.*

C'est pour augmenter le nombre de leurs créatures, qu'érigeant en charges de grands officiers de la couronne les emplois domestiques de leurs maisons, ils ont créé des places de grand-aumônier, de premier aumônier, d'aumônier ordinaire, de maître de l'oratoire, de chapelain, de grand-maître, de grand - chambellan, de chambellan, de premier gentilhomme de la chambre, de gentilshommes d'honneur, de grand-maître de la garde-robe, de maître de la garde-robe, de grand-écuyer, de premier écuyer, d'écuyer cavalcadour, d'écuyer ordinaire, d'écuyer de main, de grand-panetier, de grand-veneur, de grand-fauconnier, de grand-louvetier, de grand-maréchal-des-logis , de grand-prévôt, de premier maître d'hôtel, de maître d'hôtel ordinaire, de grand-maître des cérémonies, de maîtres des cérémonies, de secrétaires de la chambre et du cabinet, de lecteurs de la chambre et du cabinet, de secrétaire des commandemens, d'écrivains du cabinet, etc.

C'est pour augmenter le nombre de leurs créatures, qu'ils ont donné des maisons particulières à leurs femmes, à leurs fils, à leurs filles, à leurs oncles, à leurs tantes, réunissant à toutes les charges fastueuses qui composent la leur, un conseil d'administration modelé sur le département des finances de l'état.

C'est pour augmenter le nombre de leurs créatures que, dans toutes leurs maisons, ils ont doublé le nombre des titulaires par des survivances.

C'est pour augmenter le nombre de leurs créatures, qu'ils ont institué une multitude d'ordres de chevalerie, avec grandes et petites croix, dont chaque place asservit le titulaire et une multitude d'aspirans.

C'est pour augmenter le nombre de leurs créatures, qu'ils ont créé dans les cours de judicature des places de présidens à mortier, de présidens honoraires, d'avocats généraux, de procureurs généraux, de substituts, etc.

C'est pour augmenter le nombre de leurs créatures, qu'ils ont doublé les places dans les états-majors des armées de terre et de mer, que chaque régiment a deux colonels, chaque compagnie deux capitaines; chaque division un amiral, un vice-amiral, un contre-amiral, etc.

C'est pour augmenter le nombre de leurs créatures, que les rois de France ont érigé en conseillers royaux les notaires, les secrétaires à brevet, les mesureurs de sel, les inspecteurs de police, jusqu'aux languyeurs de cochons.

Enfin, c'est pour augmenter le nombre de leurs créatures, que ces monarques ont rendu nobles tous les descendans de ces titulaires, dignes ou indignes, et qu'ils en ont formé des classes privilégiées [1].

Il n'est pas temps encore de s'emparer de la puissance suprême. Si le prince y attentait audacieuse-

[1] Ces places sont abolies depuis la révolution.

ment, il ferait ouvrir les yeux à la nation, et il ne pourrait guères conserver une autorité mal établie. Il attend donc que les citoyens soient accoutumés à obéir en hommes libres, avant de leur commander comme à des esclaves; il attend que leur humeur d'indépendance aille se perdre dans la servitude. Cependant il mine sourdement leur liberté, et ils sont asservis sans qu'on puisse assigner aucune époque à leur asservissement.

Tarquin, qui ne s'était fait élire ni par le sénat ni par le peuple, qui avait pris la couronne comme un droit héréditaire, extermina la plupart des sénateurs. Il ne consulta plus ceux qui restaient, et ne les appela plus à ses jugemens. Après avoir anéanti le sénat, il usurpa la puissance du peuple, il fit des lois sans lui, il en fit même contre lui. Déjà il réunissait tous les pouvoirs en sa personne; mais le peuple se souvint un moment qu'il était législateur, et Tarquin ne fut plus.

Diviser la nation.

Après avoir fait oublier la patrie, on cherche à l'anéantir dans tous les cœurs.

Des hommes unis par la liberté et pour la liberté ne peuvent être asservis : pour les enchaîner, il faut les diviser d'intérêts; et le temps ne manque jamais d'en fournir l'occasion.

Dans une société naissante, tous les membres de l'état, enfans d'une même famille, jouissent des

mêmes droits , et ne sont distingués que par le mérite personnel. Mais le prince travaille bientôt à établir différens ordres de citoyens, qu'il élève les uns
au-dessus des autres.

Quand il trouve ces ordres établis dans l'état, il
travaille à les diviser en différentes classes, qu'il
distingue par des priviléges. A l'une, il attache les
places du gouvernement; à l'autre , les charges de
la magistrature ; à celle-ci, les emplois militaires; à
celle-là, les bénéfices ecclésiastiques; laissant aux
plus basses classes le trafic, les arts et les métiers.

Partout les grands dédaignent les petits, et les petits détestent les grands; ou, pour mieux dire, toujours ceux qui tiennent à une classe de citoyens dédaignent ou détestent ceux qui tiennent à une autre
classe. Ce sont ces basses passions que les princes
mettent en jeu, pour fomenter la discorde entre les
membres de l'état.

Servius Tullius divisa le peuple romain en six
classes [1], qui formaient cent quatre-vingt-treize
centuries; il composa les premières centuries d'un
nombre de citoyens, toujours d'autant plus petit,
qu'ils étaient plus riches. Il fit entrer dans les suivantes un certain nombre de citoyens, toujours
d'autant plus considérable qu'ils étaient moins aisés, et il jeta dans la dernière tous les indigens : or,
chaque centurie n'ayant qu'une voie, le droit de
suffrage, c'est-à-dire le pouvoir suprême, se trouva

[1] Tit. Liv., lib. I.

de la sorte placé dans les mains des principaux citoyens.

Jusqu'à la retraite sur le Mont-Sacré, il n'y eut à Rome que les nobles qui pussent aspirer aux magistratures; et, jusqu'à la destruction de la république, il n'y eut que les citoyens aisés qui pussent porter les armes et servir dans la cavalerie.

Ainsi, la classe la plus nombreuse du peuple y était comptée pour rien ; et les affligeantes distinctions qui séparaient les autres classes étaient un éternel foyer de discorde, dont le sénat et les empereurs profitèrent tour-à-tour pour se rendre absolus.

Dès l'origine de la monarchie française, les emplois honorables et lucratifs furent le patrimoine des nobles.

Vers le milieu de la troisième race, la porte aux moins considérables fut ouverte aux plébéiens opulens. Sous plusieurs rois, les emplois militaires furent bornés aux gentilshommes. Jusqu'à Charles VII, les nobles furent exempts de tout impôt ; et jusqu'à l'époque de la révolution, ils furent déchargés de la taille, de même que les magistrats, les conseillers honoraires, les secrétaires du roi, les militaires qui avaient un certain nombre d'années de service, etc. Enfin, dans tous les temps, la masse du peuple devint, par ces distinctions injurieuses du gouvernement, l'objet du mépris des ordres privilégiés , et jamais le prince ne fit rien pour la faire sortir de son anéantissement.

Pour faire naître la jalousie parmi ses sujets, Philippe II prescrivit, par un édit de 1586, les titres qu'ils devaient se donner réciproquement, le cérémonial à observer avec les grands, les ministres, les prélats; et il ordonna que l'on poursuivit quiconque refuserait de s'y soumettre.

Le gouvernement de Venise distingue du peuple les citadins [1] par des exemptions et des priviléges particuliers; il les emploie exclusivement aux résidences et aux secrétariats de tous les conseils, de toutes les ambassades; il leur permet de prendre l'habit de nobles, de contracter des alliances avec les gentilshommes; enfin, il agrége de temps en temps au corps de la noblesse quelques-unes de leurs familles, à la place de celles qui s'éteignent. De la sorte il parvient à engager les citadins à faire corps avec lui contre le peuple. Et comme si cela ne suffisait pas, il pousse la politique jusqu'à exciter des animosités entre la plèbe des différens quartiers de la ville, en y entretenant toujours deux partis contraires qui en viennent aux prises certains jours de l'année.

A l'égard des sujets de Terre-Ferme, il traite le peuple avec bonté, les nobles avec rigueur. La seigneurie, qui regarde les Padouans comme les anciens maîtres de Venise, s'attache à entretenir la division

[1] Le corps des citadins comprend les secrétaires de la république, les médecins, les avocats, les notaires, les marchands en soie ou en draps, et les verriers de Maron, c'est-à-dire les notables de la cité.
[2] Ces partis sont désignés sous les noms de *Nicolotti* et de *Castellani*.

parmi eux. Après avoir tiré de Padoue les plus puissantes familles, elle a donné tant de priviléges aux étudians de l'université, que les citoyens en sont extrêmement jaloux.

Non contens de diviser la nation en différentes classes séparées d'intérêts, les princes travaillent encore à semer la jalousie dans chacune, au moyen des pensions, des dignités et des graces particulières qu'ils accordent à certains individus.

Le sénat de Rome avait coutume de s'incorporer les plus puissantes familles plébéiennes pour faire masse contre le peuple.

Louis XI sema constamment la division parmi sa noblesse, et il employa à ce sujet tous les raffinemens de la politique.

Les Vénitiens ne cessent de fomenter des dissentions parmi les nobles de Terre-Ferme. Pierre Erizza, lieutenant général de la république à Udine, voyant que ceux du Frioul vivaient en bonne intelligence entre eux, travailla à les brouiller irréconciliablement. Pour y parvenir, il se fit donner pouvoir d'accorder le titre de comte ou de marquis à qui bon lui semblerait; et bientôt la jalousie alluma la discorde entre les familles qui prétendaient à ces titres, et les familles qui les avaient obtenus [1].

Pour diviser les membres de l'état, le prince va quelquefois jusqu'à exciter des factions.

Lorsque, par les menées de la cour, le royaume

---

[1] Amelot de la Houssaye, gouverneur de Venise.

d'Angleterre fut partagé en deux [1] factions, et qu'à force de fomenter la discorde, ces factions, devenues irréconciliables, purent se contre-balancer, Charles II fit dissoudre le parlement et leva le masque. Alors on vit avec étonnement un roi tant de fois humilié par le sénat de la nation, et tant de fois forcé de se soumettre ; un roi sans armée, sans flotte, sans argent, sans secours étranger, devenir tout-à-coup le maître absolu de l'état, faire éprouver à ses ennemis les terribles effets de sa vengeance, immoler à son ressentiment les patriotes qui s'étaient le plus distingués, et mener le peuple en tyran.

Enfin, pour semer la discorde parmi les sujets, les princes ont presque tous protégé l'établissement de différentes sectes dans l'état ; quelques-uns même ont favorisé certains sectaires, quelques autres les ont persécuté.

Artifices si funestes à la liberté, que par leur moyen plusieurs monarques sont parvenus à gouverner les nations avec un sceptre de fer.

Opposer l'un à l'autre les divers ordres de l'état.

Maîtres des petits, les grands le sont en quelque sorte de l'état, et c'est avec eux que le prince commence à partager la puissance. Comme il ne peut les tromper, il les entraîne dans son parti ; pour eux

_____
[1] Les Wighs et les Tories.

tous les égards, tous les honneurs, toutes les dignités.

Les princes élèvent d'abord les nobles pour écraser le peuple, puis ils relèvent le peuple pour écraser les nobles. C'est ce que firent tous les monarques de l'Europe, jaloux d'établir un gouvernement arbitraire sur les ruines du gouvernement féodal.

Rappelons ici les institutions politiques en vigueur dans les différentes monarchies que fondèrent les Germains, les Francs, les Goths, les Vandales; et nous aurons la preuve complète de cette vérité.

Placés auprès du trône, les nobles en étaient le soutien : bientôt ils furent l'instrument dont se servit le prince pour écraser le peuple.

En vertu du droit de conquête des barbares, les prisonniers de guerre étaient presque toujours réduits en servitude; sort constamment réservé aux peuples réputés en révolte [1]. Comme les barons et les grands officiers de la couronne étaient tous des agens du prince, rien n'était plus ordinaire au commencement de la monarchie que de voir les habitans des villes et des campagnes se soulever contre les vexations des seigneurs, si ce n'est de voir les seigneurs révoltés contre le prince [2]. Eh quoi de plus

[1] Théodéric, se défiant de la soumission des peuples d'Auvergne, dit aux Francs de son apanage : « Suivez-moi, je vous mènerai dans un pays où vous aurez de l'or, de l'argent, des captifs, des vêtemens, et vous en transporterez tous les hommes dans votre pays. »

[2] Au commencement de la première race, on voyait en France un

simple? Ils chérissaient la liberté et ils avaient les armes à la main.

En conduisant les peuples à l'esclavage, le gouvernement fut trompé dans ses projets : il voulait devenir absolu, mais il vit briser l'un après l'autre dans ses mains tous ses ressorts. Jetons ici un coup d'œil sur l'humiliation où les rois furent retenus si long-temps par leurs courtisans; revers provoqué par leur folle ambition, mais préparé par les vices de la constitution, dont le développement ne pouvait qu'amener l'anarchie.

En France, l'administration des ducs, des comtes et des barons était modelée sur celle du prince; mais, quoiqu'elle n'en fut qu'un diminutif, le cours des événemens augmenta bien plus l'empire des vassaux du roi sur leurs tenanciers, que celui du roi sur ses vassaux.

Les grands vassaux de la couronne résidaient presque tous dans leurs terres : ainsi éloignés de la cour, les relations qu'ils avaient avec leur seigneur allaient toujours en s'affaiblissant, tandis que celles qu'ils entretenaient avec leurs tenanciers se fortifiaient chaque jour. Ils les formaient au maniement des armes, ils exerçaient envers eux les devoirs de l'hospitalité, ils les admettaient à leur table, ils les

nombre prodigieux d'hommes libres, soit parmi les Francs, soit parmi les Romains; on y voyait des corps de bourgeoisie, des corporations d'artisans et de marchands, des cours de judicature, des colléges; mais vers la fin de la seconde race, presque tous les habitans des villes et des campagnes étaient asservis.

associaient à leurs exercices, à leurs amusemens, à leurs plaisirs. De là quelle intimité ! Les tenanciers, n'ayant point d'autre moyen d'avancer leur fortune que de se dévouer à leur patron, faisaient de sa faveur le terme de leurs désirs, étaient perpétuellement à sa suite, briguaient son appui, soumettaient à ses décisions tous leurs différens, le consultaient dans toutes leurs entreprises, et le rendaient l'arbitre de leurs destinées.

D'abord, les terres et les charges de la couronne furent amovibles; les ducs, les comtes, les barons, etc., ne les tenaient que sous le bon plaisir du prince; mais comme elles donnaient de l'autorité, et qu'elles enrichissaient ceux qui les possédaient, ils firent tout pour les garder.

Sous des rois ignorans, faibles ou lâches, les titulaires se prévalurent des circonstances, et obligèrent le prince de rendre leurs terres et leurs charges à vie; puis héréditaires, puis inaliénables.

Tandis qu'elles étaient amovibles, comme le pouvoir des titulaires émanait du prince, ils lui restèrent attachés; mais à mesure qu'elles devinrent héréditaires, ils cessèrent peu à peu de se regarder comme sujets; bientôt ils parvinrent à se soustraire à toute dépendance, et l'état fut enfin divisé en autant de petites souverainetés qu'il contenait de fiefs.

Dès lors, maîtres souverains au milieu de leurs domaines, les grands vassaux eurent presque toute l'autorité; ils s'en trouva même d'assez puissans, tels que les ducs de Guyenne et de Normandie, les comtes de Flandres et de Toulouse, pour former des entreprises contre la couronne.

Divers sujets de jalousie ayant semé la discorde entre les barons, ils se retranchèrent dans leurs châteaux, et se harassèrent continuellement par de petites guerres.

Les villes situées dans les domaines du roi et dans les terres des grands vassaux, étaient souvent mises à l'autorité arbitraire des officiers de la couronne; et dans toutes, le défaut d'industrie, d'arts, de commerce, laissait les habitans dans la misère où les plongeaient les extorsions des agens publics. La justice n'étant point administrée, et la violence régnant partout, les citoyens ne pouvant plus se reposer sur la protection du gouvernement, se mirent sous celle des barons voisins, dont ils achetaient le patronage, ou bien ils s'engageaient à son service comme soldats; ce qui augmentait très-fort leur puissance.

Guerres au-dehors contre leurs voisins, pendant lesquelles les frontières furent plus ou moins avancées ou reculées, suivant l'habileté des rois; guerres au-dedans, au sujet du partage continuel du royaume entre les frères du prince, ou au sujet des dissentions et des révoltes des barons : voilà ce que présente l'histoire de la première race.

Celle de la seconde offre à peu près le même tableau.

Pendant toutes ces guerres, la plupart des habitans des villes et de la campagne furent massacrés, et ce qui restait d'hommes libres fut asservi en

8

vertu d'un affreux droit de conquête; de sorte qu'il ne restait dans l'état que des maîtres et des esclaves. Les barons exerçaient un empire tyrannique sur leurs vassaux et leurs serfs; ils en violaient les femmes, ils en confisquaient les biens, ils les vexaient de mille manières, et ils finirent par se faire des droits de ces vexations atroces.

Au commencement de la troisième race, l'autorité royale fut réduite presqu'à rien; toute terre un peu considérable était érigée en baronnie. Les ducs, les comtes, les barons et les autres grands vassaux de la couronne s'étaient appropriés leurs charges; à peine en faisaient-ils hommage au prince.

Mais, par un concours fortuit de circonstances, la monarchie reprit le dessus à son tour : peu à peu les rois parvinrent à ruiner les barons, et, après s'être servi des grands pour abaisser le peuple, ils se servirent du peuple pour écraser les grands.

Les croisades, entreprises pour retirer la Terre-Sainte des mains des infidèles, leur en fournirent l'occasion; occasion qui n'avait été ni prévue ni attendue de ces saintes folies.

Pour figurer d'une manière digne d'eux, la plupart des barons, n'ayant point d'autre ressource, aliénèrent leurs fiefs; les princes profitèrent de l'occasion pour réunir à peu de frais ces terres à la couronne.

Plusieurs grands vassaux ayant péri dans les croisades, sans laisser d'héritiers, leurs fiefs retournèrent à la couronne. L'absence de plusieurs puissans barons, accoutumés à contrôler le prince, permit à l'autorité royale de s'étendre.

Le retour de la tranquillité dans l'état, pendant la guerre contre les infidèles, permit au prince de faire aussi quelque entreprise.

La compétence de la cour des barons, qui avait été restreinte aux petits délits, et le renvoi de tous les autres à la cour du roi, qui avait été ordonné, avec l'appel de tout différent en cas de déni de justice, engagèrent les arrières-vassaux et le peuple à tourner leurs regards vers le prince, entre les mains duquel ils firent repasser presque toute l'autorité.

Enfin, les principaux vassaux s'étant épuisés pour fournir aux frais des croisades, des tournois et des cours plénières, le prince leur fournit les moyens d'en avoir, en accordant aux habitans des villes et des bourgs qui étaient sous leur domination, de se racheter pour certaines sommes. Ceux de la campagne recouvrèrent de même leur liberté. Dès lors la dépendance cessa; les droits qui tombaient sur les hommes se levèrent sur les biens, et la puissance des barons se trouva extrêmement affaiblie.

Louis VII fut un des premiers à ménager au peuple les moyens de s'affranchir. Louis-le-Gros commença à donner des chartres de liberté aux villes de ses domaines, il abolit toute marque de servitude, il créa des corporations qu'il mit sous l'autorité de magistrats municipaux chargés de rendre la justice, de lever les taxes, et d'enrôler la milice pour le service de l'état [1].

Peu après, les villes et les bourgs du royaume achetèrent des seigneurs le privilége de se choisir des magistrats, et ce privilége fut confirmé par le prince.

Enfin, le peuple affranchi demanda des lois. Chaque seigneur en donna, chaque communauté s'en donna à elle-même.

Pour s'égaler aux ecclésiastiques et aux nobles, les nouveaux affranchis voulurent aussi être jugés par leurs pairs, et on leur accorda des juges de même condition que les justiciables.

Jusque-là, la chasse et le soin de pourvoir au nécessaire, avait été toute l'occupation du peuple; mais bientôt il se mit à cultiver les arts et le commerce on établit des manufactures, on s'adonna à la navigation, les habitans des villes s'enrichirent, et devinrent puissans.

Déjà le peuple avait recouvré la liberté civile; dans la suite, il travailla à acquérir la liberté politique [2]. Pour le faire contribuer avec moins de répugnance aux besoins de l'état, on commença à l'ap-

---

[1] Il y avait déjà des milices en France avant Jean II. Voyez le père Daniel, *Traité de la milice française*, vol. 1, pag. 144.

[2] C'était un principe du gouvernement féodal que nul homme libre ne fut imposé que de son consentement. Aussi quand le prince demandait quelque subside, les vassaux de chaque baron étaient sommés à sa cour pour fixer ce qu'ils paieraient. Conformément à ce principe, les barons eux-mêmes fixaient les subsides dans l'assemblée générale de la nation.

peler par députés aux états-généraux ,, ils y eurent
voix délibérative, et ils comtèrent pour quelque
chose dans les délibérations nationales [2].

Ces députés y entrèrent pour la première fois
en 1304. On continua à les y appeler régulièrement;
bientôt il n'y eut plus d'assemblée d'état sans eux,
et comme on proportionna leur nombre aux sommes
dont les villes et les communautés contribuaient aux
besoins publics, ils eurent par la suite autant d'influence que ceux du clergé et de la noblesse. Mais
toute l'influence que les uns et les autres avaient
sur les affaires publiques, consistaient à solliciter,
presque toujours en vain le redressement des griefs
publics, et à fixer les contributions que le prince
demandait; car les états-généraux n'étaient point ces
assemblées nationales qui commencèrent avec la
monarchie, et qui étaient dépositaires de la souveraineté : depuis long-temps elles n'existaient plus
que par le soin qu'avaient eu les rois de ne plus les
convoquer; les états-généraux n'en étaient qu'un
simulacre, institué un peu avant Philippe-le-Bel,
pour régler les subsides [3].

[1] Voyez Pasquier, *Recherc.*, liv. 2, chap. 7.

[2] Tout homme libre avait droit d'assister aux assemblées nationales;
et les barons eux-mêmes ne pouvaient assister aux états-généraux que
par députés.

[3] Par une bizarrerie inconcevable, le peuple, c'est-à-dire la nation
elle-même, jusqu'à l'époque de la révolution, ne formait qu'un ordre
de l'état, sous la dénomination de *Tiers*.

En Aragon, les Cortès étaient composées de grands barons, de l'ordre équestre, des représentans des villes et du clergé, des prélats et
des représentans du bas clergé.

A cette époque, commença la chute du gouvernement féodal.

Une fois que le peuple fut affranchi, qu'il fut admis aux états-généraux, qu'il eut l'air de prendre
part aux affaires nationales, et que par son industrie
il se fut ouvert les sources de l'opulence, il acquit
beaucoup de pouvoir, il forma dans l'état un corps
puissant, et ce fut à sa puissance que le prince eut
recours pour abaisser celle des barons, dès que les
circonstances le lui permirent.

Après bien des efforts, Charles VII étant parvenu
à chasser les Anglais et les Bourguignons, qui avaient
mis le royaume à deux doigts de sa perte, ce prince
ne se prévalut pas moins de sa réputation que de
l'impression de terreur que l'ennemi avait laissé sur
les esprits : or, sous prétexte de pourvoir à la défense
de l'état, il s'en rendit le maître.

Ruinés par une longue guerre, les prélats et les
nobles lui laissèrent changer tout ce qu'il voulut dans
le gouvernement; il abolit les cours plénières, qui
rassemblant chaque année les seigneurs pour se concerter sur les affaires publiques, les rendaient plus
puissans et plus entreprenans dans leurs terres. Il
défendit les tournois, qui retraçaient le souvenir des
guerres civiles; il changea tout le système de la jurisprudence, des finances et de la guerre; il s'attribua toute l'autorité, et enleva à la noblesse ses
principaux priviléges.

Dès lors tous les princes qui sont montés sur le
trône ont augmenté plus ou moins la puissance

de la couronne, en écrasant à la fois et la noblesse et le peuple.

L'asservissement de la nation et l'humiliation de l'autorité royale en Angleterre et en Espagne, offrent à peu près le même tableau qu'en France. Celui de la réintégration du peuple dans une partie de ses droits, et de l'augmentation de la puissance royale, tient à peu près aussi aux mêmes causes; les événemens seuls qui les ont mises en jeu sont dissemblables.

En parcourant l'histoire de ces temps d'oppression et d'anarchie, on gémit des malheurs auxquels l'ambition criminelle des chefs exposa toujours les nations; on déplore l'aveuglement des peuples condamnés à souffrir si long-temps le joug de la tyrannie, sans trouver les moyens de le rompre; on murmure contre le ciel, et on serait tenté d'accuser sa justice, si l'on n'était un peu consolé en voyant ces affreux tyrans partager eux-mêmes les maux qu'ils font souffrir.

Sous le règne de Henri Ier, le pouvoir suprême était entre les mains des barons : maîtres de toutes les charges de la couronne, de tous les grands emplois militaires, de toutes les places du gouvernement, ils en disposaient à leur gré et en leur faveur.

En 1209, ils arrachèrent du roi Jean la grande chartre des droits.

Sous Henri III, ils nommèrent vingt-quatre commissaires qui refondirent le gouvernement à leur avantage; ils statuèrent que chaque année les possesseurs de francs-fiefs éliraient, à la pluralité des suffrages, un grand shérif [1], que le parlement s'assemblerait trois fois l'an, que chaque comté y enverrait quatre chevaliers, qui s'informeraient des griefs publics dans leur voisinage, et en poursuivraient le redressement [2]. Mais loin de s'occuper du bien public, ils ne songèrent qu'à leurs intérêts; et pour s'assurer l'impunité de toutes leurs violences, ils statuèrent que les juges de la couronne ne feraient leur tournée dans le royaume qu'une fois tous les sept ans.

Enfin, se regardant comme les arbitres de l'état, ils imposèrent au peuple serment de fidélité [3].

Après les troubles causés par la faction de Leicester, Henri III, pour abaisser les grands barons, appela en parlement les comtes titulaires; et comme il réglait à son gré le nombre des députés, il se trouva maître de toutes les délibérations.

Puis, pour restreindre encore plus la puissance des barons, il leur opposa le peuple.

Pour l'engager à contribuer plus volontiers aux besoins de l'état, et faciliter la levée des impôts, il ordonna que chaque comté enverrait deux chevaliers, et chaque bourg deux députés, munis chacun de pleins pouvoirs pour adhérer aux moyens qu'il proposerait. De la sorte il se concilia l'amour de la nation, et s'assura de la majorité des voix.

[1] On sait que c'est un officier municipal; ses différentes fonctions sont également relatives à la justice et à la police. (*Nouvel éditeur.*)
[2] Hume, *Hist. d'Angleterre*, année 1258.
[3] Wikes, pag. 52.

Ces députés s'assemblaient dans une salle séparée de celle des barons et des chevaliers, qui dédaignaient de siéger avec des gens qu'ils croyaient au-dessous d'eux. Voilà l'origine de la *chambre des communes*.

Henri VII ne fut pas plutôt parvenu à la couronne, qu'il forma le projet d'abaisser la noblesse. Elle venait de montrer son pouvoir dans une longue guerre civile, pendant laquelle elle avait déposé plusieurs princes. N'osant l'attaquer à force ouverte, il eut recours à la politique. Il permit aux barons de démembrer et de vendre leurs fiefs, pour les empêcher d'avoir à leur service un nombre considérable de protégés ; il encouragea l'agriculture, le commerce et la navigation ; il augmenta les prérogatives des communes ; il rendit rigoureuse l'administration de la justice, et il affermit si puissamment l'autorité royale, qu'il devint un des monarques les plus absolus de l'Europe.

La puissance des rois d'Aragon était très-limitée, et le serment de fidélité que les nobles lui prêtaient à son avénement au trône lui rappelait sa dépendance. « Nous qui tous ensemble sommes plus puissans que vous, lui disait le Justiza au nom des Aragonais, promettons soumission à votre gouvernement, si vous respectez nos droits ; mais non, si vous les violez.

Non content d'avoir mis de fortes barrières à l'autorité royale, et de se reposer sur les Cortès du soin de défendre la liberté publique, ils avaient éta-

bli un tribunal suprême d'état, sous la dénomination
de Justiza, assez semblable à celui des éphores à
Sparte. Interprète des lois et défenseur du peuple,
ses fonctions étaient extrêmement étendues : tous
les magistrats, le roi même était obligé de le consulter dans les cas douteux, et de s'en rapporter à
ses décisions. C'était à lui qu'on en appelait des
jugemens royaux et seigneuriaux : il pouvait intervenir d'office dans tous les différens, interposer son
autorité, et sévir contre les délinquans. Censeur né
des rois, il avait le droit de réviser tous les actes publics émanés d'eux, pour s'assurer s'ils étaient con-
formes aux lois, et devoir être mis à exécution : il
avait le droit d'exclure de l'administration des affaires tel fonctionnaire public qu'il jugeait suspect
ou inepte, et il n'était comptable de ses jugemens
qu'aux Cortès.

Après tant de sages mesures prises contre l'abus
de l'autorité des rois, on a peine à concevoir comment elle a franchi ses barrières pour devenir absolue. Voici par quels moyens.

Jusqu'à l'avénement de Ferdinand à la couronne,
plusieurs monarques avaient entrepris sans succès
d'étendre leur pouvoir.

Dès que Ferdinand se vit maître du trône de toutes les Espagnes, par son mariage avec Isabelle de
Castille, il songea à poursuivre les projets de ses
prédécesseurs; ses talens, son adresse et sa constance conduisirent au succès ses desseins ambitieux.

Il débuta par retirer des mains des barons, en vertu des sentences qu'il avait obtenues des cours de justice, la plupart des titres qu'ils tenaient de ses prédécesseurs. Il ne donna point le principal maniement des affaires aux nobles, qui étaient en possession des premiers emplois de l'état et de l'armée. Il transigea souvent sans leur concours sur les affaires de la plus grande importance. Il éleva aux plus hautes charges des hommes nouveaux qui lui étaient dévoués. Il augmenta l'étiquette de sa cour pour tenir les nobles à distance. Il réunit à la couronne la maîtrise de Saint-Iago, Calatrave et Alcantara; d'abord en se les faisant déférer par les chevaliers, puis en se les faisant attribuer par les papes Innocent VIII et Alexandre VI : ce qui augmenta considérablement ses revenus et son autorité; car ces ordres s'étaient prodigieusement enrichis des dons que le fanatisme leur avait fait pendant les croisades, et la charge de grand-maître était le plus haut point d'élévation où pût parvenir un grand, par le privilége qu'elle lui donnait de disposer de toutes les chevaleries [1].

Tant que les provinces d'Espagne furent exposées aux incursions des Maures, comme il n'y avait de sûreté que dans les places fortes, tous ceux qui voulurent échapper au joug s'y retirèrent. Et pendant les longues guerres que leur firent les rois, comme il était impossible de les combattre long-temps avec

[1] Marianna, liv. 25.

les forces que les barons étaient tenus de fournir, il fallut mettre sur pied des troupes stables et surtout de la cavalerie légère. Ce fut aux habitans des villes à fournir les subsides nécessaires à l'entretien des troupes levées pour la sûreté commune. Pour les engager à les accorder, on leur donna de grands privilèges et on y fit fleurir le commerce.

Après avoir ainsi augmenté la puissance royale, il prit de nouvelles mesures pour l'augmenter encore. Les excursions continuelles des Maures et les guerres civiles entre les barons, avaient rempli l'état de désordres : le brigandage était si fréquent qu'il n'y avait pas de commerce d'une ville à une autre, et les tribunaux si faibles qu'on ne pouvait en attendre aucune justice. Pour remédier à cette anarchie, les villes d'Aragon formèrent entre elles une association, sous le nom de Sainte-Fraternité. Celles de Castille suivirent l'exemple. Leur objet était de lever chacune un corps de troupes pour protéger les voyageurs et poursuivre les brigands; elles établirent des tribunaux qui jugèrent les criminels, sans égard au conflit de juridiction. Les nobles s'élevèrent contre ce bel établissement, et refusèrent tout secours à la couronne qu'elle ne l'eût aboli. Ferdinand protégea l'association de toutes ses forces, et s'en servit pour abattre la juridiction des barons.

Ainsi le commandement des grandes armées que nécessitaient ses expéditions, la gloire qu'il acquit par la conquête du royaume de Grenade, qui mettait fin à l'odieuse domination des Maures; l'adresse

de ses ministres et la constance avec laquelle il poursuivit ses desseins, augmentèrent considérablement
l'autorité royale, mais elle resta limitée jusqu'à
Charles-Quint, tant les Espagnols avaient d'amour
pour la liberté, et les nobles pour l'indépendance.

C'est ainsi qu'après s'être étayé de tous les citoyens puissans pour établir sa domination, le prince
relève les petits pour abaisser les grands, il protége
le peuple dont il a peu à craindre et beaucoup à espérer; puis, pour contenir les classes privilégiées
dont il a peu à espérer et beaucoup à craindre, il
leur oppose le peuple; enfin, il reste si bien maître
de tous les ordres de l'état, que, lorsque l'un d'eux
veut secouer le joug, il l'accable du poids de tous les
autres.

Fatiguer le peuple de sa liberté.

Pour y parvenir, le prince travaille à exciter des
désordres dans l'état.

D'abord il apposte ses créatures dans les assemblées populaires, pour opposer les clameurs d'une
faction bruyante au vœu du peuple; ou bien des
émissaires de la cour se mêlent aux sociétés des amis
de la patrie, pour emporter hors des bornes de la
sagesse le zèle ardent et inexpérimenté.

C'est un art connu des cabinets d'introduire dans
les assemblées populaires d'audacieux intrigans qui
déclament des discours insensés et commettent des
actions répréhensibles pour les imputer aux bons

citoyens, calomnier les intentions des patriotes et présenter le peuple comme une troupe de séditieux et de brigands.

Rien de plus ordinaire aux princes que de troubler l'élection des magistrats populaires, en soudoyant des tapageurs et des coupe-jarrets pour maltraiter les électeurs qui portent des patriotes purs, et insulter les officiers de police qui veulent faire respecter la loi.

Quelquefois le prince met en campagne des troupes de factieux, contre lesquels les lois déploient vainement leur autorité, mais qu'il fait d'un mot rentrer dans l'ordre, pour faire croire aux avantages prétendus de la domination d'un seul.

Quelquefois encore il se sert de la plus vile populace pour troubler les magistrats dans leurs fonctions, espérant que les gens sages, lassés de vivre dans l'anarchie, l'élèveront par désespoir à la puissance absolue.

D'autres fois, pour dégoûter le peuple de l'exercice de ses droits, et lui rendre insupportables les inconvéniens de la liberté, il forme des partis dans l'état, qu'il soulève les uns contre les autres, et dont il se rend le médiateur pour s'en rendre le maître, et les faire servir d'instrumens à son ambition, de suppôts à son autorité.

Lorsque l'état est en combustion, il assemble des conseils nationaux; mais il empêche, par de sourdes menées, qu'on y prenne aucune résolution, ou bien il rend nuls les arrêtés qu'on y a pris.

Il va plus loin : souvent, sous prétexte de maintenir la tranquillité publique, il empêche les assemblées
destinées à réprimer ses excès et à rétablir l'ordre ;
puis il se prévaut du silence qu'il les empêche de
rompre, ou des irrégularités qu'il leur a fait commettre, pour supposer en sa faveur le vœu de ceux
que la crainte a fait taire, ou punir ceux qui osent
parler [1].

Ainsi, l'artifice favori des princes est de chercher à exciter des mouvemens désordonnés, pour
égorger les citoyens et calomnier le peuple; ils se
servent de ses vertus réelles pour lui donner des torts
apparens, et, comme ils en sont les juges, ils le pu-
nissent de leur propre perversité. Ils s'écrient ensuite
les premiers que le peuple est le jouet des intrigans,
cherchant de la sorte à le dégoûter de la liberté qu'ils
lui rendent laborieuse.

Après de longues dissentions, souvent le citoyen,
fatigué des désordres qui agitent et désolent l'état,
se rejette dans les bras d'un maître, et cherche à
se reposer dans la servitude. Alors le prince ayant
toute la puissance du peuple, qui n'a pu se conduire
lui-même, se trouve le plus absolu des despotes.
C'est ce qu'on a vu arriver en Dannemarck, après

---

1 C'est en empêchant les commices de s'assembler, que les décemvirs, d'abord élus pour une année, puis continués pour une autre,
tentèrent de retenir à perpétuité leurs pouvoirs. Voilà comment le
gouvernement usurpe l'autorité suprême, lorsque le peuple n'a pas
d'assemblées périodiques, en possession du droit de se convoquer elles-
mêmes.

de vains efforts, pour rappeler le gouvernement à la démocratie.

Remplir les premières places de l'état d'hommes corrompus.

Quand le peuple dispose des emplois, ceux qui les briguent font bien quelques bassesses pour les obtenir; toutefois ils ne sont guères accordés qu'au mérite. Mais lorsque le prince en dispose, on ne les obtient que par des voies indignes : la flatterie, la prostitution, l'infamie sont des arts nécessaires pour y parvenir [1].

Les princes ne peuvent seuls renverser la liberté; il leur faut des conseillers, des suppôts, des instrumens de tyrannie : or, ils ne confient l'exécution de leurs projets qu'à des hommes adroits, qu'à des fourbes sans probité, sans mœurs, sans honneur.

Pour mieux assurer la réussite de leurs desseins, quelquefois ils n'admettent que peu de têtes dans le cabinet.

Impatient d'assouvir sa rapacité, Henri VII appela au ministère Empson et Dudley, deux adroits scélérats, également versés dans la chicane, et bien qualifiés pour intervertir les formes de la justice, faire succomber l'innocent, et dépouiller le peuple sans défense.

---

1 C'est surtout de nos jours qu'on est à même de vérifier cela. L'intrigue et l'improbité sont les deux premières conditions pour arriver aux affaires. (*Nouvel éditeur.*)

Louis XI ne confia les premières places de l'état qu'a des hommes de néant; il ne chargea de l'exécution de ses desseins ambitieux que des hommes prêts aux derniers forfaits.

Pressé de devenir absolu, Charles II remit la conduite des affaires à son conseil privé [1], où il n'admit qu'un petit nombre d'hommes entreprenans, perdus de réputations et faisant gloire de leurs vices.

A voir les crimes dont se couvrent les ministres des princes ambitieux, que penser des princes eux-mêmes.

Soustraire du glaive de la loi les coupables agens du pouvoir.

La faveur suffit bien pour faire des ministres zélés; mais ils n'osent tout entreprendre qu'autant qu'ils sont sûrs de l'impunité. Aussi les princes ont-ils soin de les couvrir de leur protection, ils les soustraient au glaive de la justice, ils les absolvent des crimes qu'ils ont commis, des crimes mêmes qu'ils commettront encore.

En appelant le cardinal Wolsey au ministère, Henri VIII lui accorda un pardon général, conçu en ces termes :

[1] Ce conseil n'était désigné dans le public que sous le nom de cabale *.

* Il était composé de Clifford, Ashley, Buckingham, Arlington et Lauderdale. C'est, comme on le voit, de la réunion des lettres initiales de ces cinq noms, qu'on fit le mot cabal.

« *Le roi de son propre mouvement et par faveur*
« *spéciale, pardonne à Wolsey les trahisons, meur-*
« *tres et attentats quelconques qu'il a commis et qu'il*
« *pourra commettre* [1]. »

Jacques Ier en accorda un pareil au comte de Som-
merset, et Charles II au comte de Damby.

Que ne mit pas en œuvre Charles Ier pour soustraire Strafford au bras de la justice! D'abord il
refusa de signer l'arrêt de sa condamnation; ensuite
il fit intervenir les prières, les larmes, les supplica-
tions, puis il demanda que la sentence fut commuée
en détention perpétuelle, puis il demanda un sursis,
et il ne céda enfin à la dure nécessité qu'en frémissant.

Remplir les tribunaux de juges corrompus.

Et Louis XV, n'a-t-il pas arraché à la justice le
duc d'Aiguillon? accusé d'avoir attenté aux jours du
patriote Lachalotaye.

La liberté des peuples n'est établie que sur les
lois; mais comme les lois ne parlent que par la
bouche des juges, pour les rendre vaines, il faut établir des magistrats corrompus, ou corrompre ceux

---

[1] Voici le texte anglais : « That the king out of his mere motion and
specail favour, do pardon all and all manner of treason, misprison of
treason, murders, and outrages what soever by the said Wolsey comitted or to be hereaft er comitted. »
Macaulay's, *Hist. of Eng.*

qui sont établis. C'est ce que font presque toujours les princes pour devenir absolus.

Louis XI s'appliqua à remplir tous les départemens de l'administration d'hommes nouveaux et d'hommes de basse condition, tous également dévoués à ses ordres.

Henri VII et Henri VIII ne nommèrent aux places de confiance que des avocats ou des prêtres qu'ils avaient à leur dévotion, et toujours prêts à sacrifier la nation à la couronne.

Sous Jacques Ier, la chamdre étoilée, le conseil d'York, et la cour de haute commission [1], tribunaux devant lesquels était évoquée toute cause importante, n'étaient composés que de créatures du roi.

Charles Ier corrompit les chefs de tous les tribunaux. Il fit plus : sous prétexte de faire rendre la justice, ce prince chargea, en 1633, l'archevêque de Cantorbéry et les autres membres de son conseil privé de régler les cours de justice. Ils devaient connaître de toutes les contestations qui s'élevaient sur la juridiction des tribunaux civils et ecclésiastiques ; ils étaient autorisés à citer devant eux et juges et parties, à connaître des affaires, et à faire leur rapport au roi pour qu'il en ordonna suivant son bon plaisir [2].

Après la dissolution du parlement de 1634, Charles Ier renvoya tous les gouverneurs de places,

[1] The high commission court.
[2] Whitlock, pag. 12; et Rym. fœd., vol. 10, pag. 280, etc.

les lords lieutenans des comtés, les magistrats et les juges de paix, pour mettre en leur place les Tories les plus dévoués.

Charles II suivit l'exemple de son père, et cet exemple fut suivi par son fils. Jacques II alla même plus loin : le comité du parlement, chargé de rechercher ce qui s'était passé au sujet des prisonniers d'état, après avoir examiné les comptes de Graham et Burton, les deux vils solliciteurs de la couronne, trouva que depuis 1679 jusqu'en 1688, ils avaient reçu de l'échiquier 1,100,000 liv. st., qu'ils avouèrent avoir payés aux avocats, témoins, jurés et autres personnes appelées au procès des infortunés qu'ils avaient poursuivis de par le roi, pour de prétendus crimes de haute trahison [1]. On sait d'ailleurs que ce prince avait coutume de chambrer les juges, dans les cas d'importance.

Désarmer les sujets.

Pour se rendre absolus, c'est peu de la ruse sans la force [2].

---

[1] Rapin, *Hist. d'Ang.*

[2] « La puissance, dit l'auteur du testament politique de Richelieu, étant l'une des choses les plus essentielles à la grandeur des rois, ceux qui ont la principale conduite de l'état sont particulièrement obligés de ne rien omettre qui puisse contribuer à rendre leur maître si autorisé, qu'il soit par ce moyen considéré de tout le monde ; et il est certain, ajoute-t-il, qu'entre tous les principes, la crainte qui est fondée en la révérence à cette force qu'elle intéresse davantage chacun à son devoir. Ainsi, pour se rendre redoutable, il faut qu'il ait un grand nombre de gens de guerre, et de l'argent dans ses coffres. »

Dans un pays libre, c'est avec leurs propres sujets,
servant comme citoyens ou volontaires, que les
princes attaquent l'ennemi, font des conquêtes, et défendent l'état. Mais à la tête d'hommes
attachés à la patrie, ils n'osent rien entreprendre
contre elle ; il leur faut donc des mercenaires. Aussi
se sont-ils tous empressés, dès qu'ils l'ont pu, de
prendre des troupes à leur solde ; pour cela ils ont
mis en jeu bien des artifices.

Charles VII, se prévalant de la réputation qu'il
avait acquise en chassant les Anglais, et de l'impression de terreur qu'ils avaient laissé dans les esprits,
exécuta ce hardi dessein. Sous prétexte de mettre le
royaume en état de défense contre quelque attaque
imprévue, quelque invasion soudaine, il retint à son
service un corps de 9,000 cavaliers et de 16,000
fantassins ; il nomma des officiers pour les commander, et il les répartit dans différentes provinces [1].
Ainsi, au lieu des hommes libres qui servaient sous
les vassaux de la couronne, soldats plus attachés à
leurs capitaines qu'au prince, et accoutumés à
n'obéir qu'à eux, il eut des troupes qui reconnurent
un maître, et attendirent de lui seul leur bonheur.

Sous prétexte d'avoir des forces à opposer aux
incursions des Maures d'Afrique, Ximènes, régent
de Castille, engagea les villes de ce royaume à enrôler un certain nombre de leurs bourgeois. Il promit à ceux qui prendraient parti exemption de tout

---

[1] *Histoire de France*, par Véli et Villaret ; tom. 15, pag. 332, etc.

impôt, il les fit exercer au maniement des armes, il leur donna des officiers, et il les prit à sa solde[1].

Sous prétexte que la couronne tirait peu de secours de la milice des barons, que les armées de ces auxiliaires étaient peu disciplinées, et se tournaient même quelquefois contre la main qui voulait en faire usage; Henri V[2] remplaça, par des contributions pécuniaires, le service militaire auquel ils étaient tenus, et il eut une nouvelle milice à sa solde. Après l'invasion du duc de Momouth, Jacques II demanda au parlement des subsides pour entretenir une armée de troupes réglées, afin, disait-il, de faire face à un prochain danger[3]. Mais l'Angleterre n'a eu d'armée réglée, proprement dite, que depuis l'avènement de la maison de Brunswick au trône. A la sollicitation de Georges Ier, elle prit à sa solde un corps considérable de troupes pour maintenir la tranquillité dans le royaume, et remplir les conditions du traité de Hanovre.

[1] Alarmés des entreprises que faisait Ximènes pour étendre la puissance royale, les nobles commencèrent à murmurer hautement; mais avant d'en venir aux extrémités, ils envoyèrent des députés au cardinal pour savoir en vertu de quelle autorité il agissait; Ximènes leur produisit le testament de Ferdinand; puis, les ayant conduits vers le balcon, d'où ils pouvaient découvrir un gros de troupes et un train formidable d'artillerie. — Voilà, leur dit-il, en montrant du doigt, le pouvoir avec lequel j'entends gouverner la Castille. Ferrières, *Hist.*, lib. 8.

[2] La première commission d'array ou inspecteur des troupes dont l'histoire d'Angleterre fasse mention, fut expédiée sous ce prince, en 1425.

[3] Voyez les discours tenus au parlement, en 1685.

En tous lieux, les princes ont poursuivi le même dessein, et ils ont si bien machiné, qu'à l'exception des Suisses et des État-Unis de l'Amérique, il ne se trouve aujourd'hui nulle part des soldats citoyens. Partout des mercenaires armés par la tyrannie contre la liberté [1]!

Comme ces armées furent levées sous prétexte de défendre l'état, d'abord on enrôla des hommes qui avaient une patrie. De pareils soldats n'étaient guères maniables : pour en avoir de plus dévoués, les princes sentirent la nécessité de composer leurs troupes d'hommes qui, ne tenant à rien, fussent tout aussi prêts à marcher contre leurs concitoyens que contre l'ennemi. Le temps leur en fournit l'occasion.

A mesure que l'industrie s'anime, et que le commerce fleurit, l'inégalité s'étend, une partie des citoyens engloutit toutes les richesses de l'état; le reste, avili par la misère, n'a plus qu'une existence précaire, ou ne possède qu'une industrie qui ne l'attache à aucun pays.

C'est de la classe innombrable de ces infortunés, sans lumières, sans mœurs, sans héritages, et honteux de leur pauvreté, que les princes tiraient leur armée.

Mais, comme si des mercenaires nationaux n'étaient pas encore des instrumens assez aveugles de tyrannie, pour opprimer leurs sujets, ils eurent

[1] On n'a point oublié que cet ouvrage est écrit long-temps avant la révolution française.

recours à des étrangers. Aux troupes de son père, Louis XI ajouta un corps de 6,000 Suisses. Louis XII prit en outre à son service un corps d'Allemands, connus dans les guerres d'Italie sous le nom de *bande noire*. Ses successeurs suivirent cet exemple. Et aujourd'hui il y a en France, au service du roi, des Écossais, des Irlandais, des Corses, des Suisses, des Italiens, des Allemands.

En Espagne, l'armée est en partie composée d'Italiens, de Suisses et d'Espagnols.

En Prusse, une grande partie des troupes est composée de Français et de Polonais.

En Angleterre, il n'y a point de troupes étrangères ; mais le monarque y tient des régimens écossais; et, vu la bonne intelligence qui règne entre les deux nations, c'est à eux qu'il confie l'odieux ministère d'opprimer ses anciens sujets.

C'est peu d'avoir à leur service une soldatesque étrangère, quelques princes n'en veulent point d'autre. Dans toutes ses expéditions, soit offensives, soit défensives, même dans les cas les plus urgens, le gouvernement de Venise a évité de mettre les armes à la main des citadins [1].

La plupart des princes ont même poussé la politique jusqu'à désarmer leurs sujets, crainte qu'ils ne vinssent à sentir leur force, et à en faire usage lorsqu'ils sont opprimés.

[1] Lors de la ligue de Cambrai, la république voyant l'état désespéré de ses affaires, aima mieux prendre à son service des soldats étrangers, à un sequin par jour, que d'armer le peuple.

Sous prétexte de pourvoir à la sûreté publique, la régente d'Espagne défendit, en 1669, aux habitans de Madrid, dont elle était détestée, de porter des armes à feu, ou même d'en garder dans leurs maisons, et la peine prononcée contre tout réfractaire était capitale 1.

Dans l'état de Venise, le port d'armes est défendu sous les peines les plus rigoureuses.

En France, on désarme le paysan sous prétexte d'empêcher le braconnage. Dans les provinces, il n'y a même que les militaires, les gentilshommes, et les officiers de la couronne qui aient le port d'armes.

Ainsi, après avoir armé des mercenaires contre l'état, sous le prétexte d'assurer le repos public, le prince désarme ses sujets pour pouvoir plus aisément les jeter dans les fers.

Voilà comment la puissance exécutive, couverte d'un voile trompeur, parvient à se rendre redoutable. Semblable à ces fleuves qui cachent quelques momens leurs eaux sous terre, pour reparaître soudain, grossis par les sources qui s'y jettent, et entraîner avec fureur tout ce qui s'oppose à leur cours impétueux.

Pourvoir à la solde des troupes.

Ce n'est pas le tout de mettre sur pied une nombreuse soldatesque, il faut l'entretenir : aussi, en travaillant à avoir des troupes mercenaires, les

1 Désormaux, *Abrégé chronologique de l'histoire d'Espagne.*

princes travaillèrent-ils à avoir de quoi les soudoyer, et ils n'eurent besoin que des mêmes prétextes.

Indépendamment des revenus du domaine,
Charles VII appropria des fonds à la solde de l'armée ; il obtint de rendre perpétuelles certaines taxes
qui n'étaient que momentanées ; il alla même jusqu'à s'arroger le droit de lever des subsides sans le
consentement de la nation.

Pour soudoyer ses troupes, Charles-Quint se fit
souvent accorder des subsides extraordinaires par
les Cortès. Ses successeurs s'appliquèrent tous à
dégager le domaine de la couronne ; et Philippe V,
non content de se former un très-gros revenu an-
nuel, s'arrogea le droit de disposer des revenus de
l'état.

Ainsi, pour tenir les peuples en respect, le gouvernement leur enlève avec la liberté le plus beau de
leurs droits, et les force de payer eux-mêmes les
mains qui les enchaînent.

Attentats contre les lois, et jugemens contre la liberté.

Cependant le prince empiète toujours. Comme il
a eu soin d'assurer son autorité, il agit avec moins
de retenue ; et comme il arrive rarement que l'injure
faite à un particulier intéresse toute une nation, il
attaque les droits du souverain dans la personne de
quelques-uns de ses membres.

Les opprimés se récrient-ils? Trop faibles pour
lutter contre le gouvernement, ou même hors d'état
de fournir aux frais d'un procès ,, ils sont forcés de
souffrir l'outrage. Puis, au lieu de venir au secours
de celui qui souffre pour la cause commune, le
public l'abandonne, et l'infortuné est immolé comme
une victime dévouée à son malheureux sort.

Mais si les princes ont à faire à des hommes en
état de lutter, ils essaient d'abord de gagner leur partie
adverse. S'ils ne peuvent y parvenir, ils ne négligent
rien pour le fatiguer à force de frais, de formalités,
de délais, de subterfuges; ils travaillent à rendre
vaines toutes ses démarches à force de chicane, et
s'il est possible à prévenir un jugement.

Quand ils ne peuvent la débouter, ils cherchent à
s'en défaire de quelque manière que ce soit.

Si ces mesures échouent, que de ressources encore! L'intérêt, la crainte, l'espérance, la vanité, les
préjugés, les fausses couleurs, la ruse, la séduction,
la calomnie, tout est en faveur de l'homme constitué
en puissance.

---

[1] De lâches suppôts du ministère se sont élevés contre la société *du
bill des droits*. Quelle criminelle audace, au milieu d'une nation libre!
Ils ont poussé l'impudeur jusqu'à lui reprocher le rang peu élevé de
ses membres. Quelle que soit leur condition, leur entreprise est digne
d'éloges; elle est grande, généreuse, héroïque. Loin de les improuver,
que le reste de la nation n'imite-t-il leur exemple! Que n'établit-t-elle
un fond pour plaider contre le ministère, lorsqu'il outrage les citoyens
indigens. Pour se conserver libre, la nation entière doit épouser contre
lui la cause de chaque opprimé. Quand ses membres s'isolent, l'état
n'a plus de lien, plus de nerf, et l'esclavage est à la porte.

Les sujets veulent-ils défendre leurs droits contre le gouvernement, ils n'ont d'autre ressource que celle de porter leur plainte devant des tribunaux presque toujours composés de créatures du prince [1]. Ils ont beau avoir les lois pour eux; la justice, trop faible contre le crédit, l'intrigue, la puissance, lui sert de peu de chose [2]. Presque toujours retenu par le respect ou par la crainte, celui qui porte la parole pour eux n'ose faire valoir leur droit avec zèle; tandis que son adveraire, en sûreté sous la bannière royale, enhardi par la faveur, le tord, l'exténue et le dénature. Il oppose des sophismes à la raison, l'a-

[1] C'était la méthode de Charles Ier et de Jacques II, de faire outrage à leurs sujets, puis de les faire juger par des hommes corrompus. *Whitlock.*

Aujourd'hui encore, la corruption souille quelquefois les tribunaux anglais, présidés comme ils le sont par des créatures de la cour, assez disposées à préoccuper ou à séduire les jurés. Les jurés eux-mêmes se laissent souvent corrompre. Et dans les cas qui l'intéressent, le gouvernement peut toujours les choisir à son gré. C'est ce qui parut bien évidemment dans l'affaire de Wilkes contre les secrétaires d'état. Le jour qu'elle devait être portée devant le tribunal, on envoya aux jurés de fausses lettres de sommation, portant que la cause était remise. Cependant on se pourvut d'un autre jury, qui prononça en faveur de la couronne. *History of the late Minority.*

[2] Pendant les règnes désastreux de Jacques Ier, de Charles Ier, de Charles II et de Jacques II, on sait comment les juges se prostituaient aux volontés du gouvernement, et avec quelle audace ils opprimaient les infortunés que ces tyrans persécutaient. Sans honte, sans scrupules, sans remords, ils suivaient aveuglément tous les ordres de la cour, et pour la même action condamnait celui qu'ils avaient absous hier. Les conseillers du roi qui occupèrent contre Titus Oates, poursuivi par Jacques II, avaient occupé pour lui dans le procès des cinq jésuites, particulièrement les procureurs et solliciteurs généraux

dresse à la justice, le mensonge à la vérité; il change
en thèse de jurisprudence des questions qui n'exigent que du bon sens; il s'efforce d'étourdir les juges
et prétend justifier la tyrannie à l'aide de quelques
sottes cavillations [1].

Éblouis ou corrompus, les juges à leur tour se
portent à la vindicte; et presque toujours l'opprimé
est éconduit du tribunal sans avoir obtenu justice,
sans avoir même pu se faire entendre [2]. Voilà comment les hommes puissans, nés pour dominer, écra-
sent ceux qui osent leur faire tête; et souvent, avec
des calomnies pour toute arme [2], ils font triompher
des clameurs ridicules au mépris des droits les mieux
établis, et consomment iniquement, sous les formes
de la justice, la perte de leurs adversaires [3].

[1] En 1628, on informa contre Vassal, négociant de Londres, pour
avoir refusé de payer les droits levés sur certaines marchandises.
Vassal établit sa défense sur les statuts de la grande chartre, et sur ce
que cet impôt était levé sans l'attache du parlement. Mais les barons de
l'échiquier refusèrent d'entendre l'avocat de Vassal, et déclarèrent
que le roi était en possession, et qu'ils l'y maintiendraient. Macawl,
Hist. d'Angl., vol. 2, pag. 19.

Dans les causes portées devant les tribunaux contre la couronne,
sous les princes de la maison de Stuart, le glaive de la vengeance était
toujours levé sur la tête des hommes hardis à défendre les droits du
peuple; tandis que ceux qui étaient pour les prérogatives du roi, sûrs
de l'impunité, avançaient avec audace les plus odieuses faussetés.

[2] C'est ainsi que les ministres qui poursuivirent les publicateurs du
n° 45 du *North Briton*, entreprirent de justifier leurs démarches illégales.

[3] La maxime que le roi ne saurait mal faire, n'a-t-elle pas été allé-
guée pour justifier les outrages de l'autorité, et le titre de père de la
patrie, pour prouver que le prince aimait son peuple, dans le temps
même qu'il le tyrannisait. *Parl. hist.*, vol. 8, pag. 34, etc.

Encore si le mal se bornait là : mais de cet attentat en résultent mille autres. Lorsque de nouveaux
opprimés réclament contre la violence, on leur répond en se moquant : « De quoi vous plaignez-vous?
« Voyez le passé, nous n'innovons point [1]. » Ainsi
les vexations passent en usage; et, comme si l'oppression devenait légitime pour rester impunie, ils
invoquent la possession de leurs brigandages à
titre de droits sacrés, ils citent la violation des lois
à l'appui de leur audace à les violer encore; dès-lors
les jugemens se marchandent, et les lois tombent
dans le mépris : car les créatures du prince cessent
de les craindre, lorsqu'il les protège contre elles; et
les citoyens cessent de les respecter, dès qu'elles ne
peuvent plus les défendre.

Aveugle sécurité du public.

Le peuple ne prévoit jamais les maux qu'on lui
prépare. On a beau rendre ses droits illusoires, miner les fondemens de sa liberté il n'aperçoit son
malheur que lorsqu'il le sent, lorsqu'il entend retentir à ses oreilles les noms des proscrits, lorsqu'il
voit ruisseler le sang des citoyens, et qu'accablé
sous le joug, il attend plein d'effroi l'arrêt du sort
qu'on lui réserve.

Pour rester libre, il faut être sans cesse en garde

[1] Ainsi, le procureur et l'avocat du roi, pour justifier les emprisonnemens illégaux qu'ordonnait Charles Ier, alléguaient ceux qu'Élisabeth avait ordonné. *Parl. hist.*, vol. 8, pag. 47.

contre ceux qui gouvernent : rien de plus aisé que
de perdre celui qui est sans défiance; et la trop
grande sécurité des peuples est toujours l'avant-cou-
reur de leur servitude.

Mais comme une attention continuelle sur les
affaires publiques est au-dessus de la portée de la
multitude, trop occupée d'ailleurs de ses propres
affaires, il importe qu'il y ait dans l'état des hommes
qui tiennent sans cesse leurs yeux ouverts sur le
cabinet, qui suivent les menées du gouvernement,
qui dévoilent ses projets ambitieux, qui sonnent
l'alarme aux approches de la tempête, qui réveillent
la nation de sa léthargie, qui lui découvrent l'abîme
qu'on creuse sous ses pas, et qui s'empressent de noter
celui sur qui doit tomber l'indignation publique.
Aussi, le plus grand malheur qui puisse arriver à un
état libre, où le prince est puissant et entreprenant,
c'est qu'il n'y ait ni discussions publiques, ni effer-
vescence, ni partis. Tout est perdu, quand le peuple
devient de sang froid, et que, sans s'inquiéter de la
conservation de ses droits, il ne prend plus de part
aux affaires : au lieu qu'on voit la liberté sortir sans
cesse des feux de la sédition.

Épuiser le zèle du peuple sur de faux objets.

Dans un état jaloux de sa liberté, il importe surtout qu'il y ait des sages qui réclament continuellement les lois, lorsque le prince les viole, qui réveillent le peuple de sa léthargie, qui l'éclairent dans

les temps difficiles , et le ramènent à ses droits. Mais il faut bien prendre garde de ne pas l'alarmer sans sujet : dupes de ses vaines alarmes, il deviendrait enfin tranquille au milieu des dangers.

Il faut bien prendre garde aussi de ne pas l'alarmer à la légère. Si les griefs n'ont point ces degrés d'évidence qui les met au-dessus du doute, on doit peu se flatter de les voir redresser : car il n'y a que l'évidence qui entraîne la multitude, et il n'y a que les efforts de la multitude qui déconcertent les projets du despotisme.

Il faut surtout bien prendre garde de ne pas l'animer à la poursuite d'un objet douteux. Quand il se met à défendre ses droits, il importe qu'il ait toujours l'avantage : — les échecs du gouvernement ne font que retarder sa victoire; ceux du peuple le découragent, l'avilissent et l'enchaînent.

Des écrits peu fondés, ou des dénonciations hasardées.

Dans un état bien ordonné, la liberté de la presse doit être illimitée pour les écrivains qui surveillent les fonctionnaires publics Et comme les complots contre la patrie sont toujours tramés dans les ténèbres; comme les princes n'appellent point de témoins dans leurs conciliabules pour machiner sous leurs yeux; comme ils ne transigent point par-devant notaire avec leurs agens; comme ils remettent très-rarement des instructions écrites aux scélérats qu'ils

chargent de l'exécution de leurs attentats; comme
ces écrits, presque toujours tracés en caractères hié-
roglyphiques, ne sont jamais signés d'eux, il doit
être permis de les dénoncer sur les plus légères ap-
parences.

Dans les états où la constitution est assez vicieuse
pour laisser un libre cours aux sourdes machinations du prince, les écrivains qui surveillent ses
agens ne sauraient trop être sur leurs gardes.

Lorsqu'ils prennent à partie le gouvernement, il
est à propos qu'ils se retranchent dans des chefs
d'accusation dont ils puissent fournir la preuve.
Une seule démarche inconsidérée de leur part suf-
firait pour ruiner la meilleure cause. Le prince, qui
d'abord tremblait de voir ses machinations dévoilées,
tant qu'ils se renfermaient dans les bornes de la pru-
dence, triomphe au moment qu'ils en sortent; il se
récrie à son tour, il les attaque, il les traduit devant les tribunaux [1], et, laissant là les griefs publics
pour ses injures particulières, souvent il parvient à
faire perdre de vue l'objet principal.

Ainsi les défenseurs du peuple, qui par une
sage conduite fussent venus à leurs fins, perdent
entièrement le fruit de leurs efforts par le moindre
trait hasardé.

Vérité dont les Anglais ont encore la preuve sous
les yeux. Tandis que l'auteur du North Briton se

---

[1] C'est ce qui arrive dans tout pays où l'autorité du prince est illimitée.

10

bornait à censurer les démarches illégales du gouvernement, à dévoiler ses sourdes menées, à poursuivre ses desseins secrets, les ministres frémissaient
sous le fouet de la censure : mais lorsqu'il vint à se
lâcher en invectives contre la princesse douairière,
il cessa de porter des coups sûrs aux ennemis de la
liberté, et il leur fournit des armes pour l'écraser
lui-même à leur tour.

Des écrits satiriques.

Le ton dont on plaide la cause publique n'est pas
indifférent au triomphe de la liberté.

Quand on réclame contre l'oppression, il importe
que ce soit toujours d'un ton grave, animé, pathé-
tique, jamais plaisant. Les traits de la satire portent
bien sur le tyran, non sur la tyrannie; et, loin de
faire revenir l'oppresseur, ils blessent mortellement
son amour-propre, ils ne font que l'aigrir et l'achar-
ner toujours plus.

Les écrits satiriques ne servent guère d'ailleurs
qu'à serrer les nœuds de la servitude. Quand les
gens sages ne les croiraient pas toujours exagérés,
ces écrits n'iraient pas moins contre leur fin. En
amusant la malignité du peuple, ils le font rire de ses
souffrances [1], ils diminuent son ressentiment contre
les auteurs de ses maux, et ils le portent à souffrir
patiemment le joug.

---

[1] C'est ce dont nous avons donné mille fois la preuve. Lorsque nous

Des écrits indécens.

Sortir des bornes de la décence nuit de même beaucoup à la cause publique : les grossières invectives indisposent les hommes sans passion, révoltent les honnêtes gens, et aliènent ces froids patriotes qui ne tiennent que par un fil à la cause de la liberté.

Ajoutons que ces écrivains cyniques avancent les affaires du prince; tout méchant qu'ils attaquent ne balance pas à les accuser de vénalité; et à les voir servir la tyrannie, qui ne les croirait en effet payés pour faire ce qu'ils font? tandis que cent plumes vénales les attaquent à leur tour, et ne réussissent que trop à leur faire perdre toute confiance, soit en les dénigrant, soit en faisant rire le public à leurs dépens.

Des mauvais écrits.

S'il importe de ne plaider la cause du peuple que d'un ton grave, il n'importe pas moins que ce soit d'un ton de maître. Tous ces auteurs ridicules, qui

gémissions sous l'oppression de Richelieu et de Mazarin, nous publiâmes des volumes d'épigrammes et de vaudevilles contre ces indignes administrateurs, et nous nous en tînmes là.

Naguère encore nous nous consolions de tout par des chansons. Grâce à la philosophie, notre caractère est un peu changé, et nous n'y perdrons rien.

se donnent pour les champions de la liberté, ne font que nuire à ses intérêts : leurs languissans écrits ne réveillent point, ne persuadent point, n'enflamment point le lecteur; leur sotte dialectique le dégoûte, et le dégoût enchaîne tout effort généreux.

De la multiplicité des écrits.

Dans un état jaloux de sa liberté, il importe qu'il y ait des sages qui réclament sans cesse les lois lorsque le prince les viole, qui fassent sortir le peuple de son apathie, qui l'éclairent dans les temps difficiles, et le ramènent à ses droits. Mais comme l'esprit humain se lasse enfin de tout, les meilleurs écrits cessent de produire le bien qu'on en attend lorsqu'ils se multiplient au point d'accabler le lecteur, et de le conduire à la satiété. Que sera-ce lorsque ces écrits sont médiocres, futiles, sans sel, sans vigueur, sans vie?

C'est ce qui est arrivé aux Anglais dans leurs dernières dissensions [1]. Accablés de tant de pamphlets et las de tant d'efforts, ils tombèrent dans une telle apathie, que rien ne pouvait plus fixer leur attention.

C'est aussi ce qui nous est malheureusement arrivé pendant tout le cours de la révolution.

1 Dans les dissensions au sujet de Wilkes.

Modération inconsidérée du peuple.

Ce n'est point par des secousses violentes, ai-je dit quelque part, que les princes commencent à renverser l'édifice de la liberté; ils en minent à la sourdine les fondemens, ils innovent peu à peu, et jamais d'une manière à faire une trop forte sensation.

Mais le peuple n'a ni l'œil assez exercé, ni l'esprit assez pénétrant pour remarquer ces progrès, et en prévoir les suites. Les remarque-t-il enfin? il n'a pas non plus toujours assez de résolution pour les arrêter. C'est contre les premières innovations toutefois qu'il faut s'élever avec force, si l'on veut prévenir la servitude. Quand on a laissé vieillir les abus, il est très-difficile de les réformer; souvent même il n'est plus temps [1].

Pour se conserver libre, il faut que le peuple soit toujours prêt à épouser contre le prince la cause des opprimés. Quand les citoyens séparent leurs intérêts et s'isolent, on les subjugue en détail, et c'en est fait de la liberté. Mais, loin d'être prompt à prendre fait pour les droits des autres, il faut que chacun ait vu les siens compromis bien des fois,

[1] C'est ici le cas de remarquer la différence que le temps apporte dans l'esprit des peuples; pense-t-on aujourd'hui qu'ils ne s'aperçoivent pas que les rois, ces fléaux de l'humanité, dont il faut enfin purger la terre, cherchent à endormir leurs victimes pour mieux les étouffer? Oh! si; ils s'en aperçoivent: aussi, vienne le jour de la ven-

avant qu'il se détermine à les défendre. Or, on ne saurait croire combien le gouvernement tire avantage de ce manque d'audace à s'opposer à ses injustes entreprises, et combien il importe à la cause de la liberté de n'être point si patient. Si la première fois que Charles Ier porta ses mains impures à la bourse de ses sujets, ou qu'il les plongea dans le sang innocent, le peuple eût pris les armes, marché droit au tyran, et fait périr à ses yeux, sur un échafaud, les ministres de ses cruautés, il n'eût pas gémi tant d'années sous la plus affreuse oppression. Ce n'est pas que je veuille qu'à chaque instant on ait recours à des voies violentes; mais, sous prétexte de ne pas exposer le repos public, ces tranquilles citoyens ne voient pas qu'ils ne gagnent rien par leur lâcheté, que d'être opprimés plus audacieusement, qu'ils donnent toujours plus de prise à la tyrannie, et que lorsqu'ils veulent enfin en arrêter les progrès, il est souvent trop tard.

C'est l'ambition sacrilége du gouvernement qui le porte à attenter à la liberté publique; mais c'est la lâcheté des peuples qui laisse forger leurs fers. Quelque ambitieux que soient les princes, ils seraient beaucoup moins entreprenans, s'ils avaient toujours à s'ouvrir un chemin au pouvoir absolu par la force et la violence. Quand on parcourt avec attention les annales du despotisme, quelquefois on voit avec

geance, rois, et les peuples qui aiment les moyens radicaux sauront bien en finir avec vous.

(Nouvel éditeur.)

étonnement une poignée d'hommes faire trembler une nation entière [1]. Cette modération déplacée des peuples, ce fatal penchant à s'isoler [2], voilà la raison de cet étrange phénomène; car où est l'organe du peuple, lorsque chacun garde le silence?

Dissimuler les griefs nationaux.

Les opprimés font-ils entendre leurs réclamations? le prince met tout en œuvre pour étouffer la voix publique. Il envoie de tout côté des émissaires séduire la partie la plus vile de la nation, il s'en fait présenter de flatteuses *adresses*, qu'il oppose aux justes griefs du peuple; puis, joignant l'insulte à l'outrage, il vante la douceur de son gouvernement, et fait passer un peuple mécontent pour une poignée de mal intentionnés.

[1] Les juges de la chambre étoilée et de la cour de haute commission, le conseil d'York, la chambre ardente, l'inquisition, etc.

[2] Ce fatal penchant n'est malheureusement que trop général. Laissons à part la foule de tous ces malheureux qui, ne tenant à l'état que par leurs besoins et leur misère, ne peuvent presque jamais être regardés comme de vrais patriotes. Mais, parmi les citoyens aisés, combien de ces hommes commodes qui, sans entrailles pour les malheureuses victimes de la tyrannie, et toujours prêts à aller au-devant du joug, se trouvent bien sous quelque gouvernement qu'ils vivent. Ceux qui ne sont pas insensibles aux malheurs de l'état sont retenus par d'autres considérations. Tremblans de compromettre leur bien-être pour la cause publique, la plupart se bornent à soupirer après des temps plus heureux. Les sages eux-mêmes se contentent de gémir en secret. Que s'il se trouve quelque homme de cœur, quelque vrai patriote, voyant qu'il est impossible de pousser la multitude à agir, il réclame en frémissant les lois foulées aux pieds, et il ne fait que se compromettre.

Pour mieux dissimuler les griefs nationaux, le
prince reçoit avec distinction les adresses qui approuvent sa conduite; il accorde des marques de
faveur à ceux qui les présentent, tandis qu'il témoigne son déplaisir à ceux qui lui présentent des
remontrances vigoureuses, si même il ne leur refuse audience [1].

Non content de les décourager, il impose silence
aux papiers publics qui ne sont pas de son parti [2]; au
lieu que les autres, flagornant l'administration et
vomissant chaque jour des invectives contre les vrais
patriotes, circulent librement dans le public; si ces
mesures échouent, le prince se détermine enfin à
gagner les chefs des mécontens, et il les engage à
éteindre eux-mêmes le zèle de leurs adhérens.

Cruels artifices dont l'histoire d'Angleterre offre
mille exemples, et qui ne sont que trop communs
dans tous les gouvernemens.

Des artifices mis en usage pour apaiser les clameurs publiques.

Pour se conserver libre, une nation n'a que sa
vigilance, son courage, son audace; pour l'asservir,
le prince a tant de moyens, qu'il n'est guère embarrassé que du choix; mais celui qu'il met le plus sou-

[1] et [2] C'est ce que fit Charles II après la dissolution du parlement
tenu à Oxford : c'est ce qui se pratique encore aujourd'hui ; et il ne se
trouve que trop d'indignes sujets disposés à se prêter à cet artifice.

vent en œuvre, c'est la fourberie : le peuple est fait pour être la dupe de toutes les rubriques du cabinet, et les ministres profitent de cette disposition.

Quand les opprimés veulent prendre quelque parti pour empêcher les progrès de la tyrannie, toujours se présente quelque nouvelle barrière à franchir. Ils ont beau former des projets, le prince les arrête soudain. Ils ont beau solliciter le redressement de leurs griefs, leurs remontrances sont vaines; il se hérisse de scrupules, il s'arme de refus; ou bien il n'oppose à leurs plaintes que la dérision ; il répond qu'*il est toujours prêt à écouter les griefs de ses sujets, qu'il n'a rien de plus à cœur que le bonheur de ses peuples*, et il les renvoie avec ces beaux discours.

Persistent-ils dans leurs demandes ? il persiste dans sa conduite. Toujours formés aux maximes d'une politique artificieuse, ceux qui gouvernent apprennent l'art de ne point s'étonner des obstacles, de mettre à profit la faiblesse de leurs adversaires, et de plier doucement au joug la docile multitude. S'il est question de faire consentir à leurs volontés, comme c'est leur usage de tout promettre avec dessein de ne rien tenir, quand le peuple les presse, ils leurrent de belles promesses sa crédule simplicité; et sans honte de manquer à leur parole, ils répètent ce bas artifice.

Dans les troubles de la Fronde, la liberté publique ayant été violée par nombre d'exils et d'emprisonnemens, le parlement de Paris, après bien des efforts, obtint enfin du gouvernement une loi qui assurait la liberté des sujets[1]. Mais cette loi fut bientôt éludée dans la personne du comte de Chavigni; et lorsque le parlement fit des remontrances à ce sujet, la régente répondit que cet emprisonnement ne devait effrayer personne; qu'elle engageait sa parole sacrée que chacun serait en sûreté. Elle y manqua néanmoins bientôt après, à l'égard des princes de Condé et de Conti. Le parlement fit de nouvelles remontrances, et elle l'assura de nouveau qu'à l'avenir la loi serait religieusement observée[2]. Exemple trop ordinaire de la manière indigne dont les rois se jouent des peuples.

Las de voir leurs espérances tant de fois trompées, les mécontens demandent-ils justice à grand cris? Dans ces momens critiques, on cherche à tirer l'affaire en longueur[3]; on leur envoie des députés qui les bercent de belles promesses, on arrête la troupe effrénée, on l'amuse par de vaines délibérations, on l'endort, et on gagne le moment de lui faire face et de l'accabler.

Que s'il faut en venir à capituler, on lui fait des offres de nature à n'être pas acceptées; puis des

---

[1] En 1648, par arrêt du 22 octobre.

[2] *Hist. du cardinal Mazarin*, vol. 3, liv. 5, chap. II.

[3] Parmi les conseils que Charles-Quint laissa à son fils, il lui recommandait de caler de voiles dans le fort de la tempête, de ne point s'opposer à la violence du destin irrité, d'esquiver avec adresse les coups qu'il ne pourrait soutenir de front, de se jeter à quartier, et d'attendre le moment de quelque révolution favorable. Ministre d'état de Silhan, tom. 1, liv. 3, chap. 6

propositions moins déraisonnables, mais conçues en termes vagues, qui ne stipulent rien de précis, et qui laissent toujours le gouvernement maître des conditions du traité; ou bien on ajoute à des concessions claires quelque clause ambiguë qui les rend nulles, si même on ne fait pas de faux engagemens.

Alarmé par la retraite du peuple romain sur le Mont-Sacré, le sénat, réduit à traiter, ne songea plus qu'à stipuler, d'une manière vague, les droits des tribuns qu'on venait d'élire, afin de ne rien accorder aux plébéiens, ou plutôt de se ménager un prétexte pour revenir contre ses concessions dans des temps plus favorables.

Dans le soulèvement de Naples, en 1647, comme le peuple demandait avec instance la charte de ses priviléges, le vice-roi, qui ne songeait qu'à conjurer l'orage, en fit forger une fausse qu'il présenta pour la vraie.

En 1647, Charles Ier, cherchant à endormir le parlement, et à faire croire qu'il était prêt à souscrire à tout ce qui pouvait le reconcilier avec la nation, au moment même où il travaillait à l'écraser, envoya dire aux deux chambres, « qu'il désirait qu'elles « prissent sans délai en considération les réglemens « particuliers à faire, tant pour le maintien de l'au- « torité légitime du roi, et la fixation de son revenu, « que pour la conservation de leurs propres privi- « léges, la paisible jouissance de leurs biens, la li- « berté de leurs personnes et la défense de la vraie « religion professée dans l'église anglicane; régle-

« mens qui couperaient bientôt la racine à tout sujet
« de plainte, en montrant par tout ce que le roi ac-
« cordait à ses peuples, combien il était éloigné des
« projets odieux que la crainte et la jalousie mal
« fondées de quelques personnes lui avaient prêtés,
« et combien il était jaloux de surpasser en clémence
« et en bonté les princes les plus généreux. »

Lorsque les Arragonnais, las de se voir accablés
d'impôts en pleine paix, et de souffrir mille abus
qu'on avait promis de réformer, menacèrent d'une
insurrection générale, pour les apaiser, la régente
établit un conseil, qu'elle disait devoir être uniquement occupé à rechercher les moyens de soulager le
peuple. Vaine institution, qui ne servit qu'à les endormir, et même à empirer leur sort ; car ce nouveau conseil, composé d'hommes corrompus, ferma
toujours les yeux sur les brigandages et les dilapidations de la couronne.

Qui le croirait? Souvent on n'oppose au désespoir des mécontens que de vains sons [1]. Des hom-

[1] Qui ne connaît le pouvoir de l'éloquence dans les émeutes? Que
n'a-t-elle point valu à Crassus, à Cicéron, à César! Ses effets sont sûrs
en tous temps. De belles paroles captivent le vulgaire : ce sont les pommes
d'Hippomène qu'il est toujours prêt à ramasser. Le peuple n'a jamais
de projet arrêté. Sans cesse il est conduit par les impressions du moment, sans cesse il est poussé par le vent qui souffle, sans cesse il est
entraîné par le torrent [*].

[*] C'est encore ici le cas de faire remarquer la différence que le temps apporte dans
l'esprit des peuples. Aujourd'hui, une seule et même idée fixe leur attention plus ou
moins fortement, il est vrai, et le projet arrêté de ceux dont l'éducation politique est
la plus avancée, est de se débarrasser des rois, ces grands coupables de lèse-humanité.

(*Nouvel éditeur.*)

mes versés dans l'art de séduire les esprits les ha-
ranguent; puis la tourbe stupide se laisse aller à ces
beaux discours, et devient le jouet de quelques rhéteurs; que dis-je! souvent même un conte suffit
pour déconcerter ses projets. Opprimés par le sénat,
les Romains venaient d'abandonner leurs foyers pour
aller chercher un asile loin de leur cruelle patrie;
Manlius Agrippa va trouver les mécontens sur le
Mont-Sacré, il leur débite une fable, et les ramène
dans leurs murs.

Quelquefois les plus petits ressorts font mouvoir
les plus grandes machines. Le peuple ne s'attache
qu'à l'écorce des choses, et souffre patiemment le
joug, pourvu qu'il ne soit pas apparent. Aussi,
dans les temps de mécontentement général, un jeu
de mot suffit-il pour l'engager au sacrifice de sa
liberté [2].

César demandait à rétablir la royauté; les Romains s'effarouchent : mais ils lui accordent, sous le
nom d'empereur, le pouvoir suprême qu'ils lui
avaient refusé sous celui de roi.

A la tête du gouvernement, Cromwell fait proposer au parlement, par ses créatures, de rétablir

[1] Tit. Liv., décad. 1, liv. 4.
[2] Aussi les princes ont-ils grand soin de ne pas choquer ces préjugés.
Auguste rejette le titre de dictateur, devenu odieux dans Sylla,
Marius, César; et il cache une puissance sans bornes sous un nom
commun et des dignités ordinaires.
Tibère refusa constamment le titre de maître que le sénat lui avait
déféré. Il l'était bien en effet; mais il n'en voulut pas le nom, pour
qu'on s'imaginât qu'il croyait ne pas l'être.

la monarchie. Au mot de royauté, l'alarme se répand : on rejette la proposition avec indignation; mais on lui accorde, sous le nom de protecteur, le pouvoir qu'on lui refusait sous celui de roi.

C'est peu encore de ces artifices. Eh! que ne font point les princes habitués à leurrer le peuple! Pour lui enlever ses chefs et lui opposer ses propres défenseurs, ils soudoient une multitude de plumes mercenaires qui s'attachent à les noircir et à les calomnier, de manière à leur faire perdre l'estime publique en leur prêtant des vues ambitieuses, et qui pis est, en semant le soupçon et la défiance, en les accusant de conniver en secret avec le gouvernement pour s'emparer de la puissance suprême. Ils engagent la vile tourbe de leurs créatures à aller de place en place répandre mille faux bruits propres à confirmer ces calomnies[1].

Quand Manlius incitait les Romains à s'affranchir de la tyrannie du sénat, les sénateurs le firent saisir; mais, obligés de le relâcher pour empêcher l'insurrection, ils s'attachèrent à le rendre suspect au peuple, en lui suscitant des délateurs, parmi la populace, qui l'accusèrent d'affecter la royauté, et lui firent ainsi, de ses partisans, des juges et des ennemis[2].

Quelquefois même ils tâchent d'engager les défenseurs du peuple à se décrier eux-mêmes.

---

[1] Telle était la politique du lord Bute contre Pitt; *Histoire de la dernière minorité.*

[2] Tit. Liv., décad. 1, liv. 6.

Pendant la minorité de Louis XIV, comme le parlement de Paris se récriait fort contre la manière odieuse dont on foulait les peuples, dans la vue de l'engager à ne défendre dorénavant que ses intérêts et de le perdre de la sorte dans l'opinion publique, le gouvernement attaqua les priviléges de la compagnie, en s'appliquant pour quelque temps les honoraires de ses membres [1].

Barnevelt s'opposait en Romain à Maurice de Nassau, qui voulait se faire roi des Provinces-Unies : Maurice le fait accuser d'être le chef des Arméniens, secte en horreur aux Bataves; et bientôt ses ingrats compatriotes le traînent en prison, et de là sur un échafaud.

Un autre artifice très-adroit qu'emploient les princes pour perdre de réputation les défenseurs du peuple, c'est de leur opposer des scélérats notés par leur prostitution à la cour, qui s'étudient à renchérir sur toutes les demandes des chefs populaires en faveur de la liberté; ce qui les fait paraître moins patriotes que les suppôts mêmes du despotisme. Dans la vue d'affranchir les plébéiens de l'oppression des nobles, le tribun C. Gracchus propose une loi qui leur est favorable : le sénat se garde bien de s'y opposer; mais il engage L. Drusus à renchérir sur les demandes de son collègue, et à publier en même-temps que Caïus n'est que l'organe du sénat. Dupe de cet artifice, le peuple ne sait auquel des

[1] *Histoire du cardinal Mazarin*, vol. 3.

deux s'attacher, et se trouve les mains liées par ce
faux défenseur [1].

Continuation du même sujet.

Les princes ont cent moyens pour attaquer la
liberté, le peuple en a fort peu pour la défendre,
et l'on ne saurait croire combien est étroit le chemin où il peut marcher à pas sûrs. Tandis qu'ils commettent impunément tant d'attentats, la moindre
faute le perd. Ne montre-t-il pas assez de résolution?
on lui insulte sans pitié. En montre-t-il beaucoup?
on l'irrite, on le provoque, on le force à sortir des
bornes de la sagesse. En sort-il? on l'attaque jusque
dans ses propres retranchemens, on a recours aux
tribunaux, on y traîne ceux qui ont montré le plus
d'audace, on crie à l'outrage, on les poursuit, on
en demande vengeance. Dès-lors, trop faible contre
le crédit, l'intrigue, le pouvoir, la bonté de leur cause
ne leur sert de rien; on les condamne impitoyable-
ment, et le prince écrase ses ennemis sous le poids
des lois faites pour les protéger.

Combien sont inépuisables les ressources du gouvernement pour asservir les peuples! Qui le croirait?
Après avoir avili et enchaîné les tribunaux, le prince
paraît respecter lui-même ces vains fantômes de la
liberté. A-t-il besoin de leur appui? il leur rend un
moment de force; mais il ne voit pas plus tôt jour à

---

[1] Tit. Liv., décad. 1.

s'en passer, qu'il les repousse avec dédain, semblable au voyageur qui foule aux pieds les masures sous lesquelles il s'est retiré pendant l'orage.

Continuation du même sujet.

Il n'est point d'artifices que la soif du pouvoir n'emploie à la ruine de la liberté, jusqu'à tourner contre les peuples leurs plus généreux sentimens.

Quelquefois, pour amener les sujets à se laisser accabler d'impôts, les princes affichent des besoins qu'ils n'ont pas. C'est ce que fit le duc Théodore : bien qu'il eût trouvé d'immenses richesses dans le trésor de son père, il fit fondre sa vaisselle, pour faire croire qu'il était réduit à cet expédient.

Lorsque les princes sentent qu'ils sont prêts à succomber, quelquefois ils mettent bas les armes, ils témoignent de la douleur sur les dissensions publiques, ils affectent du désintéressement, et demandent à résigner[1]. Alors, dupe de leur hypocrisie, le peuple se laisse toucher, et se pique même de générosité. Puis il se font prier de garder les rênes de l'état : d'abord ils hésitent, ils montrent de la répugnance, prennent du temps pour y penser, ensuite ils se font presser de telle sorte qu'ils acceptent sous bonnes conditions : enfin ils chargent le peuple de nouvelles chaînes, et rivent ses fers.

---

[1] C'est ce qui se vit dernièrement dans les troubles de Genève, au sujet de la persécution de J.-J. Rousseau.

Lorsque les peuples réclament leurs droits à grands cris, si le prince a été obligé de faire quelque concession pour écarter l'orage, il n'entrevoit pas plutôt une tournure favorable à ses affaires, qu'il change de ton; il se plaint qu'on a surpris sa foi, il refuse de remplir ses engagemens; et quoique les sujets aient la justice pour eux, il s'efforce de remettre l'affaire en question. A mesure que son parti s'affaiblit ou se renforce, c'est alternativement *oui* ou *non;* puis, sans honte et sans remords, il joue ce personnage jusqu'à ce qu'il ait assuré ses projets.

Dans les troubles de la Fronde, le gouvernement fut obligé, par le mauvais état des finances et l'aliénation totale du domaine, d'avoir recours à de nouveaux moyens de fouler les peuples. Mais comme ils refusaient de payer, comme les provinces étaient prêtes à se soulever, comme les alliés étaient sur le point de rompre, comme les ennemis menaçaient les frontières, et comme l'armée manquait de tout, la régence pria le parlement de Paris, qui s'était élevé contre les dernières vexations, d'avoir égard aux temps, et d'aviser à la manière de subvenir aux besoins de l'état. Dans ces conjonctures, le parlement stipula quelque chose en faveur de la liberté publique; mais à la nouvelle de la victoire de Lens [1],

---

[1] Remportée en 1647, sur l'archiduc Léopold, par le grand Condé. Deux fois déjà il avait livré bataille avec le désavantage du nombre; mais il dit aux soldats : « Amis, souvenez-vous de Rocroi, de Fribourg et de Nordlingen; » et le souvenir de la gloire, enflammant leurs cœurs, les rendit indomptables. (*Nouvel éditeur.*)

la régence changea bientôt de langage, elle viola ses engagemens, et ne songea plus qu'à faire sentir les effets de son ressentiment aux membres qui avaient paru les plus zélés pour le bien des peuples[1]. Toutefois, crainte de tumulte si l'on venait à se saisir sur-le-champ de leurs personnes, elle différa l'exécution de son dessein jusqu'au jour du *Te Deum* chanté pour cette victoire, jour auquel plusieurs compagnies de gardes se trouvaient prêtes à obéir au premier signal.

Soulevés contre l'oppression de Charles Ier, les Écossais lui ayant envoyé une supplique à York, pour obtenir le redressement de leurs griefs, reçurent cette réponse : « Que le roi, toujours disposé à faire droit à son peuple, désirait connaître ses demandes. » En même temps il fonda les gentilshommes du Yorkshire, et s'efforça de les soulever contre les Écossais. Puis il essaya d'assembler les pairs d'Angleterre pour en obtenir quelque subside. Enfin, obligé de capituler, il chargea ses commissaires de ne statuer sur aucun point capital; il fit traîner en longueur les préliminaires, demanda que les armées fussent licenciées, entretint des correspondances secrètes avec le parti ennemi par l'entremise de Montrose, et ne conclut que lorsqu'il se vit réduit à la dernière extrémité. A peine le parlement d'Angleterre fût-il assemblé, que Charles

[1] Les conseillers de Broussel, du Blanc-Ménil, Charton, Lainé et Loisel furent arrêtés. *Histoire du cardinal Mazarin.*

l'invita à se déclarer contre les Écossais; il protesta qu'il était résolu de gagner l'affection de ses sujets anglais, et promit de redresser leurs griefs. Mais voyant échouer toutes ses mesures, il se retourna vers les Écossais, travailla à corrompre leur armée, tâcha de l'attirer à Londres pour s'emparer de la tour et se saisir du parlement [1].

Alarmé des préparatifs du prince d'Orange, Jacques II chercha à se réconcilier avec l'église anglicane. Dans une de ses proclamations, il invita ses sujets à mettre de côté tout sujet de crainte, de jalousie et de haine. Pour regagner leur affection, il rendit à la cité de Londres la chartre de ses privilèges, il en rétablit l'évêque, et fit élire lord-maire un homme agréable à la nation. A mesure que ses craintes augmentaient, il fit avec regret quelques nouveaux pas : il cassa la cour de haute commission, il ordonna à l'évêque de Winchester de rétablir sur l'ancien pied le collége de la Madelaine, et aux lords lieutenans des différens comtés, de rendre aux corporations leurs anciennes chartres. Les places de juge-de-paix, de maire, de greffier, etc., qu'occupaient des catholiques romains, furent données à des protestans. Ainsi, réduit par la nécessité à détruire lui-même son propre ouvrage, il parut relever le temple de la liberté; mais cette réforme ne dura que jusqu'au moment où il fut en état de le renverser sans opposition. — A peine la nouvelle de la disper-

1 Rushworth, vol. 3, pag. 129.

sion de la flotte du prince d'Orange fut-elle arrivée,
qu'il révoqua plusieurs concessions qu'il venait de
faire à ses sujets : l'évêque de Winchester fut rappelé, et la restauration du collége mise de côté sous
de ridicules prétextes. Lorsque les troupes hollan-
daises eurent pris terre, comptant sur la supériorité
de ses forces, et apprenant que la cité de Londres
préparait une adresse pour le prier d'entrer en ac-
commodement avec le prince, il déclara qu'il re-
garderait comme ennemi quiconque oserait lui donner un semblable conseil. Ces troupes ayant été
renforcées par une multitude d'Anglais, et quelques
pairs ayant présenté une pétition pour le prier d'assembler un parlement libre, il leur engagea sa parole royale qu'il s'empresserait de satisfaire à leur
prière aussitôt que les Hollandais auraient quitté le
royaume; puis il se hâta de publier une proclamation pour ordonner l'élection des membres du parlement. Mais se repentant bientôt de s'être si fort
avancé, il fit brûler les sommations qui allaient être
adressées aux électeurs. Enfin, forcé de prendre la
fuite, il jeta, en s'embarquant, le grand sceau dans
la Tamise, afin que rien ne pût être fait légalement
en son absence; il quitta le royaume, et s'en alla
implorer l'appui des puissances étrangères contre
son propre pays [1].

Les princes s'apprêtent-ils à réduire leurs sujets
par la force ? Ils se plaignent d'être obligés d'avoir

---

[1] Rapin, *Hist. d'Angleterre.*

recours à l'autorité, et semblent toujours faire entendre qu'ils n'ont en vue que le bien de leur peuple; mais ils ne cherchent qu'à gagner du temps pour rassembler leurs forces [1].

Sentent-ils enfin leur supériorité? Ils parlent en maîtres, ils n'ont dans la bouche que les mots d'obéissance, de devoir, de soumission à leurs ordres; ils exigent qu'on s'abandonne à discrétion, ils veulent qu'on ne tienne rien que de leur bon plaisir. Si on refuse, ils font marcher des troupes pour appuyer leurs prétentions tyranniques; et souvent ils tirent la plus cruelle vengeance de la résistance qu'on leur a faite [2].

En 1628, Charles Ier ayant éprouvé beaucoup d'opposition de la part du parlement, sévit avec rigueur contre les membres patriotes; en même temps il publia une proclamation qu'il conclut *en donnant à la nation l'assurance d'un bon gouvernement, et en*

[1] Lorsque Charles Ier eut levé l'étendard contre son peuple, alarmé de la petitesse de ses forces, il chercha à temporiser jusqu'à ce qu'il eût grossi son parti; et pour amuser le parlement, il lui envoya dire, par une députation, que depuis long-temps le roi voyait avec une vive douleur les troubles de son royaume; qu'il ne verrait la fin de ses chagrins mortels, que lorsqu'il aurait trouvé moyen de prévenir les horreurs de la guerre civile où la nation allait être plongée; et afin de leur persuader qu'il ne se refuserait à aucun sacrifice propre à ramener la paix, il proposa de nommer des commissaires pour traiter avec ceux qu'il leur enverrait. *Parliam. Hist.,* vol. 11.

[2] Non vè modo piu sicuro a posseder le citta libere che la rovina *, dit Machiavel dans son Prince; et cet avis barbare, ceux qui commandent ne le suivent souvent que trop à la lettre.

* Le plus sûr moyen d'asservir les peuples libres, c'est de les ruiner. (*Nous el lit.*)

lui conseillant de l'attendre de la clémence du roi, et non de la force des lois.

La régence, ayant si souvent manqué à la foi publique, et faussé sa parole au sujet des emprisonnemens, résolut enfin de se venger des Frondeurs. Mais, pour ne pas se trouver enveloppée elle-même dans l'orage qu'elle amassait sur leurs têtes, elle sortit de Paris, fit bloquer la ville par vingt-cinq mille hommes, lui coupa les vivres, et refusa toute espèce d'accommodemens.

Dans la dernière révolte de Naples, le vice-roi se prévalant de la transaction qu'il venait de faire avec Anziello Amalfi, l'engagea avec adresse à ravitailler les châteaux ; ensuite, loin de faire venir d'Espagne, selon sa promesse, la ratification du traité, il demanda du secours ; puis, de concert avec les troupes de Jean d'Autriche, il attaqua les Napolitains, battit leur ville en ruines, et mit tout à feu et à sang [1].

Lorsque Philippe IV eut consommé les trésors des Indes, épuisé la Castille et aliéné partie de ses états, pour soutenir la guerre désastreuse qu'il avait allumée ; comme les Catalans s'opposaient à ses vexations, il en exigea une somme immense, sous prétexte qu'ils étaient inutiles à la patrie. Indignés de cette violation de leurs droits, quelques-uns de leurs députés eurent le courage de faire de fortes remontrances. On les arrêta sur-le-champ ; à cette nou-

[1] Le duc d'Arcos. Giannone, *Hist. de Naples*, et *Mémoires du duc d'Oria*.

velle, Barcelonne court aux armes, soulève le reste
de la province, et fait main basse sur quelques Castillans. Pour en tirer vengeance, Philippe fait marcher des troupes contre la Catalogne, avec ordre de
mettre le feu aux maisons, de couper les arbres, de
massacrer les hommes au-dessus de quinze ans, de
marquer les femmes aux deux joues avec un fer
chaud ; et ces ordres barbares furent exécutés dans
quelques villes [1] avec un raffinement de cruauté
qui fait frémir [2].

Ainsi, tandis que le peuple n'a que ses réclamations, ses clameurs, ses suppliques, ses soupirs,
les princes lui opposent une infinité d'artifices : le
moyen qu'il n'en soit pas la dupe constante, l'éternelle victime!

Empêcher le redressement des griefs publics.

Dans le système du cabinet, les attentats faits
contre les peuples, quand ils restent impunis, acquièrent le droit d'en faire de nouveaux : aussi, lorsque les griefs publics sont portés devant le grand
conseil de la nation, pour l'empêcher d'en connaître
le prince s'efforce-t-il de le distraire en mettant devant lui quelque objet important [3]; ou bien il en-

Particulièrement à Tortose.

Désormeaux, *Abrégé chronologique de l'histoire d'Espagne.*

[3] C'était l'un des artifices ordinaires des princes de la maison de
Stuart, de presser l'acte des subsides, lorsque le parlement entrait en
matière sur les griefs de la nation; et il n'y a rien qu'ils ne missent en

gage le président de lever la séance [1], lorsqu'on est prêt à en venir à quelque vigoureuse résolution. Si cela ne réussit pas, il essaie de diviser les membres du souverain [2] en excitant des jalousies entr'eux, en corrompant les uns par des promesses, en intimidant les autres par des menaces.

Cela ne suffit-il pas encore? Il tire de l'assemblée les plus zélés patriotes, en les nommant à des emplois qui donnent l'exclusion [3].

Enfin, lorsqu'il ne lui reste aucune autre ressource, il en prévient les déterminations, en le dissolvant [4].

œuvre pour gagner ce point, jusqu'à tourner contre le corps législatif la noblesse de ses sentimens.

[1] Dans les éternelles disputes de Charles Ier avec son parlement, lorsqu'un orateur patriote avait ému la chambre basse, crainte qu'on n'en vînt à quelque résolution vigoureuse, ce prince avait engagé l'orateur d'interrompre tout débat en levant la séance; artifice qui fut souvent mis en usage, surtout lorsque les communes voulurent connaître de l'infraction à la *pétition des droits*. (*Crews' Proced. of Commons.*)

[2] C'était la méthode favorite de Charles Ier, de travailler à exciter des jalousies entre les deux chambres du parlement. Dans ses harangues, toujours il flattait les pairs, il les faisait souvenir de leur prééminence, il leur représentait combien ils étaient près du trône, et il les invitait à le soutenir contre le peuple.

[3] Lorsque Henri VIII, Élisabeth, Charles Ier, Charles II et Jacques II trouvaient beaucoup de résistance dans la chambre des communes, ils envoyaient à la Tour les membres qui se distinguaient le plus par leur zèle patriotique.

En 1625, Charles Ier, trouvant une extrême résistance dans la chambre des communes, nomma shérif de comtés sir Edward Cook, sir Robert Philips, sir Thomas Wentworth, sir Francis Seymour, chefs du parti populaire, afin de les rendre inhabiles à siéger; puis il se détermina à convoquer le parlement.

[4] En 1605, les ministres de Jacques Ier pressaient le parlement de

Artifices funestes qui ont été si souvent employés contre le souverain par son propre ministre, et qui ne font que trop sentir la nécessité indispensable, où est toute assemblée nationale, de se réserver expressément sa police intérieure, la nomination de ses officiers, et le droit de s'assembler d'elle-même à des époques fixes; en ne laissant au prince que le droit d'y paraître en sujet.

Lorsqu'il ne peut dissoudre l'assemblée nationale, et que le gouvernement, accusé de malversation, est forcé de rendre compte, il cherche à justifier ses ministres, à jeter un voile sur leur gestion criminelle, et à les soustraire à l'examen de leurs juges [1]. Soupçonne-t-il la fidélité de quelques-uns de

subvenir aux besoins du roi. Mais comme la chambre des communes sentait la nécessité de faire précéder au bill des subsides le redressement des griefs nationaux, au milieu des débats, ils firent répandre l'alarme que le roi avait été assassiné à Oking. Les membres, dupes de cet artifice, ne cessèrent d'envoyer au conseil message sur message, pour savoir le vrai de l'affaire. Bientôt la nouvelle devint douteuse. Peu après, Jacques fit dire qu'il serait à Londres dans la journée [*].

Mais avant que les esprits fussent remis de leur surprise, et que leur joie fut refroidie, les ministres poussèrent avec tant de chaleur le bill des subsides, qu'il passa malgré tout ce que les membres clairvoyants purent faire pour dessiller les yeux de l'aveugle multitude. A peine eût-il reçu la sanction royale, que le parlement fut prorogé. *Straw annals; Parliam. hist.*

[*] On voit que de tout temps les ruses des tyrans se ressemblent; les roueries royales de notre époque l'attestent; témoins, pour ne parler que de ce qui nous concerne, la fausse nouvelle d'une victoire remportée par les Polonais sur le scélérat du Nord, et le fameux coup de pistolet, si niaisement préparé par un gouvernement qui, chaque matin, improvise son existence pour la journée. (*Nouvel éditeur.*)

[1] Charles II, craignant que le parlement ne prît à partie le comte de d'Amby, que le soin de sa justification aurait pu porter à révéler les

ses agens, crainte qu'ils ne viennent à révéler les terribles secrets qu'il leur a confiés, il se hâte de les prévenir, en les accusant eux-mêmes de malversation [1]. Vient-on à faire de funestes découvertes, il jette tout le blâme sur ses mauvais conseillers, il demande qu'on épargne son honneur; pour disposer les juges favorablement, il feint de réformer le plan de son administration [2], il cherche à se justifier en promettant justice, il demande que l'on se fie à sa parole [3]; et, sans honte de se parjurer lâchement, il prend le ciel à témoin de la pureté de ses intentions.

Si l'on refuse de se payer de promesses vagues, il offre un équivalent à la satisfaction demandée, il fait quelque concession spécieuse.

intelligences secrètes du roi avec la cour de France, lui fit expédier un pardon général pour tout ce qui s'était passé. Rapin, vol. 14, pag. 195.

[1] Charles Ier, craignant que le comte de Bristol ne révélât les secrets de la criminelle administration de Buckingham, prit les devans, et accusa lui-même le comte de haute-trahison devant la chambre des pairs. Rushworth, vol. 1, pag. 268, etc.

[2] Lorsque les communes poursuivirent le comte de d'Amby par *bill d'attainder*, Charles II, cherchant à conjurer l'orage, fit croire au parlement qu'il était déterminé à changer son plan d'administration. Pour amuser le public, il forma un nouveau conseil, dans lequel il appela quelques-uns des patriotes qui avaient le plus frondé sa conduite, tels que les comtes d'Essex et de Chaffbury. Mais il eut soin de s'assurer de la majorité, dont un petit nombre seul fut dans sa confidence.

[3] C'était la coutume de Jacques Ier et de ses trois successeurs, d'assurer le parlement qu'il serait aussi jaloux de leurs priviléges que de ceux de la couronne, dans le temps même qu'il les violait avec le plus d'audace.

Après tánt de vains efforts pour se dispenser de redresser les griefs publics, est-il enfin obligé de souscrire? Il cède à la dure nécessité; mais il n'a pas plus tôt aperçu les conséquences de ses concessions, qu'il cherche à revenir sur ses pas, et il poursuit ses actes arbitraires .

De l'ignorance.

C'est par l'opinion que les princes règnent en maîtres absolus. Eux-mêmes sont bien convaincus de ce principe : ils ont beau être entreprenans, audacieux, téméraires, ils n'osent pas violer les lois de propos délibéré. Quelque crime qu'ils commettent toujours ils tâchent de les couvrir d'un voile, et toujours ils ont soin de ne pas révolter les esprits.

1 En 1628, les communes ayant résolu de ne point accorder de subsides à Charles Iᵉʳ, qu'il n'eût consenti au redressement des griefs publics, au lieu de donner sa sanction à la pétition qui devait lui être présentée à ce sujet par les deux chambres, il fit tout pour les porter à s'en départir. D'abord il cajola celle des pairs, afin qu'elle engageât celle des communes à se contenter d'une confirmation de la grande chartre ou de quelque autre concession ; ensuite, pour éluder l'effet de la pétition, il écrivit aux communes qu'il ne pouvait se désister de sa prérogative d'envoyer à la Tour pour fait de matières d'état; qu'il promettait de ne porter dorénavant aucune atteinte aux droits des citoyens, de ne point punir de la prison le refus de prêter de l'argent, de rendre publiques les raisons des emprisonnemens, aussitôt qu'on le pourrait sans inconvénient ; puis il ne cessa de les faire solliciter de se confier à sa parole royale.

Quand la pétition eut passé dans les deux chambres, les communes, au moment où elles se flattaient de recueillir enfin le fruit de leur patriotisme, reçurent pour réponse : « Que le roi voulait que justice fût

L'opinion est fondée sur l'ignorance, et l'ignorance favorise extrêmement le despotisme [1].

C'est elle qui, tenant le bandeau sur les yeux des peuples, les empêche de connaître leurs droits, d'en sentir le prix et de les défendre.

C'est elle qui, leur voilant les projets ambitieux des princes, les empêche de prévenir les usurpations de l'injuste puissance, d'arrêter ses progrès et de la renverser.

C'est elle qui, leur cachant les noirs complots, les sourdes menées, les profonds artifices des prin-

rendue suivant les lois du royaume; que ses sujets n'auraient à se plaindre d'aucune violence, et qu'il défendrait lui-même leurs droits avec autant de zèle que les prérogatives de sa couronne.» Enfin, voyant que son projet de faire venir en Angleterre un corps de cavalerie allemande était éventé, et qu'on lui attribuait publiquement les plus noirs desseins, il acquiesça à la requête des communes. Mais n'ayant pas pesé d'abord tous les articles de la pétition qu'il avait sanctionnée, il se rendit en hâte au parlement, et protesta qu'il n'avait point entendu renoncer au produit du tonnage et du pesage, et il ordonna que sa protestation fut insérée dans le *journal des Communes*. Ensuite il fit saisir les marchandises de plusieurs négocians qui avaient refusé de payer cet impôt illégal.

[1] Jamais âge de plus crasse ignorance que celui du règne des barons, et jamais âge de plus dure servitude. Mais lorsque les lumières commencèrent à percer, les peuples, mécontens du gouvernement arbitraire de leurs maîtres, voulurent avoir des lois, et ils en eurent. Ce fut au sentiment profond de leurs droits que les Catalans durent l'impatience avec laquelle ils supportèrent la criminelle administration de Jean II, et la hardiesse avec laquelle ils le déclarèrent indigne du trône. C'est aux progrès de la raison qu'on doit la chute de la domination tyrannique de l'évêque de Rome, le renversement de l'empire des prêtres; et c'est aux progrès de la philosophie que nous devons le retour de la liberté parmi nous.

ces contre la liberté, leur fait donner dans toutes les embûches, et se prendre perpétuellement aux mêmes piéges.

C'est elle qui, les rendant dupes de tant de préceptes mensongers, leur lie les mains, plie leurs têtes au joug, et leur fait recevoir en silence les ordres arbitraires des despotes.

C'est elle, en un mot, qui les porte à rendre avec soumission aux tyrans tous les devoirs qu'ils exigent, et les fait révérer du crédule vulgaire comme des dieux.

Pour soumettre les hommes, on travaille d'abord à les aveugler. Convaincus de l'injustice de leurs prétentions, et sentant qu'ils ont tout à craindre d'un peuple éclairé sur ses droits, les princes s'attachent à lui ôter tout moyen de s'instruire. Persuader d'ailleurs combien il est commode de régner sur un peuple abruti, ils s'efforcent de le rendre tel. Que d'obstacles n'opposent-ils pas aux progrès des lumières? Les uns bannissent les lettres de leurs états; les autres défendent à leurs sujets de voyager ; d'autres empêchent le peuple de réfléchir,

¹ La rigueur avec laquelle les czars ont banni les sciences de leur empire, et défendu à leurs sujets de voyager chez l'étranger, sans une permission expresse, a extrêmement contribué à entretenir cette crasse ignorance où ils sont encore aujourd'hui, et cette honteuse servitude qui les déshonore. Au zèle que montre Catherine à protéger les lettres, on pourrait croire qu'elle cherche à se relâcher de son autorité, et à renoncer au despotisme, si sa manière de gouverner ne prouvait trop que ce n'est pas là son intention. Elle vient d'ouvrir des écoles, de fonder des académies, d'ériger des cours de justice : mais c'est par esprit d'imitation; elle veut établir chez elle ce qu'elle voit établi

en l'amusant continuellement par des parades, des spectacles, des fêtes, ou en le livrant aux fureurs du jeu [1] : tous s'élèvent contre les sages qui consacrent leur voix et leur plume à défendre la cause de la liberté.

Quand ils ne peuvent empêcher qu'on ne parle ou qu'on n'écrive, ils opposent l'erreur aux lumières. Quelqu'un vient-il à se récrier contre leurs attentats? D'abord ils tâchent de gagner les crieurs, et d'éteindre leur zèle par des dons, surtout par des promesses.

Si la vertu des mécontens est incorruptible, ils leur opposent des plumes mercenaires, de vils écrivains, qui, toujours prêts à justifier l'oppression, insultent aux amis de la patrie, mettent toute leur adresse à dénigrer les défenseurs de la liberté, qu'ils traitent de perturbateurs du repos public [2].

Si cela ne suffit pas, on a recours aux expédiens les plus affreux, aux cachots, au fer, au poison.

ailleurs. Comme les autres princes, elle aura donc des écoles où l'on enseignera tout, excepté les droits du citoyen et les droits de l'homme.

[1] Crainte que le peuple ne vienne à connaître ses droits et à sentir sa force, c'est la maxime des Vénitiens de l'occuper continuellement de fêtes, de spectacles et de jeu. Chaque mois de l'année, on célèbre à Venise quelque solennité publique; chaque mois de l'année, on y tire une loterie publique; et à certaines époques, les spectacles sont si multipliés, que l'on est embarrassé du choix.

[2] Ce passage est applicable à un grand nombre d'écrivains, mais nous l'appliquerons particulièrement au *Journal des Débats*; on ne saurait trop marquer au front le rédacteur en chef de cette feuille, ainsi que la lâche et vile bande d'écrivains qu'il traîne à sa suite, tous payés pour imprimer le mensonge, défendre l'improbité, insulter la patrie et ses défenseurs, et se faire les méprisables et dégoûtans suppôts de tout ce qu'il y a au monde de plus méprisable et de plus dégoûtant.

(*Nouvel éditeur.*)

Fermer la bouche aux mécontens, c'est bien empêcher que le peuple ne se réveille de sa léthargie,
et c'est à quoi s'attachent ceux qui veulent l'opprimer. Mais le point principal est d'ôter les moyens
que l'incendie ne devienne général, en s'opposant
à la correspondance des parties de l'état. Aussi les
princes ont-ils grand soin de gêner la liberté de la
presse.

Trop timides pour l'attaquer d'abord ouvertement, ils attendent que les citoyens en fournissent
un prétexte plausible; et dès qu'il s'offre, ils ne
manquent jamais de le saisir.

Un livre contient-il quelques réflexions lumi-
neuses sur les droits des peuples, quelques pensées
libres sur les bornes de la puissance des rois, quelque trait saillant contre la tyrannie, quelque image
frappante des douceurs de la liberté qu'ils cherchent
à faire oublier? A l'instant ils le proscrivent comme
renfermant des maximes contre la religion et les
bonnes mœurs [1].

Il s'élèvent contre tout écrit capable de maintenir
l'esprit de liberté, ils baptisent du nom de libelle
tout ouvrage où l'on entreprend de dévoiler les té-

[1] Je ne sache rien de plus ridicule que de voir les princes se servir
de ce prétexte pour tyranniser les peuples. Vraiment ils ont bon air de
se donner pour les défenseurs des bonnes mœurs; leur conduite est si
édifiante, ils sont si scrupuleux de ne point dépouiller leurs sujets, de
n'en point débaucher les femmes, de ne point corrompre les magistrats, de ne point ordonner de crimes! leurs sentimens sont si droits,
leurs actions si irréprochables, leur vie si pure, ils ont l'âme si noble,
le cœur si élevé, ils sont si passionnés de la vertu!!!

nébreux mystères du gouvernement; et sous prétexte de réprimer la licence, ils étouffent la liberté
en sévissant contre les auteurs [1].

Ils font plus : pour maintenir les peuples dans l'i-
gnorance, et ne laisser aucune porte ouverte aux vérités utiles, ils établissent des inspecteurs de la
presse, des réviseurs, des censeurs de tous genres;
vils argus qui veillent sans cesse pour le despotisme
contre la liberté.

[1] Telle fut la maxime des Décemvirs. Voyez *les lois des Douze Tables*.

Animé du même esprit qu'eux, Sylla augmenta les peines portées
contre les écrivains satiriques; Tibère, Néron, Caligula, Domitien, etc., les rendirent encore plus rigoureuses.

En 1622, Jacques Ier ordonna «qu'aucun prédicateur ne s'avisât,
dans ses discours, de fixer des bornes à l'autorité, aux prérogatives
et à la juridiction des souverains, ni de se mêler des affaires d'état ou
des différens entre les princes et les sujets, à moins que ce ne fût pour
prêcher l'obéissance.» En même temps, il fit restreindre par la chambre étoilée la liberté de la presse, et il persécuta, avec barbarie, ceux
qui osèrent s'élever contre l'oppression. On sait l'horrible supplice
qu'il fit infliger à Alexandre Leighton, pour avoir écrit contre l'abus
du pouvoir *.

Après les troubles de la Fronde, Louis XIV établit des commissaires, sous le nom de chambre des vacations, pour supprimer les écrits
qui couraient contre le premier ministre.

Dans aucun état, à l'Angleterre près, on ne souffre pas qu'un livre
soit imprimé, sans l'approbation d'un censeur **.

* Ce théologien écossais du xviiᵉ siècle, est auteur de deux ouvrages, la *Défense de
Sion*, et le *Miroir de la Guerre sainte*. C'est pour ce dernier, dans lequel *il s'était
permis* d'attaquer l'autorité royale, qu'il fut traduit devant la chambre étoilée, et condamné par elle à une détention perpétuelle, à être fouetté, à avoir le nez fendu et les
oreilles coupées. Partisans de la monarchie, c'est là sans doute ce que vous appelez des
gentillesses royales, des *délassemens de monarques?*

(*Nouvel éditeur.*)

** Dieu merci, nous n'en sommes plus là; nous avons brisé cette chaîne, et nous en
avons jeté les débris, comme par défi, à la tête des rois.   (*Nouvel éditeur.*)

— 178 —

Paraît-il dans l'étranger quelqu'écrit contre la tyrannie? ils en font supprimer l'édition par leurs ministres, et ils ne laissent exposer en vente dans
leurs états aucun livre qui n'ait été examiné par leurs
créatures [1].

[1] Frédéric II fit supprimer, en 1773, l'édition d'un ouvrage contre
l'invasion de la Pologne.

A peu près dans le même temps, la chancellerie de France porta le
dernier coup à la liberté de la presse, en défendant la vente de tout
ouvrage étranger, avant qu'il eût été révisé par les censeurs. Le sénat de
Venise et le pontife romain ont fait la même défense.

Un des plus beaux priviléges des Anglais, celui qui contribue le
plus à retarder chez eux les progrès du despotisme, c'est la liberté de
la presse. Chez eux, il est permis de rechercher publiquement la conduite du ministère, de dévoiler ses desseins, de sonner l'alarme, de
noter les fripons sur qui doit tomber l'indignation publique; et tout le
monde lit les papiers-nouvelles.

Ce beau privilége maintiendra long-temps la liberté chez les Anglais; que ne sentent-ils toute l'importance de le conserver précieu-
sement! Si jamais le parlement venait à s'oublier au point d'y porter
atteinte, il leur resterait un moyen de faire échouer cet attentat. Dans
ce cas, point de remontrances, ridicules démarches qui n'aboutissent
à rien, quand tout un peuple n'élève pas en même temps la voix. Mais
la nation doit elle-même se faire justice, sur-le-champ, en payant le
bill de ses députés du plus profond mépris. Tout ce qu'il y a d'hommes
sages et fermes, de bons patriotes devraient donc prendre à-la-fois
la plume contre le parlement, et toutes les presses du royaume devraient être employées à cette bonne œuvre.

Étonné de la multitude des réfractaires, le sénat craindrait de connaître du prétendu délit, et verrait en silence violer ses décrets. Bien
plus, à l'aide d'une démarche de cette nature, il sentirait sa faute,
rappellerait l'acte, et la liberté resterait triomphante. Mais dût cette
démarche devenir périlleuse, je dis qu'il ne faudrait pas balancer à la
faire. Quand ceux qui doivent maintenir les lois sont les premiers à les
violer, que reste-t-il à faire à de bons citoyens, que de mépriser ces
faux conducteurs, d'embrasser les piliers du temple de la liberté, et
de s'ensevelir sous ses ruines?

L'imprimerie est défendue en Turquie, de crainte que par son secours, le bon sens ne triomphe de la violence [1].

Dans les pays despotiques, la presse ne sert guère qu'à river les fers : elle n'est permise qu'aux agens et aux créatures du despote, et seulement pour flatter son pouvoir.

Lorsqu'un peuple en est là, l'expérience ne le corrige point; ni le triste souvenir du passé, ni le cruel sentiment du présent, ni la crainte de l'avenir ne peuvent le guérir de ses sots préjugés. On a beau lui prouver qu'on le trompe, il n'en est pas plus sage : toujours crédule et toujours abusé, il ne sort d'une erreur que pour tomber dans une autre; et telle est sa stupidité qu'il se prend sans cesse au même piége, pourvu qu'on en change le nom.

Ainsi, par une suite de l'imperfection de l'humaine nature, et des lumières bornées de l'esprit humain, les peuples sont la dupe éternelle des frippons qu'ils ont mis à leur tête, et l'éternelle proie des brigands qui les gouvernent.

Fausse idée de la tyrannie.

A mesure que les lumières disparaissent, la puissance marche plus à grands pas vers le despotisme.

[1] Omar, pour favoriser l'empire de l'ignorance, détruisit toutes les bibliothèques pour en chauffer ses bains.

Si n'avoir pas une idée vraie de la liberté est une des causes de la servitude, n'avoir pas une idée vraie de la tyrannie en est une autre.

Les fastes de l'histoire ne devraient célébrer dans les princes que la modération , la sagesse, la fermeté à faire observer les lois , le zèle à faire fleurir l'état, la sollicitude pour le bien des peuples ; et elles ne cé- lèbrent le plus souvent que leurs attentats décorés de noms fastueux.

Elles ne devraient accorder d'éloges qu'aux princes qui se sont appliqués à gouverner paisiblement leurs états , et elles les prodiguent à ceux qui n'ont su que désoler la terre.

Intimidés par la crainte, séduits par l'espérance ou corrompus par l'avarice, ceux qui écrivent l'his- toire ne nous font point horreur de la tyrannie[1] ; toujours ils exaltent les entreprises des princes, lorsqu'elles sont grandes et hardies, quelques fu- nestes d'ailleurs qu'elles soient à la liberté ; toujours ils élèvent aux nues des actions criminelles dignes

---

1 Ce fut par les ordres de Jacques I*r, que Bacon entreprit l'ouvrage où il peint en beau le gouvernement d'Henri VII.

Louis XIV alla jusqu'à pensionner un grand nombre de gens de lettres étrangers et nationaux, afin qu'ils chantassent partout ses louanges, et célébrassent ses exploits. Avant lui, Mazarin, regardant le règne de ce prince comme sa propre administration, engageait tous les écrivains qui avaient quelque réputation à travailler, chacun selon ses talens, à l'éloge du monarque.

Voltaire n'a-t-il pas été soudoyé par Louis XIV, par Frédéric II, par Catherine II ?

Mais pourquoi des exemples particuliers ? Les princes n'ont-ils pas

du dernier supplice ; toujours ils propagent avec
soin les basses maximes de la servitude.

Est-il question de gouvernemens ? Ils déclament
contre le républicain, et préconisent le monarchique. S'ils parlent de démocratie, c'est pour représenter le peuple, *toujours prêt à se livrer aux
discours séditieux de quelques orateurs intéressés à
le tromper;* c'est pour comparer l'état à un vaisseau
sans ancre, continuellement battu par des vents contraires sur une mer orageuse ; tandis qu'ils nous pei-
gnent les sujets d'un monarque puissant, comme
une nombreuse famille qui se repose en paix sous
les ailes d'un bon père, heureuse par sa vigilance,
plus heureuse encore par les soins de sa tendresse.

Quelques provinces secouent-elles le joug d'un
tyran ? Ils traitent toujours les peuples d'esclaves
révoltés, qu'il faut remettre à la chaîne ; ils représentent les généreux efforts contre la tyrannie,
comme des rébellions criminelles ; et les amis de la
liberté, comme des perturbateurs du repos public ;
ils tordent les intentions des meilleurs patriotes, ter-
nissent leur réputation, dénigrent leur vie et flétrissent leur mémoire, au lieu de rendre hommage à
leurs vertus.

Si un méchant prince est déféré au souverain
par quelque honnête ministre ; c'est à leurs yeux

tous des historiographes à gages ? Nous connaissons la platitude de
Boileau, de Racine, de Vély, de Marmontel, et nous aurions encore
sous les yeux les vils écrits de Moreau, si la révolution ne les avait
fait tomber de nos mains.

un maître infortuné trahi par d'infidèles serviteurs [1].

Puis, quand ils en viennent au prince dont ils
écrivent la vie, ils nous parlent avec emphase de
ses minces qualités, ils exaltent la grandeur de ses
vues, ses soins paternels pour la gloire de l'état, ils
mettent ses conquêtes au rang des événemens les
plus heureux du siècle, ils les considèrent comme la
plus belle époque de son règne.

Font-ils l'histoire de quelque grand scélérat? Si
la force de la vérité leur arrache quelque aveu humiliant, ils parlent si mollement de ses défauts, ils
pallient si fort ses vices, ils exténuent si adroitement
ses forfaits, qu'au portrait qu'ils en tracent, on ne
reconnaît plus le tyran qui fit frémir la nature.
Sous ces règnes funestes, ce n'est point aux folies,
aux scélératesses de ceux qui gouvernent, qu'ils attribuent les malheurs des peuples, mais à l'influence
fatale du destin [2].

Et comme si ce n'était pas assez des faux tableaux
que présente l'histoire, partout une foule d'écrivains

[1] Les auteurs espagnols qui ont écrit l'histoire des guerres civiles
de la Castille sous Charles-Quint, ont tous terni la mémoire du généreux Padilla; et presque tous ceux qui ont parlé du châtiment de Charles Ier ont représenté comme d'infâmes parricides les braves citoyens
qui le condamnèrent à mort.

2 C'est ainsi, dit l'*Abrégé chronologique de l'histoire d'Espagne*, au sujet
des violences d'Olivarès qui poussèrent les Portugais à secouer le joug,
que le maître des empires prive de leurs lumières et de leur sagesse ces
ministres profonds, ces génies pénétrans, lorsqu'il veut briser ou donner des sceptres.

ne consultent que leurs basses passions, s'empressent de flagorner le despote; les auteurs dans
leurs dédicaces, les poètes dans leurs vers, les rhéteurs dans leurs discours, chacun lui prodigue à
l'envi son encens, et lui donnent les noms les plus
flatteurs; ils l'appellent le père de ses peuples, le
bienfaiteur de l'humanité, l'ornement de son siècle,
et nous avons la sottise de les croire [1] !

Suite du même sujet.

Quand un rimailleur affamé obtient quelque pen-
sion, tout va bien; la foule des malheureux opprimés, vexés, dépouillés, gémit en silence; et tandis
que les soupirs de ces infortunés se perdent sous le
chaume, les éloges de l'indigne adulateur volent en
tous climats sur les ailes de la renommée.

Dénaturer les noms des choses.

Peu d'hommes ont des idées saines des choses;
la plupart ne s'attachent même qu'aux mots. Les
Romains n'accordèrent-ils pas à César, sous le titre
d'empereur, le pouvoir qu'ils lui avaient refusé sous
celui de roi [2].

---

[1] O vous, bonnes gens, qui croyez encore *qu'un roi est le père de
son peuple*, ne sentez-vous pas le rouge monter à votre front? Ah! si
jamais la lumière vous apparaît, que vous serez humiliés d'avoir pris
tant d'infamies pour des vertus !   (*Nouvel éditeur.*)

[2] La preuve qu'ils ne   crurent jamais avoir fait ce qu'ils venaient

Abusés par les mots, les hommes n'ont pas horreur des choses les plus infâmes, décorée de beaux noms; et ils ont horreur des choses les plus louables, décriées par des noms odieux. Aussi l'artifice ordinaire des cabinets est-il d'égarer les peuples en pervertissant le sens des mots; et souvent des hommes de lettres avilis ont l'infamie de se charger de ce coupable emploi.

En fait de politique, quelques vains sons mènent le stupide vulgaire, j'allais dire le monde entier. Jamais aux choses leurs vrais noms. Les princes, leurs ministres, leurs agens, leurs flatteurs, leurs valets, appellent *art de régner* celui d'épuiser les peuples, de faire de sottes entreprises, d'afficher un faste scandaleux, et de répandre partout la terreur; *politique*, l'art honteux de tromper les hommes; *gouvernement*, la domination lâche et tyrannique; *prérogatives de la couronne*, les droits usurpés sur la souveraineté des peuples; *puissance royale*, le pouvoir absolu; *magnificence*, d'odieuses prodigalités; *soumission*, la servitude; *loyauté*, la prostitution aux ordres arbitraires; *rébellion*, la fidélité aux lois; *révolte*, la résistance à l'oppression; *discours séditieux*, la réclamation des droits de l'homme; *faction*, le corps des citoyens réunis pour défendre leurs droits; *crimes de lèse-majesté*, les mesures prises pour s'opposer à la tyrannie; *charges*

de faire, c'est que lorsque César essaya de se faire poser le diadème sur la tête, ils cessèrent leurs acclamations.

de l'état, les dilapidations de la cour et du cabinet; *contributions publiques*, les exactions; *guerre et conquête*, le brigandage à la tête d'une armée [1]; *art de négocier*, l'hypocrisie, l'astuce, le manque de foi [2], la perfidie et les trahisons; *coups d'état*, les outrages, les meurtres et les empoisonnemens; *officiers du prince*, ses satellites; *observateurs*, ses espions; *fidèles sujets*, les suppôts du despotisme; *mesure de sûreté*, les recherches inquisitoriales; *punition des séditieux*, le massacre des amis de la liberté. Voilà comment ils parviennent à détruire l'horreur qu'inspire l'image nue des forfaits et de la tyrannie.

De la superstition.

On ne saurait réfléchir sur la marche de la puissance au despotisme, sans réfléchir en même temps sur la force de l'opinion. Que ne peut-elle pas sur

[1] La grandeur du crime est la seule différence qu'il y ait entre un conquérant et un brigand : toutefois nous respectons ceux qui volent à la tête d'une armée, et nous méprisons ceux qui volent à la tête d'une simple bande; telle est même la fausseté de nos idées, que nous n'avons aucune autre règle pour distinguer un criminel d'un héros. De là le mépris que nous avons pour les petits délinquans, et l'admiration que nous avons pour les grands scélérats; mais c'est du crime que doit être tirée leur distinction. Camille, Scévola, André Doria, s'immolant pour leur patrie, sont des héros; mais Alexandre et César n'étaient que d'atroces malfaiteurs au-dessus de la crainte du supplice.

[2] C'est ainsi qu'en style mystique on nomme *religion*, l'assentiment donné à des impostures; *foi*, le renoncement à toute raison; *dévotion*, la superstition; *zèle religieux*, le fanatisme; *humilité chrétienne*, l'abnégation de soi-même.

les esprits? C'est elle qui autrefois faisait frissonner l'intrépide Romain, à la vue des poulets sacrés, refusant de manger.

C'est elle qui, remplissant l'Égyptien de la crainte des dieux, lui faisait regarder en tremblant l'idole qu'il venait de former.

C'est elle qui aujourd'hui rend les disciples de Mahomet, sans soin pour le présent, sans inquiétude pour l'avenir, sans crainte dans les dangers, et les fait vivre dans une entière apathie, au sein de la providence.

C'est elle qui, repliant sans cesse le Stoïcien sur lui-même, environne son cœur de glace, l'empêche de palpiter de joie au milieu des plaisirs, de s'attendrir à l'ouïe des cris perçans de la douleur, de tressaillir de crainte dans les périls; qui concentre toutes ses passions dans l'orgueil, le fait vivre sans attachement, et mourir sans faiblesse.

C'est elle qui, berçant de fausses espérances les dévots, les fait s'exposer à mille maux certains pour jouir d'un bien douteux; sacrifier mille avantages réels à la poursuite d'un bien imaginaire, et se rendre toujours misérables, dans l'espoir d'être heureux un jour.

C'est elle enfin, qui, tenant sous nos yeux le bandeau de la superstition, nous plie au joug des prêtres; et c'est de son pouvoir aussi dont les princes se servent pour nous asservir.

Portez vos regards sur les anciens peuples, vous y verrez toujours le prince se donner pour le favori des dieux. Zoroastre promulgua ses lois sous le nom d'Oromaze; Trismégiste publia les siennes sous celui de Mercure; Minos emprunta le nom de Jupiter; Lycurgue, celui d'Apollon; Numa, celui d'Égérie, etc.

Toute police a quelque divinité à sa tête; et combien de fois un ridicule respect pour les dieux n'a-t-il pas replongé le peuple dans l'esclavage [1] ? Pour rentrer dans la citadelle d'Athènes, dont il avait été chassé, Pisistrate habille une femme en Minerve, monte sur un char avec cette déesse de sa façon, et traverse la ville; tandis qu'en le tenant par la main, elle criait au peuple : *Voici Pisistrate que je vous amène, et que je vous ordonne de recevoir.* A ces mots, les Athéniens se soumettent de nouveau au tyran.

Les princes, il est vrai, ne jouent plus le rôle d'inspirés, mais ils empruntent tous la voix des ministres de la religion pour plier au joug leurs sujets [2]. Des prêtres crédules, fourbes, timides, ambitieux, font envisager les puissances comme les représen-

---

[1] La religion doit tendre à rendre l'homme citoyen. Lorsqu'elle tend à ce but, elle est un des plus fermes appuis de la liberté ; mais lorsqu'elle s'en écarte, elle traîne à sa suite la plus dure servitude.

[2] Chez les Gaulois, la superstition donnait aux Druides l'autorité la plus étendue. Outre le ministère des autels, ils avaient la direction des familles, ils présidaient à l'éducation de la jeunesse, ils connaissaient des affaires civiles et criminelles, ils jugeaient tout différent entre diverses tribus, et retenaient le peuple sous leur empire.

C'est de la religion que les Mahométans tirent le respect superstitieux qu'ils ont pour le sultan. C'est de la religion que les Moscovites tirent celui qu'ils ont pour le Czar.

tans de la divinité sur la terre, devant qui le reste des hommes doit se prosterner en silence; puis, confondant l'obéissance aux lois avec la basse servitude, ils prêchent sans cesse, au nom des dieux, l'aveugle soumission.

Toutes les religions prêtent la main au despotisme; je n'en connais aucune toutefois qui le favorise autant que la chrétienne [1].

Loin d'être liée au système politique d'aucun gouvernement, elle n'a rien d'exclusif, rien de local, rien de propre à tel pays plutôt qu'à tel autre; elle embrasse également tous les hommes dans sa charité; elle lève la barrière qui sépare les nations, et réunit tous les chrétiens en un peuple de frères. Tel est le véritable esprit de l'évangile [2].

La liberté tient à l'amour de la patrie; mais le

[1] Celle des Bédouins enseignait que l'âme de celui qui mourait pour le service de son prince, passait dans un corps plus beau, plus fort, plus heureux que le premier; et ce dogme faisait un nombre prodigieux de victimes dévouées au gouvernement.

A l'aide du dogme du destin, le mahométisme favorise extrêmement la tyrannie; car lorsque tout est préordonné par le maître du monde, résister aux princes est crime et folie.

[2] Si la religion influait sur le prince comme sur les sujets, cet esprit de charité, que prêche le christianisme, adoucirait sans doute l'exercice de la puissance; mais si l'on considère que les leçons de l'évangile ne peuvent point germer dans des cœurs livrés à la dissipation et aux plaisirs; si l'on considère que ses préceptes ne peuvent point tenir contre de pernicieuses maximes sans cesse rebattues, contre de mauvais exemples sans cesse sous les yeux, contre de fortes tentations toujours nouvelles, on sentira que le frein de la religion n'est point fait pour ceux qui vivent à la cour.

On a cependant vu des princes religieux, dira quelqu'un; oui, des

règne des chrétiens n'est pas de ce monde; leur patrie est dans le ciel; et pour eux cette terre n'est qu'un lieu de pélerinage. Or, comment des hommes qui ne soupirent qu'après les choses d'en haut, prendraient-ils à cœur les choses d'ici-bas?

Les établissemens humains sont tous fondés sur les passions humaines, et ils ne se soutiennent que par elles : l'amour de la liberté est attaché à celui du bien-être, à celui des biens temporels; mais le christianisme ne nous inspire que de l'éloignement pour ces biens, et ne s'occupe qu'à combattre ces passions. — Tout occupé d'une autre patrie, on ne l'est guère de celle-ci.

Pour se conserver libres, il faut avoir sans cesse les yeux ouverts sur le gouvernement; il faut épier ses démarches, s'opposer à ses attentats, réprimer ses écarts. Comment des hommes à qui la religion défend d'être soupçonneux, pourraient-ils être défians? Comment pourraient-ils arrêter les sourdes menées des traîtres qui se glissent au milieu d'eux? Comment pourraient-ils les découvrir? Comment pourraient-ils même s'en douter? Sans défiance, sans crainte, sans artifice, sans colère, sans désir

princes dévots, hypocrites, fanatiques ou superstitieux; encore n'étaient-ce que des hommes dont les jeunes ans s'étaient écoulés sous la conduite des prêtres; des hommes qui, par tempérament, n'avaient point de passions; des hommes qu'un cœur usé par les plaisirs, ou ramené par l'âge à la timidité de l'enfance, rendait crédules; des hommes enfin, qui, séparant la morale du dogme, à l'exemple des pharisiens, ne prenaient, dans la religion, que ce qui ne gênait point leurs inclinations vicieuses.

de vengeance, un vrai chrétien est à la discrétion du premier venu. L'esprit du christianisme est un esprit de paix, de douceur, de charité, ses disciples en sont tous animés, même pour leurs ennemis. *Quand on les frappe sur une joue, ils doivent présenter l'autre. Quand on leur ôte la robe, ils doivent encore donner le manteau. Quand on les contraint de marcher une lieue, ils doivent en marcher deux.* Quand on les persécute, ils doivent bénir leurs persécuteurs. Qu'auraient-ils à opposer à leurs tyrans? Il ne leur est pas permis de défendre leur propre vie. Toujours résignés, ils souffrent en silence, tendent les mains au ciel, s'humilient sous la main qui les frappe, et prient pour leurs bourreaux. La patience, les prières, les bénédictions sont leurs armes; et quoi qu'on leur fasse, jamais ils ne s'abaissent à la vengeance : comment donc s'armeraient-ils contre ceux qui troublent la paix de l'état? comment repousseraient-ils par la force leurs oppresseurs? comment combattraient-ils les ennemis de la liberté? comment paieraient-ils de leur sang ce qu'ils doivent à la patrie!

A tant de dispositions contraires à celles d'un bon bon citoyen, qu'on ajoute l'ordre positif *d'obéir aux puissances supérieures, bonnes ou mauvaises, comme étant établies de Dieu*[1]. Aussi les princes ont-ils toujours fait intervenir l'évangile pour éta-

---

[1] Quels prodiges la foi n'a-t-elle pas opérée dans les siècles d'ignorance? Qui voudra croire qu'un moine hypocrite, nourri dans la fainéantise, l'orgueil et le crime, avec des airs d'humilité, des adages

blir leur empire, et donner à leur autorité un carac
tère sacré.

Double ligue entre les princes et les prêtres.

Mais comme si ce n'était pas assez que les peuples apprissent des dieux à baiser la verge de l'autorité pour les rendre esclaves par principes, presque
partout les prêtres et les princes ont formé une
double ligue entre eux. Ceux-ci empruntent la bouche de l'homme divin pour plier nos têtes au joug
du despotisme; ceux-là empruntent le bras de
l'homme puissant pour plier nos têtes au joug de la
superstition.

Rien n'est si important aux rois que d'être religieux, dit Aristote dans sa politique; car les peuples
reçoivent comme juste tout ce qui vient d'un prince
rempli de piété; et les mécontens n'osent rien en-

---

mystiques et des signes de croix pour tout mérite; un chapelet, des
clefs, une tiare, de l'eau bénite pour toute arme, soit parvenu, au
moyen de quelques contes ridicules, à se faire passer pour un saint
infaillible, et le vicaire d'un Dieu sur la terre; à se rendre l'arbitre
des empires et le dispensateur des couronnes de la moitié du monde;
soulever et armer les nations les unes contre les autres, en leur prêchant
la paix au nom du ciel, et en les excitant à la guerre; à contrôler tous
les cabinets, à exercer un empire despotique sur les despotes mêmes; à
forcer les monarques absolus à plier leurs têtes superbes sous son joug;
à glacer d'effroi des armées, et à faire trembler les peuples plus que
ne ferait le maître du tonnerre, s'il ignorait ce que peut la superstition
sur le stupide vulgaire, qui voit dans un fourbe endormeur le ministre
de la divinité, armé des carreaux des cieux et de l'enfer?

treprendre contre celui qu'ils croient sous la protection des dieux. Aussi la plupart des princes cher-
chent-ils à paraître dévots. La statue de la Fortune
était toujours dans la chambre des empereurs romains, afin de persuader au peuple que cette déesse
veillait continuellement à leur sûreté.

Pour gagner le peuple, Henri II d'Angleterre af-
fecta une dévotion extrême aux cendres de Bequet,
qu'il avait persécuté ; et bientôt la victoire venant à
couronner ses armes sur les Écossais, fit regarder
ce prince comme un favori du ciel, et mettre l'audace de lui résister au rang des sacriléges [1].

Sous les rois de la maison de Stuart, les prêtres
étaient chargés de prêcher le despotisme, et de
sanctifier le système de la tyrannie.

En 1662, Jacques Ier ordonna à tous les prédicateurs, de quelque rang qu'ils fussent, de prêcher
l'obéissance passive, et il défendit à tous ses sujets
de s'aviser de limiter dans leurs discours le pouvoir,
les prérogatives et la juridiction des princes, même
de se mêler des affaires de l'état, des différens entre
le gouvernement et le peuple.

Pour rendre son autorité absolue en Écosse,
Charles Ier rétablit les évêques ; et bientôt ces prêtres publièrent, par son ordre, que le pouvoir et les
prérogatives du roi étaient absolues et limitées,
comme celles des rois d'Israel ; ils firent défense à
toute personne d'élever aucune école sans la per-

[1] Hoveden, pag. 539,

mission de l'évêque diocésain, ou de se présenter pour être admis dans les ordres avant d'avoir souscrit à ces canons.

Cette doctrine fit loi dans le royaume entier, et le refus de s'y soumettre fut puni par des amendes, des confiscations et la prison. Un seul mot suspect devenait un crime aux yeux des juges, presque toujours tirés de la cour de haute commission : vrais inquisiteurs qui n'étaient assujétis à aucune forme juridique; car un bruit vague, un soupçon était une preuve suffisante. Ils faisaient prêter serment aux témoins de répondre aux questions qu'on leur ferait, et ceux qui refusaient étaient jetés dans un cachot.

Les princes eux-mêmes n'ont pas honte de prêcher cette odieuse doctrine :

« Il n'est pas licite aux sujets de sonder la conduite des rois, ou de chercher les bornes de leur autorité; ce serait vouloir dévoiler leurs faiblesses, et leur enlever le respect dû aux représentans de la divinité sur la terre, » disait Jacques Ier dans un discours à la chambre étoilée, lorsqu'il y eut évoqué la cause contre le célèbre Bacon [1].

Aujourd'hui encore, on célèbre, par un jeûne solennel, le jour de l'exécution de Charles Ier, sous le nom de *martyre du bienheureux roi*, pour implorer la miséricorde divine, afin que le sang innocent de sa majesté sacrée ne retombe pas sur la postérité des Anglais [2].

[1] Sanderson, année 1656, pag. 438.
[2] Voyez la proclamation de Georges III, en date du 7 octobre 1761.

13.

Vains efforts du peuple.

Cependant le despotisme fait des progrès, et les chaînes de l'esclavage s'appesantissent.

Quand la tyrannie ne s'établit que lentement, plus elle devient dure, moins les peuples la sentent. Il arrive toutefois un terme où ils sont forcés d'ouvrir les yeux; et c'est toujours lorsque le prince attaque avec audace des droits sacrés à tous les hommes [1]; lorsqu'il foule aux pieds quelque objet de vénération publique, ou qu'il répète trop fréquemment quelque scène sanglante. Alors les esprits sont révoltés, les soupirs se changent en plaintes, les plaintes en clameurs : la confusion commence à régner, et on n'entend plus que murmures, que cris séditieux.

Alors aussi le gouvernement perd à chaque instant de son autorité; on méprise ses ordres; tout semble permis dans ce temps de crise, et le prince paraît ne plus conserver qu'un vain titre. Mais combien de choses encore en sa faveur?

Poussés au désespoir, les sujets prennent-ils enfin une résolution tragique? Ils ne font guère que se compromettre.

---

[1] Dans une petite république où le peuple a conservé ses mœurs, les violences du prince sont toujours suivies de la perte de son autorité. Lorsque Tarquin attenta à la chasteté de Lucrèce, comme il blessait des droits sacrés à tous les citoyens, chacun fut révolté de cet outrage, et la puissance du tyran s'évanouit. Un pareil outrage fait à Virginie mit fin à l'empire des décemvirs.

Quand les mécontens s'ameutent et demandent justice à grands cris, le prince crie à son tour à la révolte; il leur envoie des députés, des magistrats, des satellites, et fait enlever les plus audacieux, qu'il traite en perturbateurs du repos public, et souvent le désordre est apaisé. Les efforts que font les peuples pour la cause de la liberté sont presque tous impuissans. Dans ces momens de fermentation générale, s'il n'y a quelque audacieux qui se mette à la tête des mécontens et les soulève contre l'oppresseur [1], quelque grand personnage qui subjugue les esprits, quelque sage qui dirige les mesures d'une multitude effrénée et flottante; au lieu d'une insurrection, ce n'est plus qu'une sédition toujours facile à étouffer, et toujours sans succès. Or, se faire chef de parti est une entreprise hasardeuse; se mettre à la tête d'une faction, c'est attirer sur soi tout l'orage; et l'incertitude de la réussite ou la crainte des revers retient presque toujours les plus déterminés [2].

Souvent, que ne faut-il pas pour porter le peuple

[1] Dans presque toutes les insurrections, c'est toujours la plèbe qui attache le grelot; les citoyens aisés et les riches ne se déclarent qu'à l'extrémité, le torrent les entraîne; or, qu'attendre des infortunés? Ils n'ont jamais un grand intérêt à s'armer contre la tyrannie. Ceux qui la composent ne peuvent d'ailleurs aucunement compter les uns sur les autres. Leurs mesures sont mal concertées, et surtout ils manquent de secret. Dans la chaleur du ressentiment, ou dans les transes du désespoir, le peuple menace, divulgue ses desseins, et donne à ses ennemis le temps de les faire avorter.

[2] Avec quelle facilité ceux qui étaient maîtres de la république ne firent-ils pas échouer les entreprises des Gracques, qui tâchaient d'af-

à agir? Qu'on se rappelle Manlius, lorsqu'il voulut affranchir les Romains de l'oppression du sénat. Pleins de zèle et d'audace, tant que le danger était encore éloigné, ils promettaient merveille; mais, dès qu'une fois Manlius fut saisi et emmené vers le dictateur, plus d'audace, plus de courage, plus de résolution. L'infortuné avait beau implorer leurs secours; ni la vue des blessures qu'il avait reçues pour le salut de la patrie, ni l'aspect du Capitole qu'il avait délivré de la puissance des ennemis, ni la vénération pour ces temples qu'il avait garantis d'être profanés, ni la piété envers les dieux, rien ne les touche, rien ne les émeut, rien ne les ébranle. De glace à l'approche de quelques licteurs, ils voient tranquillement leur chef traîné dans un cachot.

S'il faut toujours beaucoup pour soulever le peuple, il faut quelquefois bien peu pour l'apaiser.

Lorsque les Siciliens, las de gémir sous l'oppression du vice-roi Los Velos, se furent révoltés, ceux de Palerme mirent un certain Alexis à leur tête; mais, intimidés par les préparatifs de l'Espagne, ces lâches cherchèrent à mériter leur grâce en massacrant leur chef.

A la journée des premières barricades, comme la plèbe, accourue en foule pour investir l'hôtel du président Molé, traître à la patrie, se mettait en devoir

franchir les plébéiens de l'oppression? Et s'il fut si facile d'accabler ces protecteurs du peuple, malgré la puissance tribunitienne, combien ne l'est-il pas davantage de perdre des chefs sans mission, qu'on peut toujours traiter en perturbateurs du repos public?

d'enfoncer les portes, Molé lui-même les fait ouvrir, et se présente aux factieux. Étonnés de sa hardiesse, ils se retirent sans bruit, et se laissent désarmer [1].

Eh! quelle insurrection n'offrit pas de pareils traits de lâcheté? Féroce dans la paix, tremblant dans la guerre, à peine le peuple voit-il l'ennemi, qu'il plie et demande quartier [2]. Quand il montre si peu de résolution, on lui fait face en dédaignant ses clameurs, ou plutôt on impose silence à ses plaintes en poursuivant la même conduite qui les a élevées, et son ressentiment s'exhale en murmures méprisés par la puissance.

Mais que l'insurrection soit décidée, elle ne sert de rien, si elle n'est générale.

Lorsqu'une ville prend les armes pour défendre ses priviléges, si cet exemple n'est suivi du reste de la nation, ses soldats mercenaires la subjuguent; le prince traite les habitans en rebelles, et ils sentent appesantir leurs fers [3].

Quoique le mécontentement soit général, il est

[1] *Hist. du cardinal Mazarin.*

[2] Si à l'époque où l'auteur composa cet ouvrage, le peuple *pliait et demandait quartier,* en est-il de même aujourd'hui? Non. O vous, héros sublimes de Saint-Merry, vous êtes là pour l'attester. Vous avez disputé le terrain à une armée entière; ne comprenant ni votre pensée, ni votre mission, elle vous a massacrés; mais si jamais cette armée osait à cette occasion se parer d'un laurier, c'est qu'elle l'aurait ramassé parmi vos morts! *(Nouvel éditeur.)*

[3] Lorsque Louis XIV eut soumis les Frondeurs, il exila, il emprisonna, il opprima, sans que personne osât remuer; il rendit même un arrêt que le parlement ne pourrait à l'avenir, sous peine de désobéis-

rare que tout un peuple soit uni [1]. Ordinairement l'état est divisé, et cette division est une des grandes ressources de la tyrannie. Alors le prince contre-balance la force des différens partis ; et ne profitant pas moins de leur faiblesse que de leur jalousie, il les accable l'un par l'autre.

Si l'état n'est pas divisé, c'est la constante pratique du gouvernement d'y semer la discorde et d'y fomenter des dissensions. Lorsque les représentans du peuple de Venise eurent usurpé l'autorité suprême, comme cet attentat avait révolté les plus puissantes familles, qui se trouvaient ainsi partagées entre la domination et la servitude ; pour anéantir les conjurations et diviser les conjurés, les usurpateurs r'ouvrirent la porte du conseil à plusieurs citoyens qui en avaient été exclus ; ils en retinrent plusieurs autres par l'espoir, et firent ensuite face au reste des mécontens.

Lorsque les villes de Castille prirent les armes pour venger leurs droits violés par leurs représen-

sance, prendre aucune part aux affaires générales de l'état, ni entreprendre quoique ce fût contre ceux à qui le roi en aurait confié la direction ; et cet odieux arrêt, il l'y fit enregistrer.

[1] Les puissans, les nobles, les gentilshommes, les prélats, les personnes qui tiennent leur sort du prince ; les ambitieux qui regardent la cour comme la source des honneurs ; les prêtres, les académiciens, les pédans et les fripons qui cherchent leur fortune dans les désordres publics, et cette vile partie du peuple qui ne subsiste que par les vices des grands, s'attachent ordinairement au parti du prince, et suivent sa fortune ; tandis que les gens de l'état mitoyen, les hommes sensés, les sages, les âmes élevées, qui ne veulent obéir qu'aux lois, se rangent presque seuls du parti de la liberté.

tans aux Cortès tenues en Galice, et pour tirer satisfaction des outrages commis par les ministres
flamands de Charles-Quint, ce prince, cherchant à
diviser les mécontens, envoya des lettres circulaires
à toutes les villes révoltées, les exhortant à mettre
bas les armes; il publia une amnistie générale, promit aux villes qui lui étaient demeurées attachées, et
à celles qui rentreraient sous son obéissance, de n'en
point exiger les subsides accordés dans les dernières
assemblées nationales, et s'engagea à ne plus confé-
rer les emplois du gouvernement à des étrangers. En
même temps il écrivit aux nobles une lettre qui les
sollicitait, en termes très-pressans, de défendre avec
vigueur leurs droits et ceux de la couronne contre
le peuple [1].

Dans les troubles de la Fronde, Mazarin ménagea
au roi, par son étroite correspondance avec le maréchal d'Aumont, le parti de la grande armée, et fit
députer le comte de Quincé pour assurer sa majesté,
au nom de tous les officiers, de leur dévouement à
ses ordres [2].

Et dans les guerres civiles d'Angleterre, c'était
l'artifice ordinaire des princes de la maison de Stuart,
de fomenter la discorde entre les torys et les wighs,
les papistes anglicans et les presbytériens.

Si les intrigues du cabinet ne peuvent diviser les
mécontens, les mesures que prennent les mécontens

[1] Sandoval, *Histoire des guerres civiles de Castille.*
[2] *Histoire du cardinal Mazarin.*

eux-mêmes pour assurer leur liberté y parviennent presque toujours; car, quoique réunis contre la tyrannie, ils n'ont pas tous les mêmes vues; certaines classes du peuple ont des prétentions particulières; les provinces, et quelquefois les villes de la même province ont la plupart des intérêts divers. Or, tout cela devient semence de discorde [1].

Les concessions que faisait Charles-Quint aux villes de la Castille qui avaient pris les armes contre lui, ne suffisant pas pour les ramener, et ses menées pour détourner les nobles du parti du peuple ayant été sans succès, les habitans de ces villes, vains de leurs propres forces, et ne voyant dans l'état aucune puissance capable de leur faire face, présentèrent au prince des suppliques pour lui demander le redressement de leurs griefs et différens priviléges propres à consolider la liberté. Mais, comme ces suppliques portaient que les prérogatives que les barons avaient obtenues au préjudice des communes fussent révoquées, que leurs terres fussent taxées, et que le gouvernement des villes ne fût plus entre leurs mains, les nobles, qui avaient favorisé l'entreprise du peuple, tant qu'il ne demandait que le redressement des griefs communs, furent saisis d'indignation, et se jetèrent dans le parti du prince.

Dans une insurrection générale, chacun est d'accord contre la tyrannie et sur la nécessité d'un chef; mais pour fixer l'objet de son choix, cela est diffé-

---

[1] Sandoval, pag. 143 · P. Mart., *Epist.*, pag. 686.

rent. Qui le croirait? Ce qui devrait réunir les esprits en faveur de tel ou tel individu, sert le plus
souvent à les diviser. Or, ce manque d'harmonie
entre les mécontens ruine toujours leurs affaires.

Lorsque les communes de Castille s'armèrent pour
défendre leur liberté, il survint de vives altercations
au sujet du commandement de l'armée. Padilla [1] était
le seul digne de cet honneur ; mais, comme il était
chéri du peuple et des soldats, les membres les plus
notables de la junte, jaloux de sa réputation et de
son mérite, firent nommer général en chef don Pe-
dro de Giron, entièrement dépourvu des qualités
requises pour cet emploi : aussi ne tardèrent-ils pas
à succomber [2].

Quoique d'accord sur le choix, les mécontens sont
loin de triompher ; que de ressources encore contre
le peuple !

Quand ses chefs ne sont pas d'une vertu à toute
épreuve, on s'applique à les corrompre, et l'on y
parvient ordinairement.

Si on ne peut les corrompre, on travaille à se les
faire livrer par leurs propres adhérens ; et combien
de fois de lâches perfides n'ont-ils pas cherché à mé-

---

[1] Ce célèbre espagnol, martyr de la liberté, se déclara pour le parti
du peuple, dans les guerres civiles de 1520 à 1522. Sa femme, dona
Maria Pacheco, était dans la confidence de tous ses projets, et n'avait
pas moins de courage que lui pour les mettre à exécution. Padilla !
tu aimas la liberté, et Charles-Quint, *en roi conséquent*, te fit trancher
la tête !

(*Nouvel éditeur.*)

[2] P. Mart., *Epist.*, pag. 688

riter leur grâce ou à gagner la faveur, la tête de leur chef à la main [1].

Si ces ressources manquent, les princes en connaissent d'autres : le fer et le poison [2].

Non contens d'exterminer les chefs, les princes enveloppent quelquefois tout le parti dans le même massacre.

Lorsqu'à force de persécutions, Charles IX eut poussé les protestans à l'insurrection, comme leur parti grossissait chaque jour, et faisait peur au monarque, trop lâche pour réduire les mécontens à la

[1] Philippe V, ayant réduit au désespoir et poussé à l'insurrection les Mauresques de Grenade, qu'il voulait convertir par le fer au christianisme, surpris de leur résolution, il leur proposa une amnistie, à condition qu'ils se soumettraient dans l'espace de vingt jours; et ces lâches acceptèrent cette grâce, la tête de leur roi à la main. Désormeaux, *Abrégé chronologique de l'histoire d'Espagne.*

[2] Dans les troubles de la Fronde, le ministère chargea quatre cavaliers d'assassiner le président Charton, qui avait excité le peuple à s'opposer à la tyrannie du gouvernement. *Histoire du cardinal Mazarin.*

Dans l'insurrection de Naples, arrivée en 1647, le vice-roi ne pouvant pas faire la loi aux mécontens, feignit de traiter avec eux. L'amnistie publiée, Anziello Amalphi se rend, à la tête du peuple, vers le gouverneur, pour demander la ratification du traité. Témoin du dévouement des Napolitains à leur chef, le gouverneur lui prodigue les caresses, lui confirme le titre de capitaine-général qu'il avait reçu des citoyens; et comme s'il eût voulu couronner la victime avant de l'égorger, il lui met au cou une chaîne d'or, lui donne un superbe festin, lui sert un breuvage propre à tourner l'esprit, et le fait ensuite assassiner sous main. Gianone, *Histoire de Naples;* Lusmen, *Histoire de la révolution de Naples; Mémoires du duc de Guise.*

Tandis que les Hollandais travaillaient à secouer le joug tyrannique de l'Espagne, Philippe II, ne pouvant réduire ces braves fédérés, fit assassiner le prince d'Orange, leur chef.

tête de ses armées, il endormit leurs chefs par de
feintes caresses, et les fit égorger avec soixante
mille de leurs partisans [1], le jour de Saint - Bar-
thélemy.

Faut-il le dire? les chefs du peuple ruinent souvent leurs affaires : le soin qu'ils prennent de réprimer la licence et d'empêcher le pillage, les rend
toujours odieux à la plèbe, qui ne trouvant plus à
profiter de la révolte, se lasse bientôt de s'agiter
pour la liberté [1].

Si un chef de parti a tout à craindre de sa sévérité,
il n'a pas moins à craindre de ses mauvais succès :
le peuple, qui lui obéissait avec zèle, tant que ses
efforts étaient heureux, l'abandonne dès que la
fortune se tourne contre lui; et rarement l'accable-
t-elle sans le rendre odieux.

Mais quand elle le favoriserait, il n'a rien encore,
s'il ne sait profiter de ses avantages, et saisir l'occasion. Le moindre tempérament ruine une entreprise audacieuse; et si quelque chose peut la faire
réussir, c'est l'à-propos des opérations. Manque-t-on
le moment qui doit décider de la victoire, tout est
perdu; on laisse à l'ennemi le temps de se reconnaître, de se préparer contre les coups qu'on lui
porte; et jusque dans ces instants critiques, le parti

---

[1] Dans les troubles de la ligue, Henri III, chassé de sa capitale par
le duc de Guise, l'attira dans son palais sous prétexte de traiter d'ac-
commodement, et le fit assassiner.

[2] Cela se vit dans les troubles de Naples, lorsque le duc de Guise
s'efforçait de briser le joug espagnol.

de la puissance conserve un grand avantage sur celui de la liberté.

Quoique le prince ait levé l'étendard contre le peuple, s'il ne se trouve pas en état de l'attaquer, pour gagner du temps, il fait des propositions de paix; et, tout en se préparant à les écraser, il se plaint d'être forcé d'avoir recours à la rigueur; sans cesse il a dans la bouche qu'il n'a en vue que le bien public, il feint de s'apitoyer sur le malheur des dissensions civiles [1].

Séduits par ces fausses marques de sensibilité, les peuples éprouvent un retour d'attachement pour le prince; et semblables à des enfans qui craignent de lever le bras contre leur père, souvent les armes leur tombent des mains. Tandis que, de son côté, le prince n'a jamais d'entrailles paternelles, il ne voit que des rebelles dans les sujets soulevés, et il ne se sent pas plus tôt en état d'assurer ses projets, qu'il les accable sans pitié.

Ce n'est pas assez que les insurgens profitent des circonstances, si les mesures ne sont concertées en commun, et les opérations conduites de concert.

[1] Ainsi en usa Charles Ier à l'égard des Anglais. Alarmé de la petitesse de ses forces, lorsqu'il leva l'étendard contre le peuple, et voulant gagner du temps pour faire des préparatifs et grossir son parti, il envoya prier le parlement de nommer des commissaires pour traiter avec ses députés, en l'assurant qu'il voyait avec une douleur extrême les malheurs qui allaient fondre sur l'état; que son cœur navré de tristesse ne pouvaient recevoir aucune consolation qu'il n'eût trouvé le moyen de soustraire la nation aux horreurs d'une guerre civile. *Hist. du Parlement*, vol. 11.

Lorsque Charles-Quint monta sur le trône des Espagnes, comme les peuples des divers royaumes de la monarchie conservaient encore les préjugés de leur ancienne rivalité, et que le souvenir de leurs longues hostilités n'était pas encore éteint, leur aversion nationale les empêcha de faire corps et d'agir de concert. Chaque royaume, ou plutôt les différens ordres de chaque royaume formèrent un plan particulier de défense : chaque parti combattit séparément pour sa liberté; et faute d'avoir réuni leurs armes et leurs conseils, tous leurs efforts furent vains.

Bien qu'il y ait de l'harmonie dans les opérations, le parti de la liberté ne triomphe pas pour cela constamment. Qui le croirait! si l'expérience ne l'avait trop prouvé, que les peuples combattent quelquefois plus lâchement pour la patrie, que des mercenaires pour un despote?

S'ils combattent souvent avec moins d'audace, ils combattent presque toujours avec moins de succès : car quel désavantage n'ont pas des citoyens inaguerris sous des chefs inexpérimentés, contre des troupes disciplinées sous d'habiles officiers [1]!

Dans les dernières guerres civiles de la Castille [2], quoique le soulèvement fût presque général, quoique le prince eût entièrement perdu l'affection de ses sujets par la scandaleuse administration de ses

[1] De tant de peuples qui ont pris les armes pour secouer le joug, combien peu ont recouvré leur liberté!
[2] En 1521.

ministres, quoique les habitans des villes formassent
de puissantes ligues, et qu'ils fussent exercés à ma-
nier les armes; quoiqu'ils ne manquassent ni d'argent ni de munitions de guerre; quoique le plus
vif amour de la liberté leur eût mis les armes à la
main; quoique, sous la conduite du brave Padilla,
ils eussent dépouillé de toute autorité la régence
qu'avait laissée Charles-Quint; quoiqu'ils se fussent
saisis des sceaux et des archives publiques; quoique
le trésor royal fût presque épuisé, et que leurs
espérances fussent encore relevées par l'idée de la protection du ciel [1]; l'armée de la couronne triompha de
leur vertu, et les efforts de tant de braves citoyens
se brisèrent contre l'art des troupes mercenaires
et des suppôts titrés de la tyrannie; image des faibles
ressources d'un état qui s'abîme, pour sauver quelques restes de sa liberté expirante.

Mais le prince eût-il le dessus, que de ressources
encore! Rarement conduits par un vif sentiment de
leurs droits, les hommes ne combattent guère que
pour se soustraire à l'oppression, et jamais ils ne
veulent acheter à haut prix l'avantage précieux
d'être libres [2]. Aussi combien de fois, après de lé-

---

[1] On fit alors courir le bruit que la reine Jeanne avait recouvré la
raison : prétendu prodige que les Castillans regardèrent comme un
effet particulier de la protection du ciel.

[2] Lorsque Charles Iᵉʳ entreprit d'enchaîner la nation, les Anglais
se révoltèrent à l'aspect des scènes de tyrannie qu'il offrait chaque
jour à leurs yeux; mais combien de fois ne vit-on pas expirer leur ressentiment, et quelles peines n'eurent pas les vrais patriotes pour soutenir leur courage!

gers efforts, ne les voit-on pas mettre bas les armes!
Bientôt las de leurs agitations intestines, ils soupirent après le repos; et dans la tranquille apathie
dont on les laisse jouir, ne se rappellent-ils plus de
la liberté qu'avec les idées de corvées, de contributions, de carnage; au lieu que le prince, toujours
animé du désir de conserver sa puissance, d'augmenter son autorité, combat avec une opiniâtreté à
l'épreuve, et se défend jusqu'à la dernière extrémité.

Les efforts que fait le peuple pour assurer sa liberté, lorsqu'ils sont impuissans, ne font que cimenter sa servitude [1].

Au lieu que, malgré leurs défaites, souvent les
princes ne perdent rien. Vaincus et à la merci de
leurs concitoyens, il conservent cette fierté, cette
hauteur, cette arrogance, ce ton impérieux qu'ils
ont dans la bonne fortune; ils ne parlent que de
leurs prérogatives; ils prétendent encore faire la
loi; et presque toujours le peuple se laisse arracher
le fruit de la victoire [2].

Mais, une fois vaincus, quel sort que celui des
sujets! Après d'inutiles tentatives pour secouer une

---

[1] C'est ordinairement à la suite des dissensions intestines que le despotisme fait le plus de progrès. Quand leurs chefs ont péri, les insurgens, las de leurs agitations, ne soupirent qu'après la paix, et laissent
usurper au monarque un pouvoir sans bornes. Lorsque Henri VII et
Charles II montèrent sur le trône, la nation, fatiguée de ses vains efforts, était prête à se soumettre au joug le plus dur, plutôt que de se
voir replongée dans les horreurs d'une guerre civile.

[2] A quoi tint-il que, de sa prison, Charles I er ne remontât sur le
trône, et ne fît de nouveau la loi?

domination tyrannique, ils sont traités en rebelles : le prince impitoyable leur dicte ses volontés d'un air menaçant, et toujours les malheureux se laissent charger de fers : combien même vont au-devant du joug, et s'empressent d'obtenir grâce par une honteuse soumission [1].

Le tyran fût-il abattu, la liberté n'est pas recouvrée pour cela. Tous étaient d'accord contre la tyrannie; mais est-il question de fixer une nouvelle forme de gouvernement, plus d'union; c'est l'image de la discorde des habitans de Capoue, lorsque Pacuvius Alanus tenait leur sénat prisonnier. Ils savent bien ce qu'ils fuient, non ce qu'ils cherchent : les uns veulent établir l'égalité des rangs; les autres veulent conserver leurs prérogatives : ceux-ci veulent une loi, ceux-là en veulent une autre; et, après bien des débats, un parti s'empare de la souveraine puissance, ou bien ils sont tous obligés de se reposer dans le gouvernement qu'ils ont proscrit, si déjà il ne sont pas enchaînés par quelque nouveau maître [2].

Lorsque nos pères, révoltés contre l'oppression de Charles Ier, eurent enfin brisé leurs fers, on les

[1] Lorsque Mazarin revint triomphant à la tête des affaires, ceux qui s'étaient le plus déchaînés contre lui, et le plus acharnés à sa perte, mendièrent lâchement sa protection. Il fallait les entendre passer des plus horribles exécrations aux plus vifs applaudissemens !

[2] Ce passage ne saurait trop fixer l'attention des peuples. En effet, à quoi bon renverser un tyran, si on laisse dans la main de son successeur tout ce dont il s'est servi pour opprimer le pays? L'hist Bas-Empire ne nous en offre-t-elle pas l'exemple? Nation

vi long-temps chercher la liberté sans la trouver : ou plutôt, divisés en factions, chacune s'efforça d'opprimer les autres, et de s'emparer de la suprême puissance.

Dès que le trône vint à vaquer par le supplice de Charles Ier, les communes passèrent un bill pour abolir la monarchie en Angleterre, y établir le gouvernement républicain; puis, réunissant le pouvoir exécutif au pouvoir législatif, elles prirent le titre de parlement de la république anglaise, et elles formèrent un conseil d'état pour agir d'après leurs instructions.

Devenus de la sorte les maîtres de l'état, les membres des communes s'emparèrent des emplois les plus lucratifs dans chaque branche de l'administration. Or, ils n'eurent pas plutôt goûté de la puissance suprême, qu'ils ne songèrent plus qu'à la retenir dans leurs mains, sans s'occuper aucunement des vices du gouvernement; réforme néanmoins qui avait été le seul but de la guerre cruelle que la nation venait d'entreprendre. Enfin, croyant leur empire solidement établi, ils disposèrent de la fortune publique, et ils se partagèrent les dépouilles du peuple qu'ils accablèrent de nouveaux impôts. Ils ne

vous bien de cette vérité : avant d'attaquer un tyran à main armée, il faut que les citoyens aient arrêté la forme du gouvernement qu'on veut substituer à celui qu'on veut détruire; et en même temps qu'on se défait du tyran, il faut briser les instrumens de la tyrannie. Ce moyen est le premier que le peuple doit mettre à exécution, s'il veut établir la liberté.

(*Nouvel éditeur.*)

14

traitèrent pas mieux l'armée qui, par sa valeur, son
zèle, ses exploits, avait rompu le joug sous lequel
ils gémissaient : ils parlèrent de la renvoyer sans
avoir satisfait à leur engagement ; et, sous prétexte
de rébellion, ils refusaient à ces généreux défenseurs
de la patrie jusqu'au droit de se plaindre.

Tandis que le peuple, indigné de ce nouveau joug,
le supportait avec impatience ; tandis que les lords
regardaient d'un œil jaloux la puissance des communes ; tandis que les tories, maudissant le triomphe des wights, soupiraient après le rétablissement
de la monarchie ; tandis que quelques ambitieux [1],
profitant du mécontentement général pour fomenter
des séditions et soulever l'armée, Cromwel, audacieux hypocrite, parvient à se rendre maître de
l'état, et à le gouverner avec un sceptre de fer [2].

Ainsi, toujours d'audacieux intrigans se disputent
entre eux le commandement pour usurper l'empire,
tandis que le gros de la nation, toujours prêt à se
soumettre lâchement au vainqueur, attend sans
effroi le parti que la fortune couronnera, pour connaître le nouveau maître auquel il doit offrir son
hommage, ses suppliques, sa sueur et son sang.

De la fourbe.

Si, dans un moment de crise, le prince fait
quelque concession au peuple, ce n'est jamais qu'une

---

[1] Ils étaient au nombre de 90.
[2] Skippon Steton ; Fleetwood.

concession illusoire : trop jaloux de sa puissance pour ne pas retirer d'une main ce qu'il accorde de l'autre.

Lorsqu'au milieu des dissensions publiques, les plébéiens eurent obtenu un consul, les patriciens ne portèrent aucune cause devant lui, afin de rendre vaine sa magistrature.

Pour apaiser le peuple irrité, il arrive bien quelquefois que le prince lui sacrifie ses ministres, et plus souvent qu'il les fait entrer dans quelque port pendant la tourmente; mais le même plan d'opérations subsiste toujours.

A ces ministres congédiés, il n'a fait que donner des substituts; et la nation est sottement satisfaite.

Lorsque les frondeurs eurent forcé la régence à renvoyer Mazarin, ce favori, cédant adroitement à l'orage, fut bientôt porté dans le port par la tempête. Il avait laissé, en partant, des instructions secrètes pour la conduite des affaires : de sa retraite même, il continuait à être l'âme du cabinet. Consulté sur tous les cas, il dirigeait les délibérations, et envoyait les ordres nécessaires; puis, dès que la sédition fut étouffée, il revint triomphant reprendre les rênes de l'état.

Poussée à bout, l'aveugle multitude n'en est pas moins aisée à ramener. Quels que soient les outrages qu'elle a soufferts, le châtiment de quelques scélérats subalternes, vils instrumens de l'auteur de tous leurs maux, suffit pour l'apaiser et la réconcilier avec son déplorable sort : expédient infaillible, auquel les habiles machinateurs, les adroits fripons, les despotes exercés ont constamment recours. Mais si les citoyens ont obtenu quelque concession réelle, le prince ne s'occupe plus que du soin de leur en faire perdre le fruit.

Les plébéiens venaient d'obtenir de partager avec les patriciens l'honneur des faisceaux : Rome est affligée d'une famine; et Coriolan ouvre, en plein sénat, l'avis odieux de ne secourir le peuple, que sous la condition expresse qu'il renoncerait aux droits obtenus sur le mont Sacré [1].

Lorsque les barons anglais eurent amené le roi Jean à signer la grande chartre, ce prince dissimula son ressentiment, jusqu'à ce qu'il eût trouvé une occasion favorable d'annuler ses concessions. Pour mieux en imposer, il promit publiquement qu'à l'avenir son administration serait mise sur un pied à ne donner aucun sujet de plaintes à ses peuples; et il donna ordre aux sherifs de faire prêter serment d'obéissance aux vingt-cinq barons préposés pour maintenir le traité. Ensuite il se retira dans l'ile de Wight, où il médita le projet d'une terrible vengeance. De sa retraite, il envoya secrètement des agens lever des troupes dans l'étranger; il attira à son service, par l'appât du pillage, les avides Brabançons; puis il envoya une députation au pape pour l'engager à annuler la grande chartre. Dès que

---

[1] Tel était l'esprit du corps, puisque l'un de ses membres les plus honnêtes en était infecté.

les secours étrangers furent arrivés, il leva le masque, il rétracta tous les priviléges accordés à ses sujets, se mit à la tête d'une troupe de mercenaires, ravagea les terres de la noblesse, répandit la désolation par tout le royaume, et mit tout à feu et à sang.

Edward Ier, de retour de son expédition en France contre Philippe, étant requis de ratifier les chartres qu'il avait consenties, éluda aussi long-temps qu'il le put; obligé de se rendre, il fit insérer, dans la ratification demandée, ces mots : *sauf ma prérogative royale* [1]; clause qui annulait toutes les concessions. Bien mieux, après tant d'engagemens solennels, pris dans des temps où il ne pouvait donner essor à son ambition, et au moment où ses sujets se félicitaient d'avoir assuré leur liberté, il s'adressa à Rome pour être relevé de ses sermens.

Après que Charles Ier eut enfin sanctionné la pétition des droits, il se rendit en hâte au parlement, et protesta contre quelques articles concernant l'imposition du tonnage et du pesage. Il fit plus : irrité des bornes que le parlement avait données à la puissance royale, il cacha son ressentiment, et travailla à renverser ces barrières. Après ce fameux parlement qui restreignit si fort les prérogatives de la couronne, comme les intrigues du cabinet affaiblissaient chaque jour le parti des défenseurs de la liberté; comme le roi s'en était fait un très-fort dans

<hr />

[1] Haming, vol. 1, pag. 367.

la chambre des communes, et comme il avait à sa disposition presque toute celle des lords; enivré des rapports favorables de ses flatteurs sur les affaires du temps, ce prince leva le masque [1], recommença à remplir de ses créatures les premières places de l'état, essaya de porter le coup fatal à ses ennemis à demi vaincus; et, pour revenir à la fois sur toutes les concessions qu'il avait été forcé de faire au peuple, il accusa devant les pairs du royaume un membre de la chambre haute et cinq de la chambre basse, de divers prétendus crimes d'état, surtout d'avoir extorqué par la crainte tous les actes faits pour assurer la liberté publique [2] : ce qui les aurait tous annulés de droit.

Ces mesures ayant échoué, Charles chercha à mettre la division entre les Écossais et les Anglais. Dans cette vue, il s'efforça de l'emporter sur le parlement en bons procédés pour les Écossais; il renchérit sur toutes les motions qui s'y faisaient en leur faveur, et il accorda tout ce qu'ils demandèrent pour assurer leur liberté. Ensuite il essaya de gagner leurs armées; il traita avec distinction les principaux officiers, gagna les commissaires, nomma son chapelain Henderson, fameux prédicant populaire; puis il alla en Écosse, s'y fit des créatures dans le parlement, s'efforça de rendre l'armée réfractaire, et de porter les catholiques d'Irlande à se soulever contre l'Angleterre.

---

[1] Achenloys, *Britan. Constit.*, pag. 412.
[2] *Parl. Hist.*, vol. 10, pag. 157, etc.

En 1663, Charles II, sous prétexte que plusieurs particuliers, croyant le parlement dissous en vertu du bill triennal, prétendaient s'assembler, non pour choisir de nouveaux membres, mais pour conspirer contre lui, pria les deux chambres d'annuler ce bill qui mettait sa vie en danger, en déshonorant sa couronne; et elles eurent la bassesse de se rendre à ses désirs.

Mais quelle légère cause suffit à ceux qui gouvernent pour leur fournir occasion de revenir sur le passé? souvent après avoir tout perdu, quelque nouvelle fatale arrive qui remet le pouvoir entre leurs mains.

Tandis que Marcus Æmilius et Quintus Fabius ravageaient le pays ennemi, les tribuns Marcus Furius et Cn. Cornélius, voulant faire passer la loi agraire, refusèrent de lever le tribut et soulevèrent le peuple. Quoique l'armée, occupée au dehors, manquât de tout, et qu'au-dedans le sénat craignit une révolte, le peuple, au milieu de ces circonstances qui paraissaient si propres à faire valoir ses droits, n'obtint pas autre chose, sinon, qu'on élirait d'entre les plébéiens deux tribuns militaires avec puissance consulaire. Flattés de ce petit succès, ses chefs redoublèrent d'efforts, et parvinrent, aux comices suivantes, à faire choisir d'entre les plébéiens presque tous les tribuns consulaires. Mais, tandis que le peuple se livre à la joie et chante sa victoire[1],

---

[1] Après quelques victoires, le peuple s'abandonne toujours à la sécurité; et si jamais il fut nécessaire d'être sur ses gardes, c'est dans ces

le sénat humilié ne s'occupe plus qu'à chercher les moyens de la lui arracher. D'abord il choisit d'entre les patriciens des personnages illustres pour se présenter en qualité de candidats aux prochaines comices, dans l'espoir que le peuple n'oserait les repousser : puis, mettant tout en œuvre pour faire réussir ce projet, il déclame contre les comices passées; il crie que les dieux sont irrités de ce qu'on a profané les honneurs de la magistrature, en les rendant vulgaires; il cite en preuve la rigueur de l'hiver qui venait de se faire sentir, la contagion qui ravageait les champs et la ville. Frappé de l'idée de la colère des dieux, le peuple ne nomme tribuns consulaires que des patriciens, renonce à la souveraine puissance, et la remet en tremblant dans les mains du sénat.

Peu après, les eaux du lac de la forêt Albana s'étant accrues sans aucune cause apparente, on envoya consulter là-dessus l'oracle de Delphes. Dans ces entrefaites, le sénat répandit adroitement le bruit que les dieux étaient irrités de ce qu'on avait confondu les rangs de la république [1]; il fit ajouter que le seul moyen de fléchir leur colère, était

circonstances. Quels coups terribles des hommes adroits ne peuvent-ils pas alors porter à la liberté? La position d'un peuple qui veut se maintenir libre est extrêmement délicate; car, par une fatalité comme attachée à son sort, tout est contre lui. Ses revers le découragent, ses succès l'enivrent, et il n'a pas moins à craindre de la bonne que de la mauvaise fortune.

[1] Io y el tiempo para dos otros. *Histoire du duc d'Albe*, liv. III, chap. 24.

l'abdication des tribuns militaires; et il y eut inter-règne.

Constante poursuite des mêmes desseins.

Il n'y a point de gouvernement où l'occasion de recouvrer la liberté ne s'offre quelquefois; le peuple la laisse presque toujours échapper, faute de l'apercevoir : mais pour celle d'appesantir ses chaînes, les princes la saisissent assez souvent. Saisir l'occasion est leur grande étude et leur première maxime en politique.

« *Moi et le temps*, avait coutume de dire Charles Quint, *le donnons à deux autres.* »

Le peuple n'a que des chefs momentanés; dès qu'on les lui ôte, toutes ses forces sont paralysées : mais le conseil des princes est permanent. Sans cesse sur pied contre la liberté, il s'occupe à former des projets, à concerter des mesures, à préparer les moyens d'exécution : et c'est là un bien autre avantage.

A force de vigilance on parvient quelquefois à rendre vains les attentats des princes; mais comment parer à des artifices qui naissent sans cesse de la nature des choses? Toujours les yeux ouverts sur le peuple, ceux qui gouvernent trouvent enfin un moment favorable; or en voilà assez pour faire réussir leurs projets.

Avec un conseil permanent, il n'y a point de trève à la guerre sourde que les princes font à la liberté, pas même au commencement de leur règne,

époque à laquelle, accablés de leur grandeur et na-
geant dans la joie, ils ne nourrissent dans leur âme
que des sentimens de bienveillance, laissent dormir
leurs projets et souffrent que le malheureux respire
un instant; même lorsqu'ils se livrent aux plaisirs,
ou qu'ils s'abandonnent à la dissipation; car tandis
qu'ils laissent flotter les rênes du gouvernement, ils
les remettent à des ministres qui, pour partager la
puissance de leur maître, ne cessent de travailler à
étendre son autorité : pas même lorsqu'ils n'ont
point de desseins ambitieux ; car ils ont beau apporter sur le trône des idées de modération, le peuple
n'y gagne rien, s'ils ne sont eux-mêmes au timon de
l'Etat.

Lorsque le cabinet du prince est composé d'hommes
puissans, souvent les rivalités, les jalousies, le dépit, l'ambition, les portent à traverser réciproquement leurs projets, et à les faire échouer. Quand il
est composé de beaucoup de têtes, presque toujours
la différente tournure des esprits les fait varier dans
les projets et les moyens d'exécution. Aussi les
princes qui veulent marcher à grands pas au despotisme ont-ils toujours soin de composer leurs cabinets de peu de têtes, et souvent d'hommes nouveaux. Telle fut la politique des Ferdinand V, des
Philippe II, des Louis XI, des Henri VIII, des
Charles Ier, etc.

Quelques-uns, par un raffinement de politique,
ont même formé un plan constant d'opérations. Ce
fut la poursuite des mêmes projets pendant les ré-

gnes de Louis XIII et de Louis XIV qui étendit si
fort le pouvoir de la couronne : car Mazarin suivit
ponctuellement les maximes de Richelieu, et Le
Tellier celles de Mazarin.

Ce fut la poursuite des mêmes projets qui étendit
si fort celui de la couronne d'Espagne depuis Charles-
Quint jusqu'à nos jours; car en Espagne le changement des ministres n'apporte aucun changement
dans le conseil du prince; et, quoique les mains qui
tiennent les rênes de l'état viennent à changer,
l'esprit qui les conduit est toujours le même [1].

Au contraire c'est à un défaut d'harmonie que
l'on doit attribuer la faiblesse du gouvernement
pendant les interrègnes et les minorités [2].

C'est aussi à un manque d'harmonie que les Anglais doivent en partie les lents progrès de la puissance royale parmi eux; et ce manque d'harmonie
naît du fond même de la constitution. Quoique leur
prince dispose des emplois, comme il ne peut se
faire craindre, et qu'il est toujours obligé de ménager ses ministres, ceux qui sont en faveur se
trouvent souvent contrariés par ceux qui cherchent
à s'y mettre.

Comme il ne peut à la fois satisfaire tous les em-

---

[1] La révolution de Juillet prouve cela très-clairement. Et quoiqu'en
puissent dire les sots juste-milieu, il n'y a pas entre eux et les carlistes
une question de principe, mais bien une question de personne : ces
deux partis veulent la même chose : l'un avec Louis-Philippe, l'autre
avec Charles X ou Henri V.   (Nouvel éditeur.)

[2] Le cabinet de Madrid et celui de Venise sont peut-être les seuls en
Europe où l'on ait un plan fixe d'opérations.

bitieux, ceux qui sont en place se voient souvent
traversés par ceux qui cherchent à les supplanter.

Comme les affaires du prince avancent d'autant
moins qu'on attaque plus vivement son parti, il se
trouve souvent obligé de confier l'administration
des affaires à ceux qui l'ont le plus mécontenté, et
de congédier ceux qui l'ont le mieux servi.

Enfin, comme sa faveur est limitée et sa haine im-
puissante, les partis sont toujours renaissans. Heureuse discorde, qui leur tient lieu de vertus depuis
qu'elles sont bannies de leur île, et qui, comme
elles, conduit à la liberté [1].

Corrompre le corps législatif.

Le coup le plus fatal que les princes portent à la
liberté publique, c'est d'asservir leurs concitoyens
au nom même des lois; et l'un des moyens qu'ils
emploient le plus volontiers pour cela, est celui qui
est le plus analogue à la bassesse de leur caractère,
— la corruption.

Regardant le corps législatif comme le contrôleur
né de leur conduite, ils ne songent qu'à le subjuguer. D'abord ils le consultent, le louent, le flattent,
et emploient pour le perdre tous ces artifices dont
la vanité ne se défie jamais; mais bientôt, brûlant
de voir leur esclave dans le souverain, ils travaillent à se rendre maîtres de ses représentans; et

[1] Tant que le prince n'a pas recours à des moyens extraordinaires:
ce sont là les beautés du gouvernement anglais ; on en verra ci-après
les défauts. (Marat veut parler du Tableau de la Constitution anglaise que
nous ne joignons pas aux *Chaînes de l'Esclavage*.)   (*Nouvel éditeur.*)

comme il faut gagner ceux qui s'opposent à leurs projets, ils font tout pour les corrompre. A l'un des caresses, à l'autre des promesses, à celui-ci de l'or, à celui-là un ruban, à cet autre un poste pour ses amis. Ils tentent l'ambitieux, le vain, le cupide, l'avare, chacun selon ses goûts : quiconque veut épouser leurs intérêts n'a qu'à dire son prix, et bientôt on voit les arbitres de l'état se prostituer aux volontés du prince, vendre la cause de la liberté pour satisfaire leurs basses passions, trahir la patrie au mépris de leurs engagemens les plus sacrés, et devenir de vils instrumens de tyrannie [1].

Aussitôt qu'un sénateur venait d'être élu à Sparte, Agésilas lui envoyait un bœuf en présent [2].

Pressé d'argent, Charles-Quint demande aux cortès de Castille de nouveaux subsides, qui lui sont refusés. Mais bientôt, profitant de la basse jalousie des nobles contre le peuple qui cherchait à assurer sa liberté, séduisant les uns par des promesses, intimidant les autres par des menaces, gagnant ceux-ci par des cajoleries, corrompant ceux-là avec de l'or, il s'en fait des créatures; puis, au mépris des lois fondamentales de l'état, il les engage à lui accorder un second subside avant même que le terme de payer le premier fût échu [3].

---

[1] Parcourez l'histoire, vous verrez le parlement d'Angleterre fidèle à ses devoirs, dans les temps de crise où la patrie était en danger; puis, dès que les dangers étaient passés, rechercher la faveur de la cour, et vendre la patrie.

[2] Plutarque, *Vie d'Agésilas.*

[3] P. Martyr., *Epist.*, 6613.

Pour obtenir les subsides qu'il demandait, Louis XI sema la division dans les Etats-Généraux, corrompit par argent, gagna par promesses, s'assura d'un fort parti, et se rendit si bien le maître de l'assemblée qu'il y fit délibérer ce qu'il voulut.

Et en Angleterre, combien de fois de pareils moyens n'ont ils pas été mis en usage, même de nos jours, et trop souvent avec succès . Dans cette auguste assemblée, où l'on ne devrait compter que des amis de la patrie, on trouve autant de vénalité que partout ailleurs. Une partie des représentans du peuple est pensionnée de la cour, une autre partie cherche à l'être, quelques-uns sont fidèles à leur serment; le reste, selon les circonstances, flotte entre la cupidité et le devoir : tels sont les pères de la patrie, les conducteurs de l'état, les gardiens de la liberté. Et certes, il semble que la nation ait perdu le droit de se plaindre de ses infidèles mandataires, lorsque les électeurs sont les premiers à vendre lâchement leur suffrage aux candidats qui veulent l'acheter.

Quelques princes, par une ambition plus lente, ne profitent pas d'abord de leur ascendant; et cette fausse modération, qui les comble de gloire, fait que, quelque chose qu'ils entreprennent ensuite contre les lois, le peuple se déclare presque toujours pour

1 Il faut voir dans Whitlock, dans l'*Histoire du Parlement*, dans les *Lettres de Stafford*, dans le *Journal* même des *Communes*, les artifices dont tant de princes se sont servi pour corrompre le corps législatif. Et les Anglais n'ont-ils pas un parlement désigné sous le nom de pensionné?

eux. Qu'y a-t-on gagné? trop lâches pour usurper la souveraine puissance, ils n'ont paru y renoncer que pour amener le peuple à la leur remettre entre les mains.

Du peu de fermeté des représentans du souverain contre les entreprises du gouvernement.

Tant que l'état n'est pas en danger imminent, les membres du législateur connivent presque toujours avec le prince; et si quelques-uns frondent les menées du cabinet, c'est pour l'obliger d'entrer en composition. Ce n'est que lorsque le gouvernement est prêt à porter le dernier coup à la liberté, qu'ils s'élèvent contre lui.

Le parlement vénal qui avait si lâchement signalé sa condescendance aux projets ambitieux de Charles II, ne s'opposa aux attentats du cabinet qu'au moment où la constitution fut sur le point d'être renversée.

Si les représentans du souverain ne se prostituent pas tous aux volontés du prince; s'ils ne courent pas tous après les places, les dignités, la faveur; s'il en est même qui dédaignent de se vendre, le manque de constance et de fermeté dans ceux qui s'opposent à ses entreprises, rend toujous leurs efforts impuissans.

Lorsque les créatures du prince attentent à la liberté, quelque soit le torrent de la puissance, si le

parti patriotique était déterminé à s'y opposer avec
force, il parviendrait du moins à réprimer sa furie,
s'il ne parvenait pas à l'arrêter. Mais au lieu de défendre avec un zèle infatigable la cause de la patrie,
et de retarder par de longs efforts les progrès de
l'autorité, les timides patriotes lâchent pied, contens d'une molle résistance ou d'une simple protestation. Plusieurs même, rebutés de leur peu d'ascendant, abandonnent le champ de bataille à leurs
antagonistes, et bientôt le prince marche à grands
pas au despotisme.

Prévenir les émeutes.

Quand le prince manque son but, il ne perd que
du temps ; quand la nation manque le sien, elle
perd presque toujours les moyens de tenter une seconde fois la fortune. Après les horreurs d'une
guerre civile, au lieu de revenir sur leurs pas, de
calmer les esprits, et de ramener le peuple par une
meilleure conduite, ceux qui gouvernent ne s'occupent plus qu'à rendre vaines ses plaintes, qu'à réprimer ses efforts. Ils ne peuvent se résoudre à renoncer à ce pouvoir souverain, à cette grandeur
sans bornes, à cet empire absolu qui leur a déjà
tant coûté d'efforts et de crimes; semblables à ces
antrophophages qui, une fois accoutumés au sang
humain, ne peuvent plus quitter cet affreux breuvage.

Instruits par le passé, les princes tr

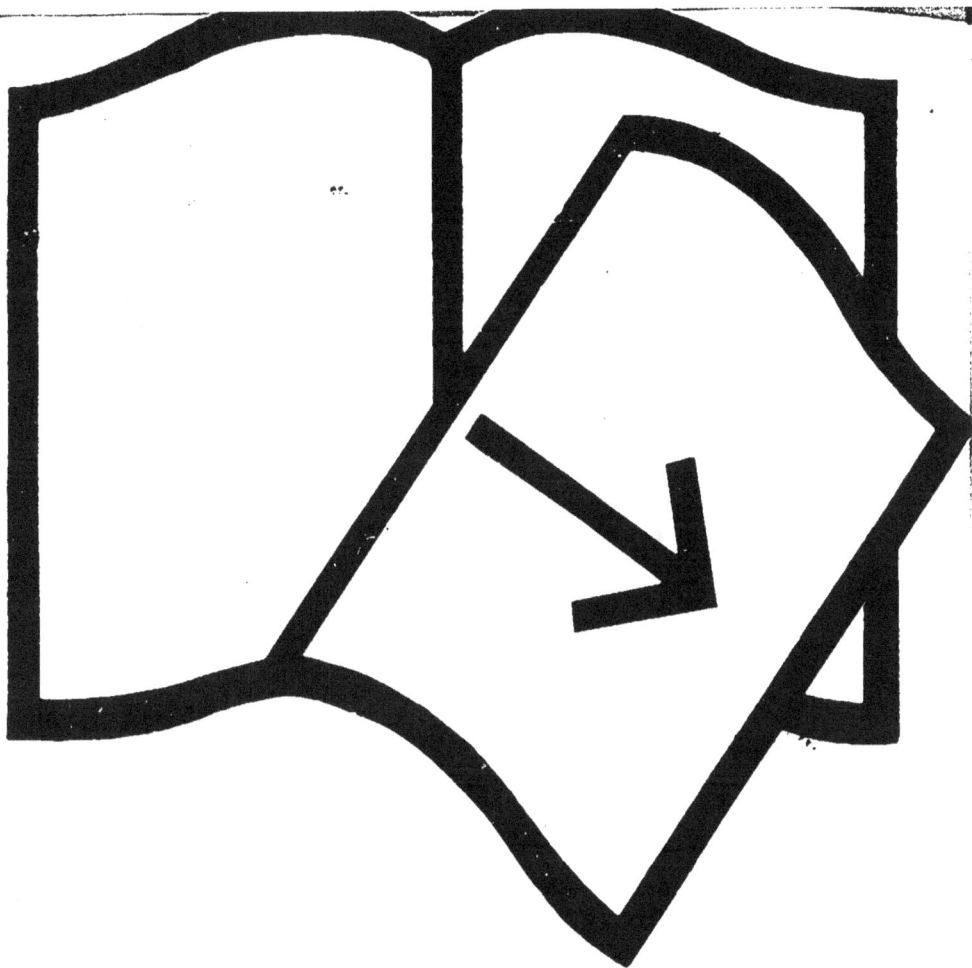

Documents manquants (pages, cahiers...)

NF Z 43-120-13

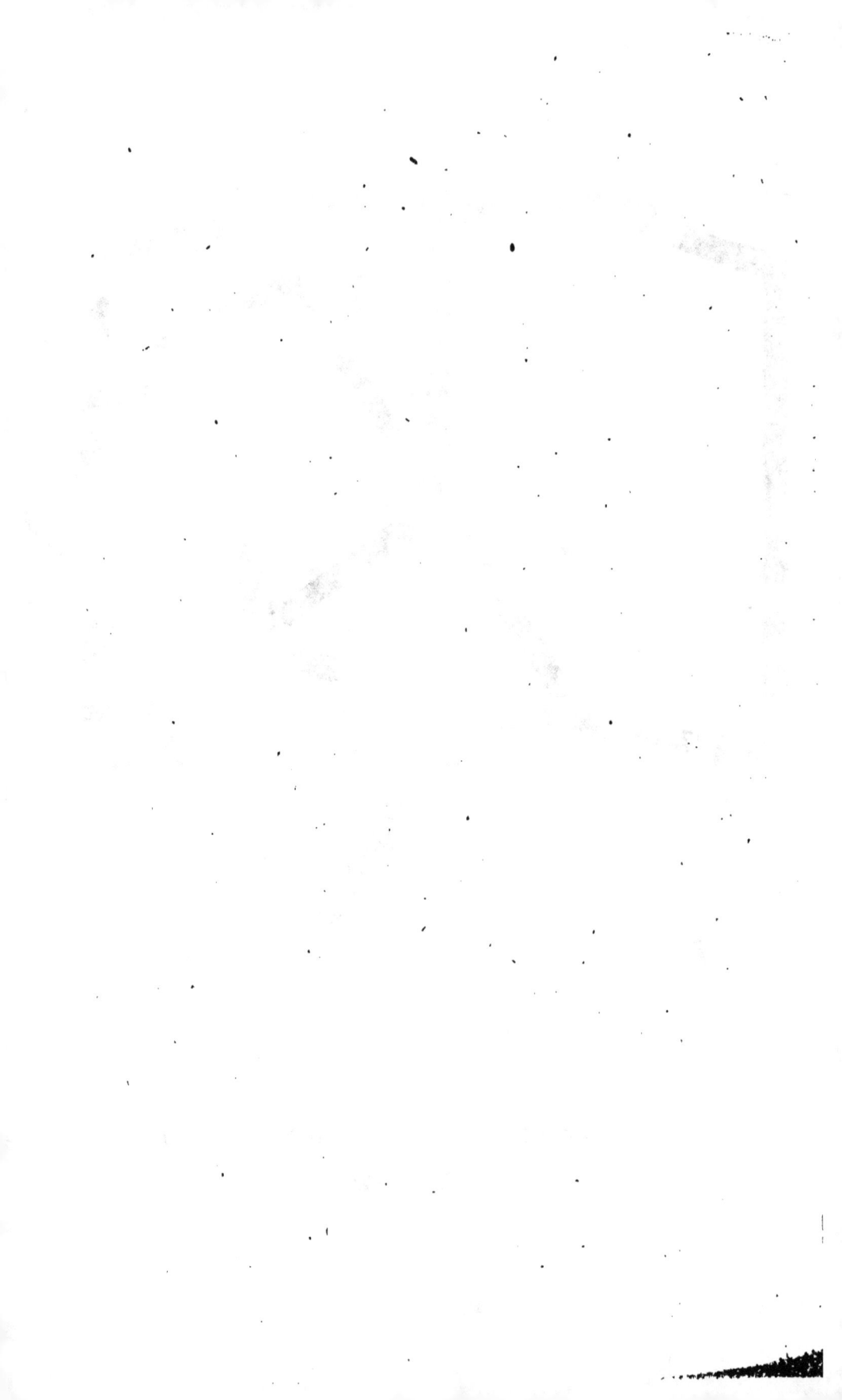

Guillaume III, appelé à la couronne par le choix du peuple, dans le temps même qu'il avait sous les yeux l'héritier expulsé, débuta ainsi dans le discours qu'il prononça, en montant sur le trône : « Voici la première fois que je me rends auprès de mon peuple en parlement, depuis qu'il a plu au Tout-Puissant de m'appeler au trône de mes ancêtres ».

Georges I⁰ʳ tint le même discours.

Aujourd'hui les princes de l'Europe, à l'exception de celui de la Grande-Bretagne, s'énoncent tous dans leurs édits comme n'étant comptables qu'à Dieu, et ne devant rien aux peuples. Il n'y a pas jusqu'à ce pauvre roi de Pologne, dépouillé de ses états par ses honnêtes voisins, qui n'ait réclamé l'obéissance de ses anciens sujets, en vertu de l'autorité qu'il prétend avoir reçue du ciel. Et comme si ce n'était pas assez de se dire, en toutes rencontres, princes, *par la grâce de Dieu*, ils font graver cette sentence pour exergue des monnaies, afin que les peuples l'aient sans cesse sous les yeux.

Le peuple réclame-t-il contre leurs injustes prétentions? Ils trouvent mauvais qu'il ose examiner ces mystères; ils crient qu'ils veulent des sujets soumis, non des juges; et, sous prétexte d'obéissance ou de respect, ils asservissent à leur aise ceux que la crainte fait taire, et oppriment ceux qui osent se récrier.

« C'est un crime de contrôler la puissance mystique des rois; ce serait éclairer leurs faiblesses, et détruire le respect sacré qui est dû à ceux qui sont

17

assis sur le trône de l'Éternel », disait Jacques Ier,
dans un discours adressé à la chambre étoilée, lorsqu'il y évoqua la cause du chancelier Bacon [1] et [2].

Louis XIV ayant fait arrêter, au mépris de sa parole, le cardinal de Retz, répondit à ceux qui en
sollicitaient l'élargissement : « *Qu'ils ne devaient pas
se flatter qu'il changeât d'avis, et qu'on devait révérer sa résolution, comme inspirée de celui qui tient
en ses mains et sous sa protection les cœurs et les
volontés des rois* [3]. »

Sottise des peuples.

Ce ne sont pas seulement les projets ambitieux
des princes, leurs trames perfides, leurs noirs attentats qui amènent la servitude : presque toujours
la sottise des sujets prête la main à l'établissement
du despotisme.

Chez tout peuple où le pouvoir législatif n'a pas
soin de rappeler sans cesse le gouvernement à son

[1] Sanderson, 1656, 1436, etc.

[2] Ce grand personnage, qui fut chevalier, conseiller, solliciteur général, garde-des-sceaux et chancelier, avec le titre de baron, fut
aussi *marchand de places et de priviléges ;* il devint, pour ce motif, le sujet d'une enquête ; et, convaincu du plus honteux trafic dont on
puisse accuser un homme d'état, on le condamna à l'amende et à
l'emprisonnement. Les hommes d'état de nos jours sont plus heureux ;
ils font beaucoup plus que Bacon, et ils reçoivent la récompense de
leur improbité des mains mêmes du chef de l'état. A la vérité, nous
sommes en progrès !   (*Nouvel éditeur.*)

[3] *Histoire du cardinal Mazarin,* tom. 3, liv. vi, chap. 1.

principe, à mesure qu'on s'éloigne des temps où il prit naissance, les citoyens perdent de vue leurs droits, ils les oublient peu à peu, et ils en viennent à ne plus s'en souvenir : à force de les perdre de vue, de ne plus avoir le législateur sous les yeux, et de voir le prince commander seul, ils le comptent pour tout dans l'état, et ils finissent par se compter pour rien [1].

Le vulgaire pense bonnement que les grands de ce monde ont de grandes âmes; qu'ils rougissent d'une action basse [2]; qu'ils s'indignent de procédés honteux. Fausse opinion bien favorable au despotisme.

Il suffit à un prince estimé de faire quelque ordonnance équitable, pour avoir l'assentiment général, pour que le peuple l'admette à l'instant comme une loi, pour qu'il sanctionne lui-même l'usurpation faite de sa puissance : c'est ce que fit voir l'exemple de Henri III d'Angleterre, dont les simples proclamations avaient force de loi.

Le bonheur commun est le seul but légitime de toute association politique; et quelles que soient

[1] La plupart des peuples sont si fort pliés au joug, qu'ils portent dans l'étranger la crainte servile des esclaves. Voyez les Vénitiens domiciliés en quelque pays libre; jamais ils n'y parleront du gouvernement de leur patrie. J'en ai vu plusieurs à Londres pâlir pour entendre un homme de bien donner essor à son indignation contre la sourde tyrannie des inquisiteurs d'état.

[2] Il en est quelques-uns, sans doute, qui rougiraient de mettre la main dans la poche d'autrui; mais en est-il un seul qui ne fût prêt à dévaliser le trésor public?

les prétentions de ceux qui commandent, il n'est aucune considération qui ne doive céder à cette loi suprême. Mais les peuples ne regardent comme sacrée que l'autorité des princes [1]; ils sont prêts à tout sacrifier, plutôt que de sévir contre l'*oint du Seigneur;* ils ne se croient jamais en droit de recourir à la force contre son injuste empire, et ils pensent qu'il n'est permis de le fléchir que par des prières [2].

Où ne va pas leur stupidité!

Qu'une nation nombreuse gémisse sous le joug, à peine quelqu'un y trouve-t-il à redire; mais qu'une nation entière punisse un tyran, chacun crie à l'outrage.

Quand le prince peut soustraire un coupable à la justice, on méprise le devoir et on recherche la protection. Est-on protégé? Fier du joug humiliant du despote, on est honteux du joug honorable des lois [3].

Les rois, les magistrats, les chefs d'armée, tous ceux, en un mot, qui paraissent revêtus des marques de la puissance, tiennent les rênes de l'état, et dirigent les affaires publiques, sont l'objet de l'ad-

---

[1] C'est une chose comique d'entendre les étrangers parler du supplice de Charles Ier. Les Anglais, disent-ils, firent un crime atroce en violant la sacrée majesté des rois.

[2] *Bonos imperatores voto expetere, qualescumque tolerare,* dit Tacite, l'un des plus grands ennemis de la tyrannie.

[3] A Athènes, les riches avaient la mauvaise honte de passer pour soumis aux tribunaux.

miration des peuples. Vieilles idoles qu'on adore et qu'on encense bêtement [1].

Que le prince dissipe en fêtes, en banquets, en tournois, les deniers publics; on voit ses stupides sujets, loin de s'indigner de ces odieuses prodigalités, admirer en extase ses folies, et vanter sa magnificence.

Outre la pompe, le peuple respecte dans les princes l'avantage de la naissance, la richesse de la taille [2], la beauté de la figure; et ces frivoles avantages ne servent pas moins à augmenter leur empire, qu'ils ne font celui de l'amour.

La bonne fortune des princes leur tient lieu de mérite auprès du peuple : car, quelque fortuits que soient les événemens, il prend toujours leurs brillans succès pour des effets de leur habileté; et cette erreur augmente encore la vénération qu'il a pour eux [3].

---

[1] Le peuple méprise ceux qu'il a vus ses égaux. Parmi les invectives dont s'accablent les Castellani et les Nicoloti, ceux-là reprochent à ceux-ci d'avoir eu pour doge un artisan du quartier Saint-Nicolas.

Les Germains eux-mêmes, les plus libres des hommes, se décidaient par la naissance dans le choix de leurs rois. Tacite, *de morib. Germ.*

[2] Pepin était de petite taille; aussi les seigneurs de sa cour n'avaient-ils pas toujours pour lui les égards convenables, tandis que l'air noble de Louis XIV en imposait et attirait le respect; la beauté de Philippe IV le rendit l'idole des Castillans. *Abregé chronologique de l'histoire d'Espagne.*

Les Éthiopiens élisent toujours pour leur roi le plus beau d'entre eux. Hérod., *Thalie.*

[3] Après que le duc Pepin et Charles Martel eurent fait triompher deux fois l'Austrasie de la Neustrie et de la Bourgogne, les seigneurs

Mais rien ne l'augmente davantage que sa folle admiration pour certains caractères saillans. Qu'un prince ait de la vigilance, de la fermeté, de la valeur; qu'il soit superbe, entreprenant, magnifique : en voilà assez; il peut d'ailleurs être pétri de défauts et de vices, quelques brillantes qualités le rachètent de tout.

Pourquoi ne pas juger les princes de la même manière que des particuliers? Nous ne considérons les actions des hommes d'état, que comme hardies, grandes, extraordinaires; au lieu de les considérer comme justes, bonnes, vertueuses. Nous leurs pardonnons le mépris de leur parole, le manque de foi, l'artifice, le parjure, la trahison, la cruauté, la barbarie : que dis-je, nous encensons leurs folies,

---

français conçurent une si haute idée des vainqueurs, que leur admiration était sans bornes. « Le délire de la nation pour la famille de Pepin alla si loin, qu'elle élut pour maire du palais un de ses petits-fils, encore dans l'enfance, et l'établit sur le roi Dagobert. » Le commentateur anonyme de Frégedaire, sous l'an 514, chap. 104.

Ce fut la haute réputation que s'acquit Édouard III, par la fameuse bataille de Crécy, qui le rendit absolu dans ses états.

Les Anglais étaient si enflés de la gloire qui rejaillissait sur eux des exploits militaires de Richard I r, qu'ils l'adorèrent, quoiqu'il les tint sous le joug. Hovedan, pag. 735.

Long-temps l'aveugle persuasion que l'empire est un droit sacré de la couronne, et que la volonté du monarque est un titre auquel on ne doit point résister, nous a tenus sous le joug.

Ce préjugé est détruit; mais nous n'avons secoué le joug du monarque, que pour prendre celui de nos chargés de pouvoirs.

Peuple insensé! Au lieu de les couronner de lauriers, vous devriez les couvrir d'infamie; et ces tours où vous attachez leurs trophées, devraient être un échafaud où l'ignominie attacherait leur nom.

au lieu de nous indigner; nous célébrons leurs attentats, au lieu de les noter d'infamie [1] : aveugles que nous sommes, souvent même nous leur décernons des couronnes pour des forfaits que nous devrions punir du dernier supplice.

Laissons là les louanges prodiguées aux Alexandre, aux César, aux Charles-Quint; et parmi tant d'autres exemples que fournit l'histoire, bornons-nous à celui de Louis XIV, ce comédien magnifique, que tant de courtisans, tant de poètes, tant de rhéteurs, tant d'histrions, ont bassement prôné; que tant de sots ont stupidement admiré, et dont la mémoire, flétrie par les vrais sages, doit être en horreur à tout homme de bien.

Un bon prince doit toujours se proposer le bonheur des peuples : mais qu'on examine la conduite de ce monarque. Durant le long cours de son règne, il ne s'étudia jamais qu'à chercher ce qu'il pourrait entreprendre pour sa gloire; toutes ses actions ne tendirent qu'à faire parler de lui : déplorable manie à laquelle le royaume fut sans cesse sacrifié!

Au lieu d'administrer avec sagesse les revenus publics, il les prodiguait à ses créatures, à ses favoris, à ses maîtresses, à ses valets; il les dissipait en bals, en spectacles, en tournois, en fêtes; il les

---

[1] Quel homme sensé aurait pu s'empêcher de rire ou de s'attendrir sur le déplorable aveuglement de l'espèce humaine, à la vue d'une foule de malheureux exténués par la faim et à demi-nus, dansant en sabots autour d'un feu de joie, pour célébrer les victoires du grand monarque?

consommait à faire des jets-d'eau, à bâtir des palais,
à transporter des montagnes; à forcer la nature : au
lieu de laisser ses sujets jouir en paix du fruit de
leurs travaux, il immolait au vain titre de conquérant, leur repos, leur bien être, leur vie même; et
tandis qu'il disputait à l'ennemi de nouveaux lauriers,
il les faisait périr de faim au milieu de ses victoires [1].

Que dis-je? Pour satisfaire ses caprices, son fol
orgueil, ses besoins toujours renaissans, il ne se
contenta pas d'épuiser le produit des années passées,
il ruina l'espérance des années à venir, il obéra
l'état [2]?

Voyez-le, énivré de la gloriole de commander, faire
tout plier sous son bras, renverser tout ce qui s'opposait à ses volontés, et, pour montrer jusqu'où
allait son pouvoir, porter la tyrannie jusque dans
les cœurs, armer une brutale soldatesque contre une
partie de ses sujets, et livrer à mille rigueurs quiconque d'entre eux refusait de trahir le devoir [3].

Il érigea en faveur du public quelques monumens

1 En 1664, il y eut famine dans tout le royaume.

2 A sa mort, les dettes qu'il laissa à la couronne montaient à
4,500,000,000 liv. de notre monnaie. Il dépensa pendant son règne
18,000,000,000 liv.; ce qui fait à peu près 380,000,000 annuellement, tandis que les revenus de l'état, sous Colbert, n'allaient qu'à
117,000,000; l'excédant fut fourni en fonds d'amortissement, en papier
de crédit sans valeur, en emprunts onéreux, en vente de charges de
magistrature, d'emplois, de dignités, et en mille autres spéculations
d'industrie.

3 La dragonade *.

* On n'ignore pas que le moustre que Marat peint avec des couleurs si vraies eut la
prétention de faire changer de religion à un million d'hommes. Les moyens qu'il em-

d'ostentation, jusqu'ici tant célébrés : mais qu'on y réfléchisse un peu ; s'il eût laissé à son peuple les sommes immenses qu'ils ont coûté, elles auraient bien autrement contribué au bonheur de l'état. Pour quelques soldats impotens nourris aux invalides, une multitude de laboureurs n'aurait pas été réduite à la mendicité. Avec l'argent qu'il leur a enlevé, ils auraient cultivé leurs champs, amélioré leur patrimoine, assuré leur subsistance, et leur malheureuse postérité ne languirait pas aujourd'hui dans l'indigence.

Pour quelques oisifs qui vont tuer le temps dans

---

ploya pour arriver à ses fins sont bien dignes d'un pareil scélérat. Un homme d'église marchait en tête des dragons ; on amenait devant ces convertisseurs à coups de sabres, les familles calvinistes ; et, quand les paroles de l'homme d'église n'opéraient pas, le sabre manœuvrait. Cela devait être ainsi : le marquis de Louvois, l'un de nos plus beaux types du coquinisme, avait dit : « Sa majesté veut qu'on fasse éprouver les dernières rigueurs à ceux qui ne voudront pas se faire de sa religion. » Ces mots sont extraits d'une lettre de 1685, écrite de la propre main de ce misérable, qui a son digne pendant dans ce brigand de Le Tellier, dont la joie fut si douce et si grande, quand il signa la révocation de l'édit, qu'un contemporain, le comte de Grammont, a dit de lui : « Je crois voir une fouine qui vient d'égorger des poulets, en se léchant le museau plein de leur sang. » Et puis les catins de la cour d'un polisson couronné, qui reçut de l'Hôtel-de-Ville le nom de *grand* (l'esprit est atterré de tant de lâchetés !), entre autres madame de Sévigné écrivait dans des billets folâtres et parfumés (Voyez une lettre du 28 octobre 1685, au comte de Bussy, son cousin) ; J'aime toujours le père Rapin ; c'est un bon et honnête homme. Il était soutenu du père Bourdaloue, dont l'esprit est charmant, et d'une facilité fort aimable. Il s'en va, par ordre du roi, prêcher à Montpellier, et dans ces provinces où tant de gens se sont convertis sans savoir pourquoi. Le père Bourdaloue le leur apprendra, et en fera de bons catholiques. Les dragons ont été de très-bons missionnaires jusqu'ici : les prédicateurs qu'on envoie présentement rendront l'ouvrage parfait. Vous aurez vu sans doute l'édit par lequel le roi révoque celui de Nantes. « *Rien n'est si beau que ce qu'il contient, et jamais aucun roi n'a fait et ne fera rien de plus mémorable.* » Allons, gens de la plus belle des monarchies du monde, admirez, sautez de joie et battez des mains ! Tout cela n'est-il pas digne de votre héros, de ce grand roi qui portait des reliques dont lui avait fait présent la Maintenon ; qui, après la perte de la bataille de Ramilliers, que précédèrent les dragonnades, s'écria : « Est-ce que Dieu aurait oublié ce que j'ai fait pour lui ; » et qui, pour en finir avec cet homme de boue et de sang, se croyait immortel.   (*Nouvel éditeur.*)

les vastes jardins de ses palais, une multitude innombrable d'ouvriers utiles n'aurait pas été réduite à de méchantes chaumières, exposée à la rigueur des saisons; et combien de milliers de manœuvres n'auraient point péri sous des ruines ou dans des marais [1]!

Il a encouragé le commerce, les arts, les lettres; mais que sont ces frivoles avantages comparés aux maux qu'il a causés? Que sont-ils, comparés aux flots de sang qu'a fait couler sa folle ambition, à la misère où son orgueil a réduit ses peuples, aux souffrances de cette foule d'infortunés qu'il a livrés aux horreurs de la famine? Que sont-ils, comparés aux malheurs qu'entraîne la manie d'avoir toujours sur pied des armées formidables de satellites? Manie dont il donna l'exemple; manie qui a saisi tous les états, et qui causera enfin la ruine de l'Europe entière.

Les rois sont si accoutumés à ne compter qu'eux dans les entreprises publiques, et ce funeste penchant est la source de tant de maux, qu'on ne saurait trop leur ôter l'envie de l'exercer. La vraie gloire des princes est de faire régner les lois, de maintenir la paix, de procurer l'abondance, de rendre leurs peuples heureux : mais pour le malheur

[1] Plus de dix mille manœuvres périrent dans les marais de Versailles *.

* Le château de Versailles a coûté 187,078,537 livres 13 sous 2 deniers.

(*Nouvel éditeur.*)

des hommes, ce n'est pas de cette gloire dont ceux
qui commandent sont jaloux.

Stupides que nous sommes, n'est-ce pas assez de
leurs vices pour nous désoler? Faut-il qu'une sotte
admiration pour leurs folies serve encore à appesantir nos fers?

Préjugés stupides.

Je ne sais ce qui doit le plus surprendre, de la
perfidie des princes, ou de la stupidité des peuples.

Non seulement cette extrême facilité du peuple à
être ébloui par le faste, la pompe, les grandes entreprises, la bonne fortune et les qualités brillantes
des princes contribuent à sa servitude; mais ces
sots préjugés sont souvent des titres dont il laisse
jouir les tyrans.

Le vulgaire mesure sa vénération sur la puissance,
et non sur le mérite; il méprise les monarques qui
ne sont pas absolus [1], et il révère les despotes. Obéir
sur le trône est pour lui un ridicule insoute-

---

[1] Le sénat romain ne fut plus respecté dès que sa puissance fut par-
tagée.

Le czar gouverne ses états avec un sceptre de fer : arbitre de la
vie et de la mort, sa volonté est sans appel. Cette autorité sans bornes, loin d'être odieuse à ses sujets, semble être fort de leur goût. Plus
le prince a de pouvoir, plus ils le croient près de la divinité. Quand on
interroge un Russe sur une chose qu'il ignore : *Il n'y a que Dieu et le czar
qui le sache*, répond-il à l'instant.

Et la puissance limitée des rois d'Angleterre n'est-elle pas pour les

nable; il n'est frappé que de la grandeur d'une autorité sans bornes, et il n'admire que l'excès du pouvoir.

Un roi n'est-il pas tout-puissant? les peuples le méprisent : *souverain sans pouvoir, esclave couronné*, tels sont les titres qu'ils lui donnent. Ce n'est que lorsqu'il peut les faire gémir qu'ils commencent à le révérer; souvent même, loin de s'opposer à ses entreprises pour devenir absolu, ils se disputent à l'envi le malheur d'être soumis à un despote.

Les vues du cabinet doivent être cachées; on ne saurait les divulguer sans découvrir les secrets de l'état, et faire échouer ses entreprises; d'où l'on infère que toute la gloire des peuples consiste dans l'obéissance aveugle aux ordres du gouvernement.

Le roi ayant le droit de nommer ses ministres, on en conclut que le peuple n'a pas le droit de leur résister [1].

Certains peuples ont la sotte prévention de croire que la gloire du prince consiste dans la dépendance

---

Français un chapitre intarissable de mauvaises plaisanteries? Les Anglais eux-mêmes ne sont pas exempts de ces petitesses.

On rapporte qu'Edgar voulant aller à la chasse par eau de Chester à l'abbaye de Saint-Jean-Baptiste, obligea huit rois, ses tributaires, de conduire sa barque. Les historiens anglais sont charmés de compter dans le nombre Kennal, roi d'Écosse; et les historiens écossais s'opiniâtrent à nier ce fait. Hume, *hist. d'Angleterre*.

[1] La maxime des torys.

servile des sujets [1] ; d'autres se piquent du faux honneur d'une loyauté à toute épreuve pour leurs maîtres [2]; et c'est la folie de chaque nation de vanter
la sagesse de ses lois. Sottes maximes, préjugés stupides destructeurs de la liberté!

Continuation du même sujet.

Mais jusqu'où ne va pas la stupidité du peuple!
Qui ne serait pénétré de douleur à la vue des égare-
mens de l'esprit humain! A voir les hommes se livrer sans sujet aux fureurs des passions les plus
effrénées, on les croirait des automates, ou plutôt
des forcenés. Combien abhorrent leurs semblables,
dont ils ne reçurent jamais aucun sujet d'offense,
et dont ils auraient à se louer, s'ils les connaissaient, simplement parce qu'ils n'ont pas
la même opinion sur les objets qu'ils n'entendent ni les uns ni les autres ? Et combien com-

[1] Les Français sont tellement imbus de ces préjugés, qu'ils ne considèrent jamais dans les entreprises publiques que la gloire du monarque.

[2] Les Castillans se piquent d'une fidélité inviolable pour leur roi.
Lorsque l'empereur Joseph voulut détrôner Philippe V, et que ses armes firent proclamer dans Madrid l'archiduc roi d'Espagne, personne
ne répondit aux acclamations de la soldatesque; les paysans et les citadins assommaient à la brune les soldats qu'ils rencontraient, les chi-
rurgiens empoisonnaient les blessés dans les hôpitaux, les courtisanes
infectaient à dessein les vainqueurs; les curés et les paroissiens s'en-
régimentaient d'eux-mêmes, et volaient au secours de Philippe; les
évêques se mettaient à la tête des moines, et jusqu'aux femmes com-
battaient pour leur roi. *Abrégé chronologique de l'histoire d'Espagne.*

blent de bénédictions les monstres qui les tyrannisent? Il n'y eut jamais sous le soleil de tribunal plus épouvantable que *l'inquisition;* tribunal redoutable à l'innocence, à la vertu la plus pure; tribunal où la malice la plus raffinée, la perfidie la plus consommée, la barbarie la plus recherchée, déployaient à-la-fois leurs fureurs, et où tous les supplices de l'enfer étaient exercés contre ses malheureuses victimes. Aurait-on imaginé qu'il se trouvât sur la terre des hommes auxquels un pareil tribunal ne fût en horreur? Hélas! parmi ceux-mêmes qu'il enchaînait, et qu'il devait épouvanter, il s'en est trouvé qui tremblaient de le perdre. A la prise de Barcelone, les habitans stipulèrent qu'on laisserait l'inquisition.

Ridicule vanité des peuples.

La sotte vanité des peuples prête aussi à l'autorité.

A la mort du despote, seul instant où les sujets puissent faire éclater leurs vrais sentimens, au lieu de chants d'allégresse, ils jouent la douleur; et, crainte de passer pour plébéiens ou indigens, ils prennent le deuil comme les valets de la cour.

Mais s'ils accordent ces marques d'honneur à un Tibère, à un Louis XI, à un Henri II, qu'auront-ils pour un Marc-Aurèle, un Titus, un Trajan? Insensés! ne voyez-vous pas que ces vains dehors vous privent du seul moyen qui vous restait de vous venger avec éclat d'un mauvais prince [1], du seul moyen qui vous restait d'honorer la mémoire d'un prince vertueux! Ne voyez-vous pas que ces vains dehors vous ôtent le seul frein qui vous restait pour réprimer l'audace du successeur à la couronne, aiguillon qui vous restait pour le porter à la vertu!

Sous ces habits lugubres, vous voilà confondus avec les courtisans, vous voilà transformés en vils adulateurs, vous voilà mis au rang des ennemis de la patrie.

Et combien d'autres inconvéniens!

Par ces vaines marques de respect, vous avez renversé les vrais rapports des choses. Pour la perte d'un prince qui savait à peine balbutier, plus de jeux, plus de ris, les spectacles se ferment, les fêtes sont suspendues, partout un air de tristesse, de consternation; tandis que pour la perte des bienfaiteurs de la patrie, de ceux qui l'ont défendue au prix de leur sang, de ceux qui l'ont enrichie de leurs lumières, de ceux qui l'ont ornée de leurs vertus, point de marque publique de douleur, les fêtes continuent et l'état est riant. Que dis-je? Un prince allié vient-il à mourir; on imite la cour, on prend le deuil, et on lui prodigue des marques d'intérêt

[1] Combien le refus de la sépulture fait à un mauvais prince n'en a-t-il pas placé de bons sur le trône d'Égypte*!

* On sait qu'après la mort des rois d'Égypte, toutes leurs actions étaient examinées avec une rigoureuse sévérité, et que si leur vie n'avait pas été pure, leurs cadavres étaient jetés à la voirie. *(Note de l'éditeur.)*

que l'on ne voit pas même dans les calamités publiques, lorsque le feu du ciel consume les cités,
lorsque la famine réduit le peuple au désespoir et
que la contagion pousse par milliers les citoyens
dans la tombe.

Enfin, par cet esprit servile, les princes en viennent à nous faire un devoir de ces marques de vénération, et portant leur empire tyrannique jusque
dans nos cœurs, ils nous ordonnent de pleurer
quand ils pleurent et de rire quand ils rient.

Dès lors, toute idée de saine politique est anéantie; le prince est tout, et l'état n'est plus rien.

Usurper le pouvoir suprême.

Quand les princes en sont venus là, ils conduisent
jusqu'au bout leur sacrilége entreprise. Brûlant de
voir leur esclave dans leur souverain, ils travaillent
à s'en rendre maîtres; et pour cela, ils ne font souvent que tourner contre lui les vices de la constitution même.

Dans tout pays où l'activité de la puissance qui
ordonne dépend de la puissance qui exécute, le législateur est réduit à n'oser se montrer que lorsque
le prince le lui permet, et à ne parler que lorsqu'il
l'interroge; pour le rendre nul, il ne s'agit donc que
de ne plus le convoquer. Or, une fois qu'il est tombé
dans l'oubli, le prince s'en arroge peu à peu les
fonctions; il commence à publier de son chef quelque édit, d'abord sur des objets frivoles, ensuite

sur des objets sérieux, puis sur des objets importans; il répète sans bruit cet attentat, il accoutume
doucement le peuple à ce transport d'autorité, et il
se trouve enfin nanti du pouvoir redoutable de faire
les lois.

C'est ainsi que les rois de France ont usurpé la
souveraineté[1]. Au commencement de la monarchie,
l'autorité royale était bornée au pouvoir exécutif; la
suprême puissance résidait dans les assemblées de la
nation, où tout homme libre avait droit d'assister[2].
Cette puissance s'étendait sur chaque branche du
gouvernement. Élire le prince, accorder des subsides, faire des lois, redresser les griefs nationaux,
juger en dernière instance les différends[3], tout cela
était de son ressort; ainsi tout ce qui regardait le bien

[1] Voyez, sur ce point si important de notre histoire, le chap. 3 du
liv. 1 des *Observations sur l'histoire de France*, par Mably, où l'on trouve
des détails curieux et d'un vif intérêt, sur les causes qui ont ruiné le
principe démocratique sous les premiers rois Mérovingiens. Voyez
aussi le liv. Ier de l'excellent ouvrage de Thouret, sur le même sujet.

(*Nouvel éditeur.*)

[2] Les anciennes annales des Francs décrivent en ces mots les personnes présentes aux assemblées tenues en 788 : « *In placito Jugelhei-
mensis conveniunt pontifices, majores, minores, sacerdotes, reguli, duces,
comites, præfecti, cives, oppidani*, etc. Sorberus, art. 304.

[3] Les capitulaires, c'est-à-dire les lois faites dans ces assemblées,
avaient rapport, les uns au gouvernement politique, les autres au gouvernement économique, la plupart au gouvernement ecclésiastique, et
quelques-uns au gouvernement civil.

Voyez les capitulaires recueillis par Baluze; le capitulaire de l'an 877
rapporte le serment que fit Louis-le-Bègue lors de son sacre. Ce serment commence ainsi : *Louis, constitué roi par la miséricorde de Dieu et l'é-
lection du peuple, je promets*, etc.

18

public, étant délibéré dans ces assemblées, le roi n'avait que le droit de consentir ces délibérations, et non celui de s'y opposer, Tel était le gouvernement français sous ces rois de la première race.

Malgré les usurpations de la couronne, les assemblées conservèrent, sous les rois de la seconde race, une puissance très-étendue. Elles décidaient quel membre de la famille royale devait monter sur le trône : le prince devait les consulter sur les affaires importantes de l'état; et sans leur consentement, point de nouvelles lois reconnues, point de subsides levés.

Sous les derniers descendans de Charlemagne, l'autorité de la couronne, à son tour, fut réduite presqu'à rien : chaque baron faisait de sa terre un petit état presqu'indépendant, qu'il gouvernait d'une manière arbitraire. Le royaume ainsi divisé, chaque partie reconnaissait un maître particulier, se gouvernait par des usages particuliers[2]. avait des intérêts particuliers, il n'y avait plus entre elles aucun principe d'union : dès-lors les assemblées nationales, considérant à peine l'état comme un même tout, ne

---

[1] On convoque ces assemblées, dit Clotaire II, afin que tout ce qui regarde la sûreté commune soit statué par une commune délibération; et quels que soient leurs décrets, je m'y conformerai. Amoinus, *de Gestis Franc.*, lib. 4; Bouquet, recueil 3, cap. 115, etc. Voyez aussi les capitulaires de Charles-le-Chauve, de 822 et 857.

[2] Depuis l'élection des grands fiefs, toute terre, à peu près, étant devenue fiscale, le roi n'envoya plus d'officiers extraordinaires dans les provinces pour surveiller l'administration de la justice; dès lors il n'y eut plus de lois communes.

purent plus faire de lois communes; elles évitèrent donc d'en faire de générales, et elles laissèrent, pour ainsi dire, sommeiller le pouvoir législatif.

Sous les descendans d'Hugues Capet, ces assemblées bornèrent leurs fonctions à régler les subsides, à choisir l'héritier de la couronne, et à nommer la régence, si le roi ne l'avait pas fait par son testament.

C'était au prince à convoquer les assemblées nationales; mais comme il n'avait pas souvent besoin de subsides extraordinaires, il ne les convoquait que dans les circonstances critiques; car l'obligation de les tenir régulièrement en activité ne faisait point partie de la constitution : ainsi, pour annuler la puissance de ces assemblées, il suffisait d'éviter avec soin de les convoquer.

Quand l'exercice de cette puissance eut été long-temps suspendu, les rois se l'arrogèrent; mais ils l'exercèrent d'abord avec beaucoup de retenue, et ils prirent toutes les précautions imaginables pour que les peuples ne s'alarmassent point de cette usurpation. Cachant leur nouveau pouvoir le plus qu'ils purent, ils commencèrent à publier leurs ordonnances, non avec un ton d'autorité, mais de réquisition. Ils semblaient traiter avec leurs sujets, is leur marquaient ce qu'il y avait de mieux à faire, et ils les invitaient à s'y conformer.

A mesure que la couronne étendit sa puissance, cet humble ton fit place à un ton impérieux, et vers le milieu du quinzième siècle, les rois affichèrent le droit de commander en maîtres. Le dernier des capitulaires recueillis par Baluze fut fait en 921, sous Charles-le-Simple. Cent trente ans après parurent quelques ordonnances royales, contenues dans la collection de Laurière; mais la première qui concerna tout le royaume fut celle de Philippe-Auguste. En 1190, les établissemens de saint Louis ne furent point donnés comme lois générales, mais comme un code de lois pour le domaine de la couronne. La vénération qu'on avait pour la piété de ce prince fit adopter ce code dans tout le royaume, et ne contribua pas peu à réconcilier la nation avec l'exercice d'un pouvoir usurpé. Amenée peu-à-peu à voir le monarque publier de son chef des édits sur les sujets les plus importans, elle ne fut pas surprise de lui en voir enfin publier sur la levée des subsides pour subvenir aux besoins du gouvernement. Aussi, lorsque Charles VII et Louis XI hasardèrent ces actes arbitraires, les esprits y étaient si bien préparés qu'à peine cette usurpation excita-t-elle quelques murmures.

A mesure que les rois continuèrent à exercer le pouvoir législatif, leurs sujets cessèrent de le trouver étrange; ils oublièrent enfin que ce pouvoir était usurpé : et aujourd'hui l'idée qu'au prince seul appartient le droit de faire les lois, est si universellement reçue en France, que soutenir le contraire paraîtrait un paradoxe [1].

[1] Il ne faut pas oublier que cet ouvrage a été publié en 1774.

Continuation du même sujet.

Quand le prince ne peut réussir à faire tomber le législateur dans l'oubli, il suspend l'exercice de ses fonctions, il s'efforce d'aveugler le peuple, et de le faire consentir à s'en passer.

Pressé de lever des subsides, Charles Ier assemble enfin le parlement; mais trouvant beaucoup d'opposition dans la chambre des communes, il le dissout au bout de quelques jours. Le peuple murmure : Charles essaie de justifier cette dissolution prématurée, en la rejetant, suivant sa coutume, sur des prétendus factieux de la chambre basse, et il termine sa déclaration en invitant ses sujets à adresser leurs humbles pétitions à sa majesté sacrée, qui s'empressera de redresser leurs griefs, de manière qu'ils reconnaîtront bientôt qu'aucune assemblée ne pourra prévaloir sur le cœur du roi, autant que son amour pour la justice, et la tendre affection qu'il porte et portera toujours à son peuple.

Ce prince ayant mis dans ses intérêts les intrigans qui avaient quelque ambition, et qui cherchaient leur avancement dans les désordres, laissa tomber le masque, déterminé à tout entreprendre pour se rendre absolu : mais afin de ne pas alarmer la nation il fit proclamer que s'il avait dissous le parlement, c'est que, jaloux du bien public, il ne voulait pas que la chambre des communes, livrée à un esprit de parti et de sédition, parvint à renverser la monarchie, et à usurper un pouvoir arbitraire.

Des coups d'état.

Tel qu'un fleuve mine lentement les digues qu'on lui oppose et les rompt tout-à-coup, ainsi le pouvoir exécutif agit sourdement et renverse enfin toutes ses barrières.

Il n'est point de moyen que les princes n'emploient pour usurper la puissance suprême.

« *La justice, la bonté, l'honneur, la vertu, ne sont faites que pour des particuliers*, disent les fauteurs du despotisme; c'est par d'autres principes que doivent se conduire ceux qui tiennent les rênes de l'état. Tout est permis pour monter sur le trône, et, quand on y est assis, on doit tout tout immoler à son propre agrandissement. Sur le moindre soupçon, il faut sacrifier tous ceux qui donnent de l'ombrage; il ne faut ni respecter sa parole, ni garder la foi donnée, ni épargner le sang. » Ces horribles leçons, on les érige en maximes de politique, et ces funestes maximes ont produit les plus odieux forfaits, décorés du grand nom de coups d'état.

Combien de ces coups d'état couverts des ténèbres de la nuit! mais combien encore dans l'histoire!

Pisistrate, ayant obtenu des Athéniens cinquante hommes armés de bâtons pour le défendre, prétexte de faux dangers pour se faire une garde nombreuse

qu'il arme complètement, et dont il se sert pour asservir ses maîtres.

Pour s'emparer du gouvernement de Syracuse,
Agatocles convoque le sénat et le peuple, fait égorger par sa garde tous les sénateurs et les plus illustres citoyens, puis il monte sur le trône.

Pour renverser d'un seul coup le pouvoir des
nobles napolitains et s'emparer de l'autorité suprême,
Alphonse, fils de Ferdinand, fait assassiner les plus
puissans barons[1].

Pour soumettre entièrement la Romagne, César
Borgia y envoie Renaro Dorca pour se défaire de
tous ceux qui s'opposeraient à ses desseins. Mais,
craignant que les cruautés inouïes employées contre
eux n'eussent rendu son autorité trop odieuse; pour
calmer les esprits, il joint l'hypocrisie à la férocité,
il désavoue la conduite de son ministre et le fait écar-
teler dans la place publique[2].

Las de la longue et tyrannique domination de
leurs princes, les Vénitiens reprirent, en 1171, les
rênes du gouvernement. Ils continuèrent bien à
élire un doge, mais ils resserrèrent si fort son autorité, qu'ils ne lui laissèrent guère qu'un vain titre.
La puissance suprême résidait alors dans le peuple;
toutefois, comme le concours de tous à toutes choses

[1] Giannone, *Hist. de Nap.*, lib. 28, cap. 2.
[2] August. Niphus, *de regnandi perit.*, lib. 3, cap. 9.
Disons-le, dans l'amertume de notre cœur : Les peuples ne devraient
être gouvernés que par des sages; et, à la honte de l'humanité, ils ne
le sont presque jamais que par des imbéciles, des fous, des scélérats.

ne pouvait avoir lieu, elle fut transférée à un conseil composé de quatre cent soixante-dix citoyens nommés par douze électeurs. Pour que chacun eût son tour, chaque année, au jour de la Saint-Michel, ces citoyens cédaient la place à d'autres. L'autorité de ce conseil était illimitée[1]; or, pour avoir négligé de la

---

[1] Lorsque le souverain s'assemble par ses représentans, leur autorité n'est limitée que par les lois fondamentales de l'état; souvent il ne faut qu'un coup de main pour détruire la liberté.

À cet égard, la constitution anglaise est extrêmement vicieuse. Les députés du peuple sont les gardiens de ses droits; ils doivent toujours les défendre, jamais les enfreindre; mais on n'a point donné de bornes à leur pouvoir pour garantir de leurs attentats l'enceinte sacrée des lois.

Ils ne contractent aucun engagement avec leurs commettans. Une fois nommés, ils vont prendre leurs places dans le sénat; et au lieu de ne se regarder que comme les défenseurs de la constitution, ils s'en croient les arbitres : aussi l'ont-ils altérée plus d'une fois.

C'était un article fondamental que le parlement se tînt au moins une fois l'année. Durant le règne d'Édouard Ier, cette loi fut d'abord confirmée, puis altérée; sous Henri VIII, le parlement passa un bill pour étendre sa durée à sept ans; sous Charles Ier, ce bill fut rendu triennal; sous Charles II, un bill ordonna d'assembler le parlement une fois tous les ans; puis le bill septennal fut rétabli. Dans tous ces actes, le parlement outre-passa les bornes de son autorité. Le droit de déterminer le retour des élections et la durée des sessions appartient incontestablement au peuple, et au peuple seul, car, si les représentans ont le droit de fixer la durée de leur mission à trois, cinq ou sept ans, pourquoi n'auraient-ils pas celui de l'étendre à dix, vingt, trente années, ou plutôt de la rendre à vie et même héréditaire; c'est-à-dire, de se rendre indépendans, de renverser la constitution, et d'asservir la nation?

Il semble que les Anglais n'aient pas senti les funestes conséquences de cet abus, et qu'ils ne le sentent pas même aujourd'hui. Parmi les wighs les plus chauds, combien d'hommes inconsidérés ne cessent de travailler à faire reconnaître la compétence de la chambre basse sur

restreindre, le peuple se vit bientôt asservi par ses représentans. Sous prétexte de réformer les abus, le
doge Pierre Gradenigo changea la forme entière du

cette matière, en y agitant sans cesse la question des parlemens trien-
naux !

Ce que je dis de la durée des élections, je le dis de la fréquence des
sessions, et généralement de tout ce qui tient aux lois fondamentales.
Avec un pouvoir sans bornes pour travailler au bien public, conformément à ces lois, les députés du peuple ne doivent en avoir aucun
pour toucher au fond de la constitution, sans consulter la nation, fût-
ce pour améliorer le gouvernement, fût-ce pour le rendre parfait.

Cependant, le parlement s'est depuis long-temps arrogé le droit de
statuer sur tous les points; droit que le peuple doit revendiquer à quelque prix que ce soit. Ce point, gagné ou perdu, la nation est libre ou
esclave. Tant que le pouvoir de ses représentans n'est pas limité, il
est possible encore d'être libre, j'en conviens; mais la liberté n'est
point solidement établie; l'état n'a pour lois que leurs volontés; maîtres absolus de s'ériger en souverains, de dépouiller le peuple de ses
droits, de l'asservir, de l'opprimer, et de lui interdire jusqu'à la
plainte.

Or, si c'est là la liberté que leur ont acquise leurs pères, fallait-il faire
pour elle de si grands sacrifices, fallait-il verser tant de sang? Je ne dis
pas que le législateur ait dessein de faire un usage aussi funeste de son
pouvoir; mais il le peut quand il le voudra; et la simple idée qu'il
pourrait impunément s'ériger en tyran, doit leur faire sentir les mêmes
maux que s'il l'était en effet.

Je le répète; tant que le peuple anglais ne sera pas parvenu à donner un frein au pouvoir de ses députés, sa liberté est précaire, si même
elle n'est illusoire.

Mais comment s'y prendre, dira quelqu'un? Le choix des moyens
n'est pas la grande affaire : le point important est d'être unis. Quelque
parti que prennent les citoyens, leurs efforts seront toujours couronnés
de succès, dès qu'ils le prendront de concert.

Quand le parlement fit le bill septennal sous Henri VIII, et le bill
triennal sous Charles I⁻, etc., on peut excuser les électeurs sur le
malheur des temps de n'avoir pas désavoué leurs mandataires; dans
ces jours de discorde et de dissension, on ne songea qu'à soustraire

gouvernement. Il fit passer par la *quarantie* [1] criminelle une ordonnance portant que tous ceux qui
étaient cette année du grand conseil et qui en
avaient été les quatre années précédentes, en seraient, eux et leurs descendans, à perpétuité; de la
sorte remettant l'administration de l'état entre les
mains des députés du peuple, il dépouilla le souverain de toute autorité [2].

Quand Cromwel revint victorieux de son expédition d'Ecosse, le parlement lui envoya une députation nombreuse pour le féliciter; il entre dans la
capitale en triomphe, chacun s'empresse de lui faire
la cour : mais le fourbe n'est attentif qu'à se concilier tous les partis. D'abord il se sert de son crédit
pour capituler en faveur des royalistes, il s'attache
à capter la bienveillance des presbytériens par l'aus-
térité de ses mœurs, à séduire les bigots en décla-
mant contre les dérèglemens des ministres de la religion, à flatter l'armée en éveillant ses soupçons
contre le parlement, et à gagner l'amitié de toute la
nation en sollicitant une nouvelle élection. Ensuite,

l'état à une domination tyrannique ; mais aujourd'hui que la superstition ne divise plus le peuple, si le parlement venait jamais à étendre le
terme de sa durée, et qu'à la voix du peuple il refusât de rappeler le
bill, quelque dure que soit la nécessité de se faire justice par la force,
je dis qu'il ne faudrait pas balancer un instant à prendre les armes.
C'est le cas d'une insurrection légitime.

[1] C'était, comme on sait, un tribunal composé de quarante membres.   (*Nouvel éditeur*.)

[2] Ce coup d'état, les Vénitiens l'appellent *Il serrar del consiglio*. Con-
tarini, *Hist. Venet.*, lib. 7.

il s'attache à remplir de ses créatures toutes les
places militaires et civiles, il pousse les mécontens à
la révolte, se rend au parlement à la tête d'une soldatesque dévouée, accuse de projets ambitieux les
défenseurs de la patrie, et les expulse honteusement.
Dès qu'il se fût rendu maître du gouvernement,
par ce coup d'autorité, il forma son conseil des
chefs de l'armée qui lui étaient le plus dévoués, il
prit le timon des affaires, et fit élire un nouveau
parlement. Ne le trouvant pas assez soumis, il engagea les membres qui lui étaient vendus à se soulever contre leurs collègues, et à résigner leur autorité entre ses mains. Enfin il chassa les députés
patriotes, et il usurpa le pouvoir suprême sous le
nom de *protectorat*.

Chargé des dépouilles de l'ennemi, Périclès rentre
dans l'état au bruit des acclamations publiques : les
citoyens courent à sa rencontre avec une joie
effrénée, il leur prodigue les caresses, les spectacles,
les fêtes : les cœurs se livrent à la joie; et dans un
de ces momens, où l'on ne sait rien refuser, il se
fait proclamer souverain par ses créatures, il engage adroitement le peuple à lui donner un pouvoir
illimité de faire ce qu'il jugera le plus convenable à
l'état, et il usurpe ainsi, sans effort, ce que la crainte
ou le respect empêche qu'on ne lui refuse.

Déterminé à s'emparer du souverain pouvoir,
Charles XI de Suède fit venir à Stockolm un corps de
dragons, sous les ordres d'officiers étrangers; il éloi-
gna, au moyen d'une mission particulière, les sé-

nateurs qui avaient le plus de poids et d'éloquence, il s'assura de tous les nobles qui tenaient quelque place de la couronne, il accorda le titre de baron à un grand nombre de militaires, pour leur ouvrir les portes du grand conseil de la nation, et il assembla les états. Claudius Flemming [1], l'homme le plus rusé, le plus arrogant et le plus bruyant du royaume, fut nommé orateur de la première chambre; et deux hommes qui ne lui cédaient en rien, furent nommés à la seconde. Il donna Vachmeister pour adjoint à Flemming, et son frère Axel [2] aux autres orateurs, afin que leurs clameurs réunies pussent subjuguer les deux chambres. Puis il chargea la bande de ses plus fidèles suppôts [3], de réduire au silence ceux qui élèveraient la voix, de les empêcher de placer un seul mot, de les contraindre à se contenter de donner leurs suffrages. Et afin que les suffrages achetés fussent pris pour un consentement général, il fit arrêter, dans la chambre des nobles, qu'il ne serait pas nécessaire de voter par écrit, et de compter les voix : chose aussi hardie qu'insolite. Ayant ainsi miné l'autorité du sénat, il procéda à la renverser de fond en comble. Pour la mettre en question devant un comité vénal des états, il fit avancer, par Canut Curch, « *que le sénat était un ordre du royaume, médiateur*

---

[1] Il était connétable de Suède.   (*Nouvel éditeur.*)

[2] Ils étaient tous deux avocats.   (*Id.*)

[3] Dans le nombre étaient le chancelier, le secrétaire de la chambre des comptes, le ministre de la guerre, le surintendant des douanes, le secrétaire des révisions.

entre le roi et les états, n'ayant pas moins le droit de
rappeler le roi à ses devoirs, que de forcer les sujets
à la loyauté envers leur prince. Ce comité décida,
comme il en avait l'ordre, que le roi était effectivement
obliger de gouverner l'état, suivant l'avis du sénat,
sans toutefois préjudicier à sa prérogative; mais que
les sénateurs ne formaient pas d'eux-mêmes un ordre
du royaume, et qu'ils n'étaient nullement médiateurs
entre les états et le roi! Charles confirma cette dé-
cision par un édit, dans lequel il déclarait qu'il était
loin de méconnaître les lois constitutionnelles qui
lui avaient déféré le droit de gouverner le royaume,
suivant l'avis du sénat; mais qu'il était seul juge des
affaires qui devaient lui être communiquées. Ainsi
les sénateurs virent en silence le prince usurper la
puissance suprême, et les empêcher de prendre aucune part aux affaires, sans qu'ils pussent former la
moindre réclamation, pourvu qu'il leur signifiât
qu'il ne jugeait pas à propos de leur communiquer
ses résolutions.

Tandis que les sénateurs étaient assemblés, Gus-
tave III se plaint à sa garde, du peu de respect que
ces magistrats lui portent; puis il marche à la tête
de cette soldatesque, s'assure de leurs personnes,
les force de résigner leurs charges en faveur de ses
créatures, récompense ses partisans, assemble ses
troupes, fait des gratifications aux officiers, exhorte
ces sujets à l'obéissance, et reste paisible possesseur
de la souveraineté [1].

[1] Événement d'autant plus étrange que, depuis la mort de Char-

Des mesures violentes.

Alarmés de ces attentats, les citoyens élèvent-ils leurs plaintes, font-ils des réclamations? Le prince lève le masque, parle en maître, s'écrie qu'il veut des sujets soumis et non des contrôleurs; s'ils réclament les lois, il répond que tel est son bon plaisir.

Révoltés de ces outrages, les citoyens se soulèvent-ils, le prince fait marcher des troupes, et s'il n'a pas des forces suffisantes, il a recours à ses voisins [1]. Alors il exhorte ses sujets à la soumission, il les menace d'employer la force, leur fait entendre qu'ils doivent se soumettre sans capituler, que tout doit fléchir sous ses lois. Ainsi les princes em-

les XII, la Suède était entièrement gouvernée par des états; qu'il ne se trouvait que peu ou point d'officiers royaux dans l'administration, et que les droits de la couronne étaient réduits à une simple présidence.

On l'attribue à ce que les sénateurs étaient vendus aux puissances étrangères, et avec raison.

Lorsque les pères de la patrie se sont rendus indignes du respect des peuples, et que les peuples eux-mêmes ne sont point passionnés pour la liberté, qu'il faut peu de choses pour les asservir !

[1] Il y a un accord tacite entre les princes, de s'aider mutuellement à mettre leurs sujets sous le joug. Lorsque les Anglais eurent condamné Charles I à perdre la tête, tous les princes de l'Europe proposèrent de se liguer entre eux pour venger leur autorité, qu'ils disaient compromise par le supplice de ce tyran [*].

Lorsque les protestans de France se soulevèrent contre la tyrannie

[*] Cette politique, on ne le sait que trop, fut celle du lâche Louis XVI, du fourbe et astucieux Louis XVIII, de l'imbécile, méchant et sanguinaire Charles X; et quand on songe que le gouvernement de déception et de lâcheté du 7 août est imbu de ces abominables principes, qu'en dirons-nous? Qu'il sera traduit un jour au tribunal du peuple, et que justice en sera faite. *(Nouvel éditeur.)*

ploient d'abord la ruse pour asservir leurs sujets, et ils finissent par les enchaîner par la force.

Enfin, quand ils ont bien prouvé que leurs volontés doivent servir de lois, ils les annoncent sans détour, le peuple s'y soumet sans résistance, et sa docilité se change en servitude.

Pour asservir les peuples, le prince commence par les traiter en sots, et il finit par les traiter en esclaves révoltés.

Ici, l'histoire de la marche du pouvoir au despotisme n'offre plus que les derniers efforts de la liberté expirante.—Spectacle humiliant et affreux, où les peuples ne paraissent surmonter le désir d'être libres que par la crainte des supplices.

Du cérémonial et du style de chancellerie.

Le prince n'a pas plutôt renversé les barrières opposées aux écarts de son autorité, qu'il cherche à réprimer l'essor des esprits, à étouffer les lumières et à favoriser les progrès de l'ignorance; or, une fois que les peuples cessent d'être instruits de l'histoire de leur gouvernement, ils s'en forment les idées les

de Charles IX, Philippe II offrit ses armes à ce tyran pour soumettre ses sujets.

Lorsque le parlement eût forcé Jacques II à chercher son salut dans la fuite, Louis XIV lui donna des forces pour remonter sur le trône; il chercha même à engager Charles II, roi d'Espagne, à s'unir à lui pour venger la cause commune des rois.

plus fausses, et ces fausses idées prêtent beaucoup au despotisme.

Comme le prince est établi par la nation pour défendre l'état, à son sacre, on lui ceint l'épée au côté; comme il est établi pour rendre la justice, on porte devant lui le glaive de la loi; mais ses créatures partent de là pour établir son indépendance [1]. Ce glaive porté devant le prince, disent-ils, dénote qu'il a sur ses sujets un pouvoir absolu.

Dès que le prince est sacré, les représentans du peuple [2], ceux qui sont à la tête des affaires, et ceux qui occupent les premières places de l'état, lui prêtent serment de fidélité. Mais ce serment, qui aujourd'hui suppose toujours manque de foi dans les sujets, ne suppose jamais prévarication dans le prince : ainsi, tandis qu'il met les premiers dans le cas d'être traités en rebelles, il n'expose le dernier qu'à écouter les plaintes de ceux qu'il opprime.

C'est un grand vice de constitution, de n'avoir pas ménagé au peuple, un moyen légal de forcer le prince à rendre compte, et à réparer ses prévarications

[1] Les rois, disait Sirjeant Ashley, dans la chambre des pairs, pour justifier les attentats de Charles Ier : Les rois sont les enfans du Très-Haut, il leur a donné le sceptre et l'épée; le sceptre, pour instituer; l'épée, pour exécuter les lois, et il y a ajouté une couronne, qui est le signe de la dignité dont il les a revêtus. *Parl. Hist.*, vol. 8, pag. 47.

[2] Dans le serment que les deux chambres prêtent au roi, loin de prendre un ton correspondant à la part qu'elles ont au pouvoir législatif, elles parlent en subordonnées. Goodwin, *Défense de l'honorable sentence.*

Lorsque les lois sont violées par ceux qui sont établis pour les faire observer, tout opprimé a droit d'exiger le redressement de ses griefs. Mais les termes qu'emploient les sujets dans leurs remontrances ou leurs suppliques, en portant leurs plaintes au pied du trône, sont ordinairement très-respectueux; et, ces égards, imposés par la bienséance, sont exigés comme des devoirs. D'ailleurs, les mots de remontrance, de supplique dénotent infériorité, et on part de là pour dépouiller les peuples du droit qu'ils ont d'exiger justice.

Au contraire, quand le prince s'adresse à ses sujets, comme il parle au nom de la loi, il prend toujours un ton impérieux, et ce ton est, pour les ignorans, la marque d'un empire absolu [1].

C'est bien pis lorsque de bas valets ajoutent encore au ton rampant des pétitionnaires, au ton impérieux du prince, et en donnent des formules sous la dénomination de *style de chancellerie;* formules dans lesquelles les citoyens s'expriment en esclaves, et le premier fonctionnaire public en maître absolu. Particuliers, membres du corps législatif, administrateurs, magistrats, généraux, tous s'y qualifient *de très-fidèles, très-humbles, très-respectueux sujets,* et ils qualifient le prince de *souverain, de majesté sacrée,* titres pompeux qui tendent en-

---

[1] Ce défaut prouve que jamais nation ne s'est trouvée dans l'heureuse circonstance de faire une constitution libre; il prouve qu'elles ont toutes été obligées de lutter contre la tyrannie, et d'arracher au despote quelques prérogatives.

core à donner une fausse idée de son autorité. Mais ce qui confond tous les rapports, c'est que les nations, seuls vrais souverains de la terre, suivent aveuglément l'usage reçu.

Lorsque le prince a usurpé l'autorité suprême, si les sujets viennent à se soulever contre son tyrannique empire et à humilier son pouvoir; ce n'est plus comme un bien propre qu'il leur restitue leurs droits, mais comme de nouvelles concessions qu'ils tiennent de sa faveur et dont il leur expédie les titres[1]. De la formule de ces titres, on infère que les peuples ne jouissent d'aucun privilége que sous le bon plaisir du prince; et que son autorité est au-dessus de toute puissance humaine.

Dans certaines fonctions publiques, c'est à genoux qu'on s'adresse aux rois; et, de cette humble posture, on conclut que les sujets sont esclaves.

Telle est encore la logique de presque tous les étrangers et telle a été la nôtre. Mais, au lieu de ces absurdes commentaires, nous avons aujourd'hui de saines idées de l'autorité des princes; et c'est là, sans contredit, l'une des grandes causes de notre liberté.

[1] L'ancien style des ordonnances, dit Legendre, dans son *Traité de l'opinion*, liv. 5, chap. 1, explique la plénitude du pouvoir de nos rois. Au lieu de ces mots : *Car tel est notre bon plaisir*, on trouve dans les anciennes ordonnances, *car ainsi l'avons ordonné et voulons être fait.*

[2] Toutes les chartres accordées par les princes en sont une preuve incontestable.

Le peuple forge ses fers.

Le peuple ne se laisse pas seulement enchaîner, il présente lui-même la tête au joug.

Qu'un fourbe gagne sa confiance, il en fait ce qu'il veut; il le pousse, le mène et lui inspire les passions qu'il lui plaît. Après avoir assisté à la pompe funèbre de César, Antoine monte à la tribune, tenant à la main la robe ensanglantée de l'empereur; il la montre au peuple, il l'émeut, et bientôt les Romains courent avec les torches du bûcher aux maisons de Cassius et de Brutus pour les réduire en cendres. Mais, après ce qu'ont fait Mahomet et les autres faiseurs de sectes, qu'est-il besoin d'exemples!

Non content d'être la dupe des fripons, le peuple va presque toujours au-devant de la servitude, et forge lui-même ses fers.

Sans songer jamais que, dans un état libre, tout citoyen a droit d'en accuser un autre, il se laisse emporter à son zèle aveugle pour ceux qui ont défendu sa liberté; et, cédant à la reconnaissance, il donne lui-même atteinte à cette liberté dont il croit venger les défenseurs. Timoléon, accusé de crimes d'état par quelques orateurs de Syracuse[1], cité à comparaître pour se justifier, le peuple était prêt à mettre en pièces ses accusateurs.

Pour rester libre, il faut que le peuple ne souffre

---

[1] Plutarque, *Vie de Timoléon.*

jamais que la loi soit éludée; mais souvent il est le premier à la violer en faveur de ceux qu'il vénère.

Zaleucus, législateur des Locriens, venait de promulguer une loi sévère contre l'adultère : bientôt après, son propre fils est convaincu de ce crime, et le peuple, touché de l'affliction du père, sollicite vivement sa grâce.

La flatterie est toujours basse, mais elle prend quelquefois l'air de la liberté.

Messala ayant proposé que le sénat prêterait, chaque année, un nouveau serment de fidélité à Tibère, l'empereur lui demanda s'il l'avait chargé d'ouvrir cet avis. Lorsqu'il s'agit de l'intérêt public, je ne prends conseil que de moi-même, répond le sénateur [1]; réponse qui est le comble de la bassesse. D'une flagornerie qui avait blessé Tibère, Messala passe à une autre qui allait à l'anéantissement de la liberté.

Clodius n'osait célébrer ouvertement son mariage avec Agrippine, sa nièce : alliance illicite chez les Romains. Vitellius se charge de lever tous les obstacles. A cette nouvelle, plusieurs sénateurs sortent du sénat, pour aller contraindre l'empereur d'épouser Agrippine, s'il en faisait difficulté; et la populace les suit, en criant que le peuple romain le veut ainsi [2].

Un consul décerne à Gallus les ornemens de la

1 *Annales de Tacite.*

2 *Annales de Tacite.*

prêture, qu'il accompagne d'un présent de trois
milles sesterces [1]. Dans cette occasion, l'autorité pu-
plique intervint auprès de l'empereur pour engager
son favori à ne pas refuser cette dignité : et comme
si ce n'était pas assez que le sénat fût témoin de
cette infamie, on grava sur l'airain le décret des
honneurs décernés à cet affranchi, et on l'exposa
dans un lieu public [2].

Combien de fois, dans l'idée d'assurer leur liberté,
les peuples ne remettent-ils pas entre les mains du
prince le pouvoir de les opprimer? Les persécutions
que les protestans d'Angleterre eurent à souffrir sous
Marie, avaient rendu son gouvernement odieux.
Aussi lorsqu'Elisabeth, qui professait leur religion,
monta sur le trône, s'empressèrent-ils de l'armer
d'une autorité sans bornes pour extirper le papisme;
ou plutôt ils lui remirent le sceptre de fer dont elle
gouverna ses peuples : bientôt la crainte des persécutions se changea en crainte de la servitude civile,
et les protestans se virent accablés eux-mêmes sous
le poids de la puissance qu'ils avaient élevée pour
écraser leurs ennemis.

Combien de fois aussi, dans la vue de réformer
ou de venger l'état, les peuples ne remettent-ils pas
le pouvoir absolu entre les mains de quelques individus. Les décemvirs, Marius, Sylla, Pompée, en

[1] Il y avait chez les Romains de grands et de petits sesterces : le petit
sesterce valait le quart du denier; et le grand, qui était une monnaie
de compte, valait mille petits sesterces. (*Nouvel éditeur.*)

[2] Pline, *Epist.*, liv. 8.

sont des exemples fameux. Revêtus de toutes les forces de la république, Rome fut étonnée du pouvoir qu'elle leur avait confié, le sénat baissait la vue devant eux, les lois étaient dans le silence, et bientôt on entendit de toutes parts retentir les noms des proscrits, et on vit ruisseler le sang.

Lorsque César eut écrasé le parti de la liberté, les sénateurs s'empressèrent de renverser toutes les bornes que les lois avaient mises à sa puissance, et ils lui déférèrent des honneurs inouïs.

Tandis que les Vénitiens étoient gouvernés par des tribuns, las de leurs divisions domestiques et des lenteurs des délibérations publiques, ils se donnèrent pour chef un doge, et ils lui remirent l'autorité suprême dont ils ne tardèrent pas à être écrasés.

Affranchis de la domination de leurs maîtres par la mort de Guillaume II, les Hollandais remettent le pouvoir entre les mains de son fils; ils massacrent les zélés citoyens qui s'opposaient à cette téméraire démarche, et ils l'élevèrent de nouveau à la ruine de la liberté.

Combien de fois encore ne se redonnent-ils pas à l'héritier de ses maîtres détrônés ou massacrés!

Annibal Bentivogli[1] ayant péri dans les conjurations des Conneschi, le peuple de Boulogne mit à mort les conjurés et envoya à Florence chercher un descendant de ce prince pour le placer sur le trône.

[1] Prince de Boulogne.

Et combien de fois les Anglais n'ont-ils pas reforgé
leurs fers! Lorsque le peuple se fut révolté au sujet
de la capitation de trois groats[1], à laquelle Richard III avait imposé chaque sujet au-dessus de
quinze ans, seule époque où l'on aurait pu établir
un gouvernement libre et ramener tous les rangs au
même niveau; il exigea l'abolition de la glèbe, l'entière liberté du commerce, et une taxe sur les terres
au lieu du service militaire; toutes ces demandes lui
furent accordées. Mais bientôt les grands s'assem-
blent, le roi entre en campagne, le parlement révoque la chartre d'affranchissement, et le peuple est
condamné à reprendre ses fers[2].

Vil instrument d'Henri VIII, le parlement lui asservit le peuple de la manière la plus humiliante.
D'abord il lui conféra le titre de chef suprême de
l'église anglicane, et il l'investit de tout le pouvoir
qu'elle s'était arrogé de visiter, réprimer, corriger,
étendre, restreindre et réformer les erreurs, les hé-
résies, les abus et les délits du ressort de la juridiction ecclésiastique. Mais comme si ce n'était pas
assez de remettre entre ses mains ces armes dange-
reuses, il ratifia l'attribution faite aux commissaires
de la couronne de donner une religion au peuple;
croira-t-on qu'il eut l'impudeur de déclarer qu'on ne
devait point reconnaître d'autre loi en matière civile,
et religieuse que la volonté du roi.

[1] Douze deniers sterling.
[2] Froissard, liv. 2, c. 77.

Ayant renoncé de la sorte à leurs immunités ecclésiastiques, ils renoncèrent à leurs droits civils, et, sans aucune autre formalité, ils renversèrent d'un seul coup la constitution entière, en attribuant aux proclamations royales la même force qu'aux actes du corps législatif [1]; ils donnèrent même à cette attribution une tournure à faire croire qu'elle n'était qu'une conséquence naturelle de l'autorité royale; et, pour en assurer l'exécution, ils décrétèrent que chaque conseiller du roi serait autorisé à punir toute désobéissance à ses ordres.

Pour mieux manifester la bassesse de leur prostitution, ils ratifièrent le divorce de Henri avec Anne de Boleyn; ils déclarèrent bâtards les enfans qu'il avait d'elle, dévolurent la couronne à ceux qu'il aurait de sa nouvelle concubine, et l'autorisèrent, en cas qu'il n'en eût point, à disposer de la couronne par testament ou lettres-patentes.

Quand la réforme eut fait des progrès en Angleterre, l'état se trouva travaillé par deux partis de sectaires, qui recoururent tour à tour à Henri VIII, et le forcèrent souvent de tenir la balance entr'eux; mais pour les accabler par leurs propres forces, il la fit pencher, tantôt d'un côté, tantôt de l'autre.

Comme ce prince était l'esclave de ses passions, ces partis se flattaient également qu'une déférence aveugle à ses volontés le jeterait dans leurs intérêts, et ils s'abandonnèrent absolument à lui.

[1] 31 Henr. VIII, cap. 8.

Ce n'était point assez pour eux de s'être prosti-
tués de la sorte aux volontés du prince; ils établirent dans le royaume un tribunal d'inquisition,
chargé de poursuivre, comme criminel de haute
trahison, quiconque refuserait le serment de maintenir de tout son pouvoir cet acte d'attribution.

Mais l'histoire d'Angleterre fournit des traits encore plus humilians.

Quand Charles II fut rappelé à la couronne, il fallait voir les différens ordres de l'état se précipiter
au-devant de la servitude, et chercher à se surpasser par la bassesse de leurs protestations de loyauté.
Les nobles, les papistes et les tories insultaient en
chœur le corps législatif, dont le civisme avait jusqu'alors empêché la patrie de retomber sous le joug
de leur ancien maître, et ils célébraient à l'envi
l'heureux retour du despote. Les presbytériens, qui
s'imaginaient bêtement célébrer leur propre triomphe, faisaient chorus. Les patriotes eux-mêmes, renonçant aux douceurs de la liberté, qu'ils avaient
achetées au prix de tant de sang, imitaient l'aveugle
multitude : chacun s'empressait d'écarter ce qui
pourrait blesser la vue du monarque; on arrache
les armes de la république pour replacer celles de
Charles; on enlève les étendards pris sur les Écossais à Dumbar et à Vorchester; on brise les sceaux
de l'état; on efface tout ce qui porte encore quelque
empreinte de la liberté ou réveille quelque idée
d'indépendance, et on ordonne un *Te Deum* en actions de grâces.

L'amiral, sans attendre aucun ordre, s'avance avec la flotte au-devant du prince : il l'amène, le peuple vole à sa rencontre, le parlement va se jeter à ses pieds : Charles est conduit en pompe dans la capitale au bruit des acclamations publiques; partout des fêtes, des illuminations, des réjouissances; tandis que, dans les transports d'une joie effrénée, l'aveugle multitude portant aux nues le nom du monarque, maudit le nom de ceux qui l'avaient si long-temps privée d'un maître, et insulte au seul gouvernement qui pouvait la retirer de la servitude et de la misère où elle avait toujours croupi.

A peine le prince fut-il monté sur le trône, que le parlement déclara rebelles tous ceux qui s'étaient opposés aux usurpations de Charles Iᵉʳ; puis il lança des arrêts de proscription contre les membres du tribunal qui avaient jugé ce tyran. Il ordonna que les corps de Cromwel, d'Isreton, Bradshaw et Pride, seraient exhumés, traînés sur une claie à Tiburn, pendus à une potence, et enterrés dessous.

Il arrêta que les murailles de Glocester, Coventry, Northampton, et Leycester, villes qui s'étaient distinguées par leur zèle pour le parlement, seraient rasées.

Non content de mettre Charles sur le trône, il l'investit du pouvoir absolu. Après lui avoir assigné un revenu beaucoup plus considérable qu'à aucun

---

¹ Bradshaw était président de la haute cour de justice qui condamna Charles Iᵉʳ à monter sur l'échafaud.　　　(*Nouvel éditeur.*)

de ses prédécesseurs, il lui attribua la disposition de toutes les forces de l'empire britannique, il annula l'acte triennal, déclara inhabile à tout emploi les personnes mal affectionnées au roi, il arrêta que les corporations seraient toutes sous la main des officiers de la couronne, il imposa un nouveau serment de fidélité aux agens royaux, il déclara criminel de lèse-majesté quiconque prendrait les armes contre les ordres du prince : ce qui le supposait seul maître de l'empire.

Enfin les membres du sénat ne cessèrent d'accumuler sur la tête de Charles les plus redoutables prérogatives, et d'étendre son autorité jusqu'à ce qu'écrasés eux-mêmes sous le poids de sa puissance, ils ne regardèrent plus qu'en tremblant l'idole qu'ils avaient formée.

Et comme si pour prix de leurs vices nos pères eussent été condamnés par le fatal destin à être éternellement les artisans de leur misère, ils n'avaient pas plutôt renversé une idole, qu'ils en élevaient une nouvelle, pour l'adorer avec plus de bassesse, et se prostituer plus honteusement encore.

A peine Jacques II est il sur le trône, que le parlement rampe à ses pieds; au milieu des témoignages de zèle que les deux chambres lui prodiguent, on ne sait laquelle des deux est plus empressée de s'avilir. Celle des communes lui vote à vie le revenu accordé à son prédécesseur [1], et le met ainsi en état

---

[1] Il montait à 2,550,000 liv. sterling.

d'entretenir, sans le concours du peuple, une flotte et une armée formidables, pour écraser tout ce qui oserait lui résister : tandis que celle des pairs, à la réquisition du procureur-général, décharge de toute accusation les lords papistes détenus à la Tour comme conspirateurs, et annule le décret d'accusation qui avait été lancé contre le vicomte Stafford.

De leur côté, les magistrats se prostituent aux ordres du roi; et comme si les dépositaires des lois étaient conjurés pour les anéantir, ils déclarent « que les ordres du roi sont les lois du royaume, et qu'il a seul le droit de dispenser de s'y soumettre »

La clergé n'est pas moins jaloux de se signaler par son asservissement à la cour; toutes les chaires retentissent des maximes de l'obéissance servile, et ces maximes sont admises par les tribunaux avec une bassesse révoltante.

Enfin, pour achever de rendre le prince absolu, toutes les corporations du royaume s'empressent de lui remettre leurs chartres, de s'abandonner à sa discrétion, comme si la nation entière s'était liguée pour lui fournir les les moyens d'anéantir à jamais les derniers vestiges de la liberté.

Ainsi, à l'exception d'un petit nombre de têtes saines, le peuple n'est composé que d'imbéciles, toujours prêts à courir au-devant de leurs fers.

Du despotisme.

Dès que le prince est en possession du souverain

pouvoir, ce n'est plus du bien du peuple dont il est question dans les entreprises publiques; c'est de son autorité, de la dignité de sa couronne, de son orgueil, de ses caprices : dès-lors il regarde l'état comme un patrimoine, et les deniers publics comme ses revenus; il trafique des charges, des villes, des provinces; il vend ses sujets et dispose à son gré de toute la puissance de la nation.

L'autorité usurpée ne se soutient que par des troupes, et les troupes ne restent fidèles qu'à force d'argent : aussi le prince dépouille-t-il ses sujets, et confisque-t-il les fortunes des plus riches citoyens pour soudoyer ses satellites.

Indignés de ces outrages, les citoyens élèvent-ils leurs plaintes, font-ils des remontrances, réclament-ils les lois? Le prince lève le masque, parle en maître, crie qu'il veut des sujets soumis, non des contrôleurs; il répond à toutes les représentations : *Tel est notre bon plaisir.*

Lui résiste-t-on? Il ne parle que de réprimer l'audace et de châtier l'insolence des mécontens. Alors les plaintes sont inutiles; et comme la puissance du prince est affermie, quels que soient ses ordres, il ne reste que le triste parti d'obéir aveuglément.

Déjà il n'y a plus de liberté publique; le prince est tout, et l'état n'est plus rien : toutefois certains individus, certaines communautés, certaines classes de sujets jouissent encore de leurs priviléges, mais on ne tarde pas à les leur enlever.

Une fois en possession de faire les lois, le prince
travaille à renverser toutes les barrières ; il voit
d'un œil inquiet les ennemis de son injuste empire,
et il s'empresse de s'en défaire : puis il promène des
regards jaloux sur ceux qui conservent encore quelque pouvoir dans l'état, et il travaille à les en dépouiller sous différens prétextes ; il accable les amis
de la liberté, il humilie les hommes puissans, il
restreint leurs prérogatives, il enlève les droits des
citoyens, il les force à y renoncer, et alors souvent
il joint l'insulte à l'outrage [1]. Ainsi Jacques II, après
avoir forcé ses sujets à remettre leurs chartres, les
remerciait, dans une proclamation, de la confiance
particulière qu'ils lui avaient témoignée, en pro-
testant que, pour leur marquer sa reconnaissance,
il se croyait obligé de continuer à se montrer plein
d'indulgence, comme il l'avait toujours fait.

Richelieu, l'un de ces fourbes adroits, remuans
et vindicatifs, que l'aveugle fortune appelle quelquefois au timon des affaires pour le malheur des
peuples, n'employait pas moins les rubriques odieuses de sa politique pour assouvir ses passions criminelles, que pour troubler le royaume et bouleverser
le monde, à dessein d'établir le despotisme. Tyran
féroce, sous le nom de son maître, il frappait d'exil,

[1] Charles II sacrifia le lord Russel, le comte d'Essex, le colonel Al-
gernon Sydney, Jacques Holloway, le chevalier Thomas Armstrong, etc.,
sous prétexte qu'ils avaient conspiré contre ses jours.

Pour devenir absolus, Louis XI et Louis XIII se défirent de tous les
grands du royaume qui leur donnaient de l'ombrage.

de prison ou de mort, tout ce qui lui résistait. Les parlemens, la cour, l'armée, furent tour-à-tour le théâtre où il allait chercher des victimes; et jamais scélérat ne prouva mieux que lui combien les plus noires intrigues du cabinet font souvent les destinées des empires. Pendant son ministère, les prisons furent remplies de ses ennemis; pour perdre la liberté, il suffisait de ne pas être son partisan ; ce dont le maréchal de Bassompierre ne fit que trop long-temps la triste expérience [1].

Après la journée des dupes, ses fureurs n'eurent plus de bornes : on vit alors ce que peut la soif de la vengeance, armée du pouvoir suprême, et couverte du manteau de la justice. Pour faire périr ses ennemis sur l'échafaud, non content d'empêcher qu'ils fussent jugés par les chambres assemblées, comme ils en avaient le privilége, il leur donnait des commissaires, dont il cassait l'arrêt quand il le trouvait trop doux ; et il leur en donnait d'autres plus corrompus, qu'il faisait siéger dans l'une de ses maisons de campagne, pour mieux s'assurer d'eux [2].

Ayant fait déclarer par le conseil criminels de lèse-majesté tous les amis de Gaston, son mortel ennemi,

---

1 On n'ignore pas que cet infâme Richelieu, à qui Bassompierre déplaisait, le fit mettre à la Bastille en 1631, et qu'il y resta jusqu'en 1643, époque de la mort de ce ministre, ou plutôt de ce maire du palais. Voyez, pour des détails plus amples et très-curieux, les *Mémoires de Bassompierre.* Cologne, 1665, 3 vol. in-12.   (*Nouvel édit.*)

2 C'est ce qu'il fit au sujet du maréchal de Marillac, qu'il accusa de concussion.

il envoya l'arrêt au parlement de Paris ; mais bientôt, furieux d'apprendre que les voix se trouvaient partagées, il engagea le roi à mander le parlement, à le faire parler à genoux, à déchirer l'arrêt de partage, et à exiler trois des principaux membres de ce corps.

Fourbe atroce, Richelieu frappa de terreur les courtisans, de manière qu'ils laissaient un libre cours à ses fureurs, s'ils n'en devenaient eux-mêmes les instrumens [1]. La liste des proscrits qu'il frappa est nombreuse ; il fit périr par la main des bourreaux ceux qui traversaient ses intrigues amoureuses, ou qui ruinaient son crédit ; il mécontenta tous les ordres du royaume, il fit trembler les grands, il rétablit le pouvoir arbitraire sur les ruines de la liberté publique ; sous son administration, le douaire de la mère du roi fut confisqué ; la reine et l'héritier présomptif du trône furent exilés ; Cinq-Mars, de Thou, le connétable de Montmorency, le maréchal de Marillac, le commandeur de Jarre [2], etc., ses rivaux, furent décapités ; plus de cent familles puissantes eurent du sang à venger, et l'état fut désolé par le plus affreux despotisme.

Lorsque le prince en est venu là, sentant qu'il peut tout, rien ne l'arrête plus ; chaque jour il commet quelque nouvel attentat, et s'il les couvre

---

[1] Thémines reçut le bâton de maréchal pour avoir arrêté le prince de Condé, et Vitry, pour avoir assassiné le maréchal d'Ancre.

[2] Il était le confident des amours de la duchesse de Chevreuse, qu'aimait Richelieu.

encore de prétextes, c'est plus par habitude que par nécessité.

Ces tyrannies révoltent les esprits; on se soulève, et le sang coule à grands flots.

Ainsi, le dernier coup que les princes portent à la liberté, c'est de violer les lois au nom des lois mêmes, de toutes les renverser, en feignant de les défendre, et de punir comme rebelle quiconque ose les défendre en effet : tyrannie la plus cruelle de toutes, en ce qu'elle s'exerce sous le manteau même de la justice.

De la crainte des supplices.

Après avoir tout envahi, si du moins les princes étaient justes; mais, malheur à qui refuse de reconnaître leur unique empire, à qui ose encore avoir recours aux lois   et réclamer la liberté. Comme ils n'ont épargné auc n forfait pour s'emparer de la souveraine puissance, ils n'en épargnent aucun pour la conserver. Ainsi, après avoir forgé les chaines du peuple, ils ont s in de les river, et de les river si fortement qu'il soit enchaîné pour toujours.

Armés de toute la force publique, dépositaires de toute l'autorité, interprètes et arbitres des lois, ils s'en font une arme offensive, qui les rend redoutables à leurs sujets, et terribles à leurs ennemis.

---

1 En montant sur le trône, Cromwel fit passer un bill portant qu'accuser le gouvernement d'être usurpé, illégitime ou tyrannique, était un crime de haute trahison.

Les tyrans, accoutumés à se jouer de la nature humaine, sont cruels et féroces : sans cesse à ordonner des supplices ou des massacres, pour assouvir leurs passions et calmer leurs transes, ils ne peuvent se désaltérer de sang.

Après avoir usurpé le souverain pouvoir, quelquefois le prince, ne voulant plus se montrer oppresseur, se désiste du pouvoir judiciaire, toujours odieux au peuple; mais c'est pour le faire exercer par des juges dévoués à ses ordres. A l'audace de commettre des forfaits ont succédé des crimes profondément réfléchis : on ne verse plus le sang avec autant de férocité, mais on voit paraître un nouveau genre de tyrannie : ce ne sont plus des massacres, ce sont des jugemens iniques qui flétrissent la vie et conduisent à la mort.

Que si, dans les tribunaux où le prince traîne les malheureuses victimes de ses fureurs, il se trouve encore quelque reste de pitié, il nomme des commissions particulières, auxquelles il remet le soin de ses vengeances[1] : dès lors le glaive de la tyrannie est suspendu sur toutes les têtes; quiconque ose parler est égorgé à l'instant : dès lors aussi chacun vit dans de mortelles angoises, chacun craint pour ses jours, et voit en silence les attentats du despote. C'est ainsi qu'Auguste, Tibère, Néron, Henri VII, Henri VIII, Marie, Charles Ier, Jacques II, Louis XI,

[1] Telles étaient les commissions du trail-bâton, de la chambre étoilée, la haute commission de la cour, le conseil de York, la chambre ardente.

Charles IX, Henri III, Louis XIII, Louis XIV, etc., parvinrent à faire trembler leurs peuples, malgré les magistrats, le sénat et les lois.

Lorsque le prince a enfin sacrifié tous les hommes puissans qui lui faisaient ombrage, tous les hommes jaloux de la liberté qu'offensait sa puissance, tous les hommes courageux qui refusaient de reconnaître son injuste autorité : lorsqu'il a renversé toutes les barrières qui s'opposaient à son ambition; qu'il a fait taire toutes les lois; qu'il a tout envahi, tout immolé à sa grandeur, il laisse quelque temps respirer l'état, il récompense ses créatures, répand ses dons sur l'armée, sur la populace [1]; il ramène l'abondance, donne des festins, des fêtes, des spectacles: images trompeuses de la félicité publique.

Telle fut la conduite d'Auguste. Une fois maître

---

[1] Le peuple ne hait pas les mauvais princes, pourvu qu'ils soient prodigues et fastueux. Lorsqu'il n'a plus de part aux affaires, plus de magistrats à élire, plus de chefs à écouter, il ne demande que du pain et des spectacles; l'oisiveté dans laquelle les despotes l'entretiennent par leurs largesses, lui inspire le goût des divertissemens, et bientôt il ne peut plus s'en passer : Néron, Commode, Caracalla, eux-mêmes étaient regrettés du peuple à cause de leurs folies, car ils contribuaient de leurs personnes à ses plaisirs. Pour l'amuser, ils prodiguaient leurs trésors; et quand ils étaient épuisés, il voyait sans peine dépouiller les grandes familles de l'empire; il applaudissait à la tyrannie, pourvu qu'il en moissonnât les fruits.

À Rome, sa fureur pour le cirque et le théâtre était excessive. Les mimiques ayant pris différentes livrées, à l'imitation de ceux qui conduisaient les chars dans les courses, le peuple se partagea entre eux; les factions du cirque, dont il est si souvent parlé dans l'histoire romaine, se déclarèrent pour ces troupes de mimiques, et devinrent non moins acharnées l'une contre l'autre, que celles des Guelphes et des Gibelins l'avaient été sous les empereurs d'Allemagne.

de la république, il répandit ses dons sur les légions et sur le peuple, il ramena l'abondance, il fit de grandes fortunes à quelques particuliers, il en fit espérer à tous, il prodigua les fêtes ; et au milieu de ces nouveaux plaisirs, les citoyens ne se rappelaient plus de l'ancienne république, qu'avec les idées de proscription, de massacre, de concussion et de brigandage.

Pour s'élever, un usurpateur abaisse tout ; mais pour se soutenir, il faut qu'il intéresse le peuple à son sort ; et ce n'est que par la douceur du gouvernement qu'il y parvient [1] : aussi semble-t-il, pour un moment, rétablir la liberté publique. Il fait quelques bons règlemens, afin de prévenir les désordres qui ont ruiné l'état avant qu'il en eût usurpé la toute-puissance ; il rend aux magistrats les fonctions de leurs charges ; il va même quelquefois jusqu'à laisser subsister le fantôme du souverain, et il le consulte sur les lois qu'il a dessein de porter, mais après lui avoir dicté sa réponse [2].

---

[1] Ce qu'un despote fait dans les commencemens de son règne, les maîtres d'une république continuent à le faire toujours, non qu'ils y soient portés par principe de justice ; mais, comme de bons économes, ils ne veulent que dissiper sans raison leur propre bien.

A Venise, les nobles gèrent et ils règnent sans confusion ; leur jalousie réciproque les empêche de s'élever les uns au-dessus des autres, tandis que leur intérêt commun les empêche de s'ériger en tyrans. Les sujets de la république sont considérés comme des esclaves qu'il faut ménager, crainte que les mauvais traitemens ne les portent à la révolte ou à la fuite. On cherche donc à y retenir les peuples par l'amour des plaisirs, et on les laisse vivre tranquilles.

[2] César, ayant usurpé le souverain pouvoir, disait insolemment que

Que s'il fait quelque injustice pour satisfaire ses plaisirs, c'est à la faveur des lois, dont il tord le sens naturel; s'il sacrifie quelque victime à son ressentiment, c'est à l'aide des tribunaux, satisfaisant de la sorte sa vengeance sans se charger de la haine publique. Mais, pour avoir toujours des juges dévoués, il remplit les tribunaux d'hommes de néant, d'affranchis, d'infâmes scélérats [1].

D'autres fois pour calmer ses craintes, ou satisfaire ses basses passions, il engage des assassins à

la république n'était rien, mais que ses ordres étaient des lois. Auguste ne parla que de son respect pour la république; il refusa la dictature que César avait rendue odieuse; il ne voulut point être appelé du nom de seigneur; il ne se conduisit en apparence que par les conseils du sénat; il lui laissa l'administration des provinces du centre de l'empire; il rendit au peuple ses assemblées, lui laissa le droit d'élire ses magistrats; il le consultait sur les lois qu'il voulait porter, après lui avoir toutefois dicté sa réponse; ainsi, affectant de n'être que le premier magistrat du peuple, il tâchait de persuader aux Romains qu'ils étaient libres encore. Il fit plus : saisissant avec adresse l'un de ces momens où le peuple comparait les maux passés à la prospérité actuelle, il feignit de vouloir abdiquer pour rétablir la république. Il parvint de la sorte à faire regarder sa fortune sans jalousie; ainsi, en tyran rusé, Auguste ne leur parlait que de liberté, en les conduisant à la servitude. Suétone.

[1] Qu'était le sénat sous César, Auguste, Tibère? Qu'une bande d'hommes vils, toujours prêts à servir les fureurs d'un maître; sous Caligula, Caracalla, Néron, il n'était rempli que d'affranchis.

Louis XI, Louis XIII, Henri III, Henri IV, Jacques Iᵉʳ, Charles Iᵉʳ, ne nommaient à aucune magistrature que des hommes prêts à se prostituer. Charles II et Jacques II élevèrent aux premières magistratures les plus atroces scélérats de leur royaume.

Il en est de même dans toutes les royautés. Le gouvernement de déception, de prostitution du 7 août, n'a-t-il pas conservé la magistrature de Charles X?   (*Nouvel éditeur.*)

se défaire de ses incommodes sujets [1]; puis, pour apaiser les mécontens, il désavoue les ministres de ses vengeances, il les abandonne à leur mauvais sort, s'il ne les punit lui-même de leur obéissance criminelle.

Trompés par ces funestes artifices, séduits par ces vains fantômes d'équité, les peuples se précipitent au-devant du joug, confirment les usurpations du prince, s'abandonnent à lui, et lui confèrent le pouvoir de faire tout ce qu'il croira convenable au bien de l'état [2].

Mais ce bonheur apparent ne tarde pas à s'évanouir. Quand une fois les despotes ont affermi leur puissance, ils oublient la modération, ils se livrent

[1] A Venise, lorsque les inquisiteurs d'état veulent se défaire de quelque homme suspect, ils se servent quelquefois de délateurs; et sur des dénonciations simulées, ils immolent l'infortunée victime; puis, pour adoucir la douleur des parens aigris par la honte d'un supplice infâmant, ils sacrifient aussitôt le ministre de leur scélératesse à la vengeance publique, et se déchargent ainsi sur lui de tout le mal qu'ils ont fait. Ils en usèrent de la sorte en 1622, à l'égard des accusateurs du sénateur Antoine Foscaria. Amelot de la Houssaye, *Gouvernement de Venise.*

Telle était la politique d'Auguste, de Tibère, de Néron, quand quelqu'un des délateurs qu'ils employaient venait à être découvert.

[2] César est le tyran de sa patrie, et on l'en nomme le père! Les lois appelaient chaque citoyen à le punir de ses crimes, et on déclare sa personne sacrée; on veut qu'il assiste aux spectacles, assis sur un siége d'or avec une couronne sur la tête. Dans une ville, où la violence faite à la chasteté de Lucrèce avait soulevé tous les esprits contre Tarquin, on délibère de donner à l'empereur un pouvoir absolu sur la pudeur de toutes les matrones. Dans les places publiques, on place ses images à côté de celles des dieux; on lui consacre un temple, des autels, des prêtres, etc.

aux plaisirs, à la mollesse, à la débauche, aux excès de tous genres. Les revenus de l'état deviennent la proie des mignons, des histrions, des courtisanes, et de la canaille, qui ne subsiste plus que de leurs dilapidations. Bientôt la cupidité des délateurs achève d'enlever ce qui était échappé à la rapacité du tyran : à ces prodigalités scandaleuses se joint la licence ; les créatures font un honteux trafic de la puissance de leur maître ; et, après avoir vendu les charges de la magistrature, elles vendent la dispense d'en remplir les devoirs.

A force de satisfaire ses passions, ses caprices, le despote dilapide enfin la fortune publique ; pour remplir le trésor épuisé, il recouvre par des crimes ce qu'il a dissipé en folies ; et sous prétexte de fournir aux besoins de l'état, il accable les peuples d'impôts.

Ces ressources épuisées, il a recours aux concussions, aux confiscations, aux rapines, aux brigandages ; il fait un crime aux sujets d'être riches, pour avoir un prétexte de les dépouiller : aux peines corporelles il ajoute la confiscation des biens [1] ; et pour

---

[1] A quel état les Romains en étaient réduits sous Tibère, Néron, Caligula, Domitien, etc.! Lorsqu'ils mouraient par l'ordre du tyran, ils étaient obligés de lui léguer la moitié de leurs biens, s'ils voulaient conserver l'autre à leurs héritiers. Tacite, *Ann.*, liv. 6.

On est étonné de voir dans l'histoire des empereurs romains, le grand nombre de citoyens qu'ils firent périr pour en confisquer les fortunes. On est révolté de voir dans celle de Philippe-le-Bel les odieux artifices mis en œuvre pour dépouiller les templiers. Mais on se lasse de lire, dans celle de Henri VII et de Henri VIII, les traits atroces de leur

trouver partout des coupables, il qualifie du nom de crimes une infinité d'actions innocentes : il n'est plus occupé qu'à inventer des délits, et à chercher des délateurs.

A la vue des outrages du tyran, les murmures s'élèvent de nouveau ; on fait des conjurations, et le sang recommence à couler .

Au soin de la sûreté personnelle du tyran, se joint celui de la sûreté de son empire, et sa cruauté redouble avec ses terreurs. Pour se mettre à couvert des entreprises et calmer ses craintes, son lâche

rapacité. Ces exemples sont plus rares dans les histoires modernes : c'est, dit un auteur célèbre, que nos fortunes étant moins brillantes, nous ne valons pas la peine qu'on nous dépouille.

1 On est révolté en lisant les massacres horribles qu'ordonnèrent Auguste Ier, Tibère, Néron, Caligula, Domitien ; et l'on sent avec douleur le malheureux sort de l'humanité en jetant les yeux sur les peuples abandonnés à la merci de ces tyrans. Mais la nature frissonne d'horreur en lisant les terribles massacres que fit faire Jacques II après l'invasion de Monmouths. Délivré de ses craintes, il s'abandonna aux plus affreuses vengeances : pour assouvir sa passion, il envoya dans les provinces le lord justicier Jeffreys avec un corps de troupes sous les ordres du major-général Kirk, destiné à contenir, par la terreur, l'indignation publique. Ces monstres, avides de sang, accusaient de crime d'état des innocens ; ils forçaient les jurés à condamner les accusés ; ils faisaient même exécuter sans forme de procès les malheureux qui ne pouvaient apaiser leur rage ou assouvir leur avarice ; puis, après avoir immolé tant de victimes à la soif de leur maître, ils s'applaudissaient de leurs barbares fureurs. Jetons un voile sur le tableau effrayant de tant d'infortunés égorgés avec le glaive des lois, au milieu de l'appareil insultant des fanfares qui accompagnaient ces scènes sanglantes, et bornons-nous à un trait qui dispense de tout autre.

Une jeune fille s'étant jetée aux pieds de Kirk pour avoir la grâce

cœur ne lui suggère d'autres moyens que proscrip-
tions, emprisonnemens et supplices. Soutenir une
cruauté par une autre, et laver dans le sang ses bras
ensanglantés, c'est son unique occupation.

Pour le soin de son repos, ce n'est pas assez de
s'être défait des envieux, des mécontens, des hommes
suspects, il fait massacrer toute leur famille, leurs
enfans, leurs proches, leurs amis. Ainsi, la vie des
citoyens est sans cesse sacrifiée à la prétendue paix
de l'état; la mort court partout de rang en rang,
sous ses pas : semblable à un tigre que la cruelle
faim dévore, et qui entre dans un troupeau, il
déchire, il égorge, il nage dans le sang.

Ne voyant personne qui soit plus indigne que lui
de régner, il redoute des sujets qui conservent encore quelque vertu, quelque talent; il ne peut
souffrir qu'on laisse paraître du mérite, il prend
ombrage de ceux qui jouissent encore de quelque
considération, des capitaines qui ont de l'ascendant
sur les soldats, des magistrats qui font encore leur
devoir, des gens en place qui ne sont pas décriés :
tout ce qui annonce un grand cœur est pour lui un
sujet d'inquiétudes, tout ce qui paraît avec éclat blesse
sa vue; tout ce qui excite l'admiration réveille sa
jalousie : il s'effarouche de tout ce qui a l'air de l'au-

de son père, il la lui promit, à condition qu'elle s'abandonnerait à sa
luxure. L'amour filial triompha de la pudeur; mais après avoir
assouvi sa brutalité, il poussa la barbarie jusqu'à conduire par la
main cette infortunée à une croisée, d'où il lui fit voir son père sur
l'échafaud.

dace , et pour bannir ses craintes, il ne connaît que
les supplices.

· Redoutant jusqu'à l'ombre de l'indépendance , il
voit avec chagrin quiconque ose tourner ses regards
vers la patrie [1] ; il s'offense qu'on ose rappeler les
jours fortunés de l'ancien gouvernement, et parler
avec éloge des bons citoyens , il fait des édits contre
la liberté des discours , il met l'amour de la patrie
au rang des crimes, et il s'efforce de le punir comme
tel.

Quelqu'un a-t-il le courage d'épouser la cause des
opprimés ? On lui fait procès d'avoir osé discuter les

[1] Tibère fit un crime capital à un poète d'avoir maltraité Agamem-
non dans une tragédie : tant il voulait qu'on respectât aveuglément le
titre de prince.

Cordus ayant loué Brutus dans ses annales , le sénat, pour plaire à
Séjan, condamne ce livre au feu. Le lord Lucas ayant publié un
discours contre les prodigalités de Charles II, ce prince fait brûler son
discours par la main du bourreau.

En 1621 , Jacques II défendit par une proclamation de médire de
ses ministres. Rushkworth.

Comme on parlait beaucoup de la joie que les succès de Louis XIV
donnaient à Charles II, il fit fermer les cafés de Londres, sous prétexte que c'étaient le rendez-vous de ses ennemis pour calomnier le
roi et ses ministres. Rapin.

En 1755 , le conseiller de Saint-Maur présenta au ministre le plan
des ressources d'état : pour le récompenser de ses vues patriotiques,
on l'envoya à la Bastille.

A toutes ces infamies historiques, nous en ajouterons une.

Racine, touché de la misère du peuple, fait un mémoire en sa
faveur et le publie ; Louis XIV, avec ce ton impérieux du despote qui
a dit, *l'état c'est moi*, dit : « Parce qu'il est grand poète, il croit avoir
le talent d'un ministre. » Il est fâcheux d'avoir à ajouter que Racine
fut assez sot et assez faible pour s'en désoler.   (*Nouvel éditeur.*)

droits du prince, on brûle son ouvrage par autorité publique, et on le punit comme un malfaiteur[1]. Prend-il la fuite? On redemande sa tête aux puissances étrangères, et on ne cesse de le persécuter.

Les princes en sont-ils venus là? ils poussent plus loin leurs défiances, ils ne peuvent souffrir qu'on porte les yeux sur les affaires publiques[2], ils s'efforcent de faire oublier qu'il est un bien public, de détruire l'idée du juste et de l'injuste, et d'anéantir jusqu'au nom des lois[3].

En punissant ceux qui se récrient contre la tyrannie, ils effraient ceux qui voudraient suivre cet exemple; et comme ils ne redoutent guères moins les discours tenus tant en particulier qu'en public, ils ne s'occupent que des moyens d'imposer silence à tout le monde.

Pour empêcher qu'on éclaire leur conduite, ce n'est pas assez pour eux d'emprunter le secours de la terreur, ils ont les yeux toujours ouverts sur le

---

[1] A Venise, où les nobles, après s'être emparés du pouvoir suprême, et partagé toutes les places, toutes les dignités, dominent à la faveur de l'ignorance et de la superstition; ils ne redoutent rien tant au monde que la propagation des lumières : aussi le seul crime irrémissible est-il de se mêler des affaires d'état, et même de s'en entretenir, fût-ce pour louer le gouvernement. D'ailleurs, on y peut faire tout ce qu'on veut; et si on est protégé d'un sénateur, on peut braver la justice, et y commettre impunément les derniers forfaits.

[2] Pour faire sa cour à Tibère, Galliénus propose d'admettre les prétoriens dans l'amphithéâtre, au rang des chevaliers : pour prix de son zèle l'empereur le fit chasser du sénat. Tacit., Ann., lib. 6.

[3] Charles Ier défendit au peuple, par proclamation, de parler du parlement qu'il avait mis de côté, et qu'il voulait anéantir.

public; ils établissent l'espionnage, et ce redoutable emploi ils le confèrent à une bande de vils scélérats : ainsi, sous prétexte de ne pas exposer le repos public, et de maintenir le respect dû à la majesté du trône, ils entretiennent des nuées d'espions au milieu des peuples, au sein même des familles; ils érigent des inquisitions, dont la porte est toujours ouverte aux délateurs.

[1] C'est ce qui se voyait à Rome, sous les Tibère, les Néron, les Domitien, les Caligula : Rome n'était alors remplie que de délateurs; l'esclave était l'espion de son maître; l'affranchi, de son patron; l'ami, de son ami; le fils, du père; etc.

C'est ce qui se voit aujourd'hui en Orient, à la Chine, au Japon, et dans la plupart des états de l'Europe.

En Italie, en Espagne et en Portugal, on dépense des sommes considérables en frais d'espionnage.

En France, le ministre puise chaque année dans le trésor public dix millions pour acheter les yeux et les oreilles de 30,000 mouchards, appelés *témoins à gages*, en style de chancellerie.

Non contens de s'introduire dans les cafés, dans les cabarets, dans les guinguettes et autres endroits publics, pour y épier les discours qui s'y tiennent, ces misérables joignent encore au vil rôle de délateurs la plus noire perfidie. Pour fouiller jusque dans le fond des cœurs, ils se mettent souvent à déclamer eux-mêmes contre le gouvernement, et à provoquer ceux qui gardent le silence.

Canto, Pichon, Sociande, la Comète, Marcassin, la Corbière, Gorgibus, etc. qui déposèrent contre le marquis de La Boulaye, un des principaux frondeurs, avaient chacun un brevet de témoin à gages, par lequel il leur était enjoint de se trouver dans les assemblées publiques, de dire tout ce qui leur semblerait à propos contre l'état et contre le ministère sans qu'ils pussent être recherchés : et le parlement eut la bassesse de recevoir la déposition de ces infâmes coquins. *Hist. du card. Mazarin.* *

* Nous devons, de toute nécessité, ajouter à la bande de coquins dont parle Marat, Vidocq, cet illustre scélérat, qui a déjà rendu tant de services à la monarchie.

(*Nouvel éditeur.*)

Non contens d'entretenir des nuées d'espions, quelques-uns poussent l'horreur jusqu'à forcer leurs sujets à en faire l'infâme métier contre leurs parens mêmes [1] : dès-lors on n'ose plus s'ouvrir à personne, le frère se défie du frère, le père du fils, l'ami de l'ami.

Quelqu'un a-t-il le courage de se récrier, contre l'oppression ? on le saisit, on le charge de fers, on le jette dans un cachot, en attendant qu'on le traîne devant un tribunal de sang; et chacun l'abandonne comme une victime dévouée à son mauvais sort [2]. Ainsi, en écrasant ceux qui résistent, et en effrayant ceux qui voudraient résister, bientôt il ne se trouve plus personne pour défendre la patrie, et il ne reste dans l'état que de vils esclaves à genoux devant un maître impérieux.

[1] À Venise, outre le nombre prodigieux d'espions qui hantent les cafés, les églises, les théâtres, et ceux qui se trouvent au sein des familles, le conseil des dix offre de temps en temps des récompenses à quiconque veut faire le métier de délateur : il y a même une bouche d'airain sans cesse ouverte aux délations. Ainsi tout y est suspect; domestiques, parens, amis, maîtresses.

En 1621, Jacques Ier fit une proclamation portant défense à tout sujet de s'entretenir des affaires d'état sous des peines rigoureuses, et contre les auteurs et non-délateurs des contraventions à cet ordre arbitraire.

[2] L'histoire des Louis XI, des Charles IX et des Louis XIII est pleine d'exemples de malheureux condamnés par des commissaires royaux. On sait les horribles transactions de la chambre ardente.

Aujourd'hui même les partisans de la liberté n'ont guère un meilleur sort à attendre. Combien de personnes disparaissent de Paris, qui sont traînées pendant la nuit dans d'affreuses prisons, où elles sont étranglées à la lueur des flambeaux.

Jaloux de leur empire, les despotes sentent que
pour tyranniser les peuples plus à leur aise, il faut
les abrutir ; aussi tout discours, tout écrit qui élève
l'âme qui tend à rappeler l'homme à ses droits,
à lui-même, est-il funeste à son auteur. Et comme
si ces tyrans voulaient anéantir tout ce qui porte
l'empreinte de la raison ou de la vertu [1] dans ces
temps d'oppression, on voit les orateurs célèbres,
les politiques, les philosophes honteusement ban-
nis, et leurs ouvrages flétris par la main des bourreaux [2].

Rien n'est innocent aux yeux d'un despote, sans
cesse environné de délateurs qui nourrissent ses
soupçons, flattent son avarice, aiguillonnent sa cupidité, enflamment son orgueil; sans cesse entouré
de scélérats protégés et enrichis par la part qu'ils
obtiennent des confiscations, les paroles les plus innocentes deviennent des crimes, jusqu'aux pensées
secrètes, alors plus de bornes à la tyrannie. Tous
ceux qui lui deviennent suspects sont immolés à sa
lâcheté; tous ceux dont il convoite la fortune sont
immolés à sa cupidité; on les accuse d'avoir attenté à
la majesté du prince, méprisé son autorité, médit de
ses ministres; tout prétexte est bon [3]. Dès lors le glaive

---

[1] Après avoir fait périr tant d'hommes vertueux, Néron fit périr Pœ-
tus, illustre sénateur, comme s'il eût voulu extirper la vertu elle-même.

[2] Cela se vit à Rome sous les Tibère, les Caligula, les Domitien; et
en Angleterre, sous Charles Ier.

[3] Tibère qualifia de crime de lèse-majesté les actions les plus indif-
férentes.

Un citoyen, en vendant ses jardins, avait aussi vendu la statue d'Au-

de la loi est levé sur toutes les têtes, et l'état devient
un théâtre d'horreur et de carnage. Ainsi livrés à la
merci du gouvernement, chacun sent qu'il ne faut
point faire parler de soi, et qu'il ne tient sa sûreté
que de son obscurité; chacun cache ce qu'il craint,
ce qu'il espère, ce qu'il désire;alors plus de murmures,
plus de soupirs, plus de plaintes; partout règne un
morne silence, la consternation se répand dans tous
les cœurs; dans leurs transes perpétuelles, les sujets
gémissent en secret, et se désespèrent comme des cri-

guste qui s'y trouvait placée; Tibère le fait déclarer criminel de lèse-
majesté.

Un citoyen frappe un esclave qui portait fortuitememt sur lui une
médaille de Tibère; il est pupi comme criminel de lèse-majesté.

Un citoyen s'amuse à faire quelques vers un peu libres qu'il lut à des
femmes, bientôt il est puni comme criminel de lèse-majesté.

Un chevalier présente à Tibère une élégie sur la mort de Germani-
cus, qu'il avait faite à la demande de Drusus; à l'instant il est traité en
criminel de lèse-majesté. *Annal.*, lib. 3.

Une femme se déshabille devant l'image de l'empereur Domitien; il
la fait condamner à mort. Sous Néron, c'était pis encore. On fit un
crime de lèse-majesté à Thraséa, de n'avoir jamais applaudi aux discours des flatteurs, de s'être volontairement absentée, lorsque les magistrats faisaient des vœux en faveur du prince, de n'avoir pas sacrifié
à sa divine voix, de n'avoir pas voulu reconnaître Poppéa pour déesse.
Annal., 14 et 15.

Caligula fit un crime de lèse-majesté aux citoyens d'être riches. Ayant
accordé à Drusille les honneurs divins, il fit un crime aux Romains de
la pleurer, parce qu'elle était déesse, et de ne pas la pleurer parce
qu'elle était sa sœur.

Denis traita en criminel de lèse-majesté un certain Marsias, pour
avoir rêvé qu'il coupait la gorge à ce tyran. Plutarque, *Vie de Denis.*

Une ancienne loi d'Écosse mettait au nombre des crimes de lèse-
majesté tout mensonge débité sur le roi et son gouvernement.

minels condamnés au supplice, ayant toujours la mort devant les yeux.

Après avoir sacrifié ses sujets à ses craintes, à son avarice, à son orgueil, il les sacrifie à sa luxure; il leur enlève leurs femmes, leurs filles, leurs fils; il s'abandonne aux plus horribles débauches, et il n'écoute plus que la voix des infâmes passions.

Une fois sous le joug et convaincus de l'impossibilité de le rompre, les sujets ne songent plus qu'à se consoler du malheur de leur situation. L'âme affaissée par la crainte, ils cherchent leur salut dans la bassesse, et, forcés d'être ou victimes ou satellites du gouvernement, ils se déterminent à devenir suppôts de la tyrannie.

Incapables et indignes d'être libres, ils commencent par dédaigner la liberté, et à vanter le repos dont ils jouissent dans les fers[1].

Que s'il se trouve encore quelques bons citoyens,

[1] Pendant les sept premiers siècles de la république, on parlait et on écrivait avec autant de force que de liberté; mais depuis la bataille d'Actium, le souverain pouvoir étant passé entre les mains d'un seul, de qui on avait tout à craindre et rien à espérer, pour se mettre en sûreté ou pour s'avancer, on ne vit plus que la servitude. Chacun s'étudia à plaire ou à flatter; les cœurs s'avilirent, et le sénat lui-même ne rougit pas d'encenser l'empereur.

A peine Tibère fut-il monté sur le trône, que les chevaliers, les sénateurs et les consuls coururent à l'envi à la servitude. Le fourbe feint de ne pas vouloir de la couronne, et le sénat rend à l'instant un décret pour forcer les citoyens de jurer sur les actes de l'empereur, c'est-à-dire que tout ce qu'il jugera de faire sera regardé comme un bienfait.

A l'avénement de Tibère, un sénateur s'écrie qu'il faut que le corps

sachant bien qu'ils seraient abandonnés de tous, ils ne se hasardent point à tenter des démarches qui ne feraient que les perdre; ainsi, réduits à désirer une révolution sans oser tenter la moindre démarche pour rompre leurs fers, ils prennent comme les autres le parti de la soumission et ils approuvent ce qu'il ne servirait de rien de blâmer. Les sages eux-mêmes se taisent pour gémir en secret; car, où est l'homme qui aime assez son devoir pour le faire inutilement! Or, quand ceux qui devraient inspirer aux autres du courage, sont les premiers à le leur ôter, on ne voit plus de toutes parts que bassesse, flagornerie et lâche servitude. Dès ce moment les bouches ne s'ouvrent plus que pour encenser l'idole qu'on redoute.

Quand une fois le prince est tout, pour être quelque chose, chacun s'efforce de lui plaire, et chacun à l'envi dispute de bassesse. Bientôt les courtisans,

d'Auguste soit porté au bûcher sur les épaules des sénateurs, et il se charge ainsi d'un office réservé aux esclaves.

Un autre sénateur propose de ne plus marquer les années par les consuls, mais par l'empereur.

Un autre, de graver en lettres d'or le décret rendu sur cette proposition. Jeunes et vieux, chacun encense le tyran à l'envi, ceux mêmes qui, accablés sous le poids des années, ne peuvent espérer de recueillir de leur turpitude qu'un opprobre éternel.

Lorsqu'Othon eut été proclamé empereur, on vit ces Romains, dont les ancêtres frémissaient au seul nom d'esclavage, courir en foule au camp et applaudir au choix des soldats. C'était à qui baiserait le premier la main du despote, à qui le flatterait le plus bassement, à qui ramperait le plus lâchement à ses pieds, tandis que le sénat s'empressait de décerner à ce parvenu les marques de la souveraine puissance.

vils flatteurs de ses plaisirs et de ses vices, briguent en rampant l'honneur honteux d'en être le jouet[1].

Sous prétexte de maintenir son autorité, tous ceux qui l'approchent, traitent de coupable licence l'amour de la liberté, mettent celui de la patrie au rang des crimes, approuvent le supplice des citoyens qui en sont la victime, et deviennent les vils apologistes du pouvoir arbitraire.

De leur côté, les écrivains représentent le prince comme l'arbitre suprême des peuples, et les sujets comme des esclaves destinés à servir; ils crient que chacun doit adorer le joug, et ils ne négligent rien pour accréditer cette funeste doctrine; tandis que pour faire valoir leur zèle, les lâches intrigans et les scélérats ambitieux se portent délateurs, et cherchent partout quelque victime dont la condamnation puisse plaire au prince.

Enfin, pour comble d'infamie, on voit les magistrats, les sénateurs, les pères de la patrie, joindre leur voix à la voix du peuple, et disputer d'infamie avec les esclaves.

Lorsque les peuples en sont là, ils descendent plus bas encore. Une ignorance extrême produit une extrême crédulité; amenés ainsi à méconnaître leurs droits, l'habitude d'entendre sans cesse prodiguer

[1] Les chevaliers romains faisaient la cour aux affranchis de Tibère, et tenaient à honneur d'être connus du portier de Séjan. *Tacit. Ann.* 6.

En France, les grands rampent dans l'antichambre des ministres, fiers d'être distingués des autres esclaves.

au tyran des titres pompeux, des noms augustes, des honneurs divins, ils ne voient bientôt plus dans le prince un simple mortel, ils regardent ses ordres comme des oracles émanés du ciel, et ils mettent l'obéissance aveugle au rang de leurs devoirs les plus sacrés : alors, maître absolu de l'État, il cesse d'avoir recours aux prétextes pour colorer ses forfaits; il foule aux pieds les lois, les mœurs, la pudeur; il dépouille les citoyens à son gré : après leur avoir enlevé leurs fortunes, il leur enlève leurs femmes et leurs enfans, il les vend à l'enchère[1]. Que dis-je, il souille les tribunaux, dégrade les magistratures, avilit les emplois, force les magistrats à se prostituer en jouant des rôles de farceurs, à s'exposer à la risée publique[2], et il écrase tout ce qui s'oppose à ses fureurs.

Ne voyant plus rien à ajouter à sa puissance, il ne s'occupe qu'à en faire sentir le poids, il donne des ordres tyranniques, et loin de laisser à ceux qu'il opprime la liberté de se plaindre, sa farouche barbarie leur défend jusqu'aux larmes et aux sou-

---

[1] Caligula faisait mourir militairement tous ceux qui lui déplaisaient : et ce n'était pas à quelques sénateurs qu'il en voulait, il tenait le glaive suspendu sur le sénat qu'il menaçait d'exterminer tout entier. Il fit de son palais un lieu de prostitution, et vendit à la canaille de Rome de jeunes filles et de jeunes garçons qu'il avait fait enlever aux familles les plus illustres. Enfin, pour insulter à tout ce qu'il y avait de plus respectable, il avilit les magistratures et prostitua la robe consulaire jusqu'à en faire une couverture de cheval.

[2] Néron força les sénateurs de faire au théâtre et au cirque le métier d'Histrion. *Dio Cass.*

pirs[1] : en les condamnant à perdre la vie, il force encore les tristes victimes de sa férocité à se percer le flanc de leurs propres mains.

Enfin, par un orgueil sacrilége, le tyran joint l'insulte à l'outrage, il s'applaudit d'inspirer de l'effroi, il va dans les places publiques où la terreur le devance; à son aspect, le peuple baisse les yeux, se précipite à ses pieds, et lui prodigue l'encens; tandis qu'il insulte avec affectation aux malheurs de l'État qu'il tient opprimé. Brûlant d'assouvir ses fureurs, souvent on l'entend rugir de ne pouvoir pas faire plus de mal. Caligula aurait souhaité que le peuple romain n'eût eu qu'une tête, pour avoir le plaisir de l'abattre d'un seul coup.

A mesure que la tyrannie avance vers son dernier période, l'avilissement des peuples avance vers son dernier terme. Courbés sous le poids de leurs chaînes, bientôt ils deviennent les plus vils apologistes de la tyrannie.

Néron venait de commettre un parricide exécrable, et bientôt on voit dans Rome les citoyens courir en foule aux temples remercier les dieux d'un forfait qui criait vengeance : les sénateurs eux-mêmes

---

1 Tibère poussa l'atrocité jusqu'à porter une loi contre les parens qui pleureraient les malheureuses victimes de ses fureurs.

En dépouillant les templiers, Philippe Lebel s'attachait à en arracher, par des supplices effroyables, l'aveu des prétendus crimes qu'il leur imputait. *Trevot. Conc.* 81,-8.

C'était la coutume de Charles Ier, lorsqu'il avait fait condamner par la chambre étoilée les infortunés qu'il tyrannisait, d'exiger d'eux l'aveu des crimes qu'ils n'avaient pas commis. *Rushworth, vol 1.*

montent au capitole, ordonnent des prières publiques pour le salut du prince, mettant le jour de la naissance de sa mère au nombre des jours malheureux, et font fumer l'encens pour des forfaits qu'ils auraient dû punir du dernier supplice [1].

Mais jusqu'où ne vont point les tyrans? Après avoir porté leur puissance au dernier excès, ils affectent d'être plus que des hommes, ils ont l'impudente folie de se donner pour des dieux; et comme si l'avilissement des sujets pouvait encore aller plus loin, on voit ces lâches esclaves s'empresser de renchérir sur les titres que le tyran s'arroge, et adorer en tremblant l'idole qu'ont formée leurs mains [2].

Telle est la marche ordinaire des princes au pouvoir absolu [3]. Ainsi, la liberté a le sort de toutes les

[1] Tacit. *Ann.*

[2] Dioclétien voulut être adoré: ce qui fut ordonné par édit.

[3] Ce n'est pas que chaque prince mette en œuvre tous ces moyens pour subjuguer ses peuples, ni que le plan d'opérations de la plupart des princes soit toujours bien concerté, ou même qu'ils aient tous un plan fixe.

Pour le bonheur de l'humanité, les princes sont généralement des hommes si ordinaires, ils ont des vues si courtes, et leurs ministres leur ressemblent si fort, qu'on peut se reposer souvent sur leurs sottises, du soin de défendre la liberté.

Juste ciel! où en serions-nous, si remplissant de leurs intrigues le monde entier, ils savaient tramer leurs complots de manière à n'en pas paraître les auteurs? s'ils savaient toujours les conduire au succès sans compromettre leur autorité!

Ce n'est pas non plus que le même cabinet poursuive sans relâche le même projet. Il se trouve de temps à autre quelques bons princes qui ne veulent point être oppresseurs; ils s'en trouve aussi quelques-uns sans ambition, qui ne songent point à étendre leur pouvoir: mais plus

autres choses humaines; elle cède au temps qui détruit tout, à l'ignorance qui confond tout, au vice qui corrompt tout, et à la force qui écrase tout [1].

souvent il s'en trouve de timides qui n'osent pas faire le mal qu'ils voudraient. Or, sous ces princes, le despotisme fait ordinairement peu de progrès.

Enfin, ce n'est pas qu'il faille toutes ces armes pour usurper la puissance suprême : souvent un coup d'état suffit pour détruire la liberté.

[1] Nous croyons qu'on aurait tort de conclure de là que l'auteur désespérait de la liberté; non, au contraire, c'était chez lui l'effet de l'amour le plus ardent de la liberté qu'il soit possible de voir. D'ailleurs, il a prouvé plus tard, par ce qu'il a fait pour elle, s'il croyait son établissement possible et surtout définitif. Ainsi, ne nous laissons pas trop attérer par les dernières lignes de cet ouvrage, quoiqu'elles portent un peu le deuil dans l'âme. Désespérer de la liberté, ce serait désespérer de l'humanité, et ce n'est pas le fait des cœurs nobles, généreux, et placés au bon endroit. (*Nouvel éditeur.*)

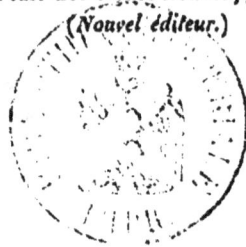

FIN.

TABLE DES MATIÈRES.

———

Avertissement de l'éditeur.   ı
Discours préliminaire.   ııı
Notice.   ı
Aux électeurs de la Grande-Bretagne.   .   9
Introduction.   17

LES CHAINES DE L'ESCLAVAGE.

De l'amour de la domination.   21
De l'étendue de l'état.   22
Des différens âges des nations.   24
Des nations amies de la pauvreté.   .   25
Des vices de la constitution politique.   29
Du pouvoir du temps.   5o
Des fêtes.   5ı
Des entreprises publiques.   52
Gagner l'affection du peuple.   ibid.
De l'appareil de la puissance.   57
Avilir les peuples.   .   . 6o
Suite du même sujet.   63

Encourager les lettres, les beaux-arts et les talens
    agréables.   65

Corrompre le peuple.   67

Du commerce.   71

Du luxe.   78

Flatter l'avarice du peuple.   83

De la débauche.   *ibid.*

Fausse idée de la liberté.   85

Se faire des créatures.   86

Éteindre l'amour de la gloire.   88

Encourager la servitude.   89

Écarter des emplois les hommes de mérite et les
    hommes de bien.   91

Hypocrisie des princes.   92

Des sourdes menées.   93

Innover.   96

Multiplier les créatures du gouvernement.   101

Diviser la nation.   104

Opposer l'un à l'autre les divers ordres de l'état.   109

Fatiguer le peuple de sa liberté.   125

Remplir les premières places de l'état d'hommes cor-
    rompus.   128

Soustraire du glaive de la loi les coupables agens du
    pouvoir.   129

Remplir les tribunaux de juges corrompus.   130

Désarmer les sujets.   132

Pourvoir à la solde des troupes.   137

Attentat contre les lois, et jugement contre la liberté.   138

Aveugle sécurité du public.   142

Épuiser le zèle du peuple sur de faux objets.   143

Des écrits peu fondés, ou des dénonciations hasardées.   144

Des écrits satiriques.   146

Des écrits indécens.   147

Des mauvais écrits.   *ibid.*

De la multiplicité des écrits.   148

— 320 —

Modération inconsidérée du peuple. 149
Dissimuler les griefs nationaux. 151
Des artifices mis en usage pour apaiser les clameurs publiques. 152
Continuation du même sujet. . . . 160
Continuation du même sujet. . . . 161
Empêcher le redressement des griefs publics. . . 168
De l'ignorance. 172
Fausse idée de la tyrannie. 179
Suite du même sujet. 183
Dénaturer les choses. *ibid.*
De la superstition. 185
Double ligue entre les princes et les prêtres. 191
Vains efforts du peuple. 194
De la fourbe. 210
Constante poursuite des mêmes desseins. 217
Corrompre le corps législatif. 220
Du peu de fermeté des représentans du souverain contre les entreprises du gouvernement. 223
Prévenir les émeutes. 224
Accoutumer le peuple aux expéditions militaires. 226
S'assurer de l'armée. 227
Soustraire le militaire au pouvoir civil. 229
Inspirer au militaire du mépris pour le citoyen. 230
Miner le pouvoir suprême. 231
De la guerre étrangère. 234
De la guerre civile. 242
Ruiner les peuples. 245
De la flatterie. 252
Continuation du même sujet. 255
Sottise des peuples. 258
Préjugés stupides. 266
Continuation du même sujet. 269
Ridicule vanité des peuples. 270
Usurper le pouvoir suprême. 272

Continuation du même sujet. 277
Des coups d'état. 278
Des mesures violentes. 286
Du cérémonial et du style de chancellerie. 287
Le peuple forge ses fers. 291
Du despotisme. 300
De la crainte des supplices. 305

FIN DE LA TABLE DES MATIÈRES.

PARIS. — IMPRIMERIE DE AUG. AUFFRAY, PASSAGE DU CAIRE, 54.

SOUS PRESSE.

A 2 SOUS LA FEUILLE.

LES CRIMES

DES

ROIS DE FRANCE,

PAR L. LAVICOMTERIE,

PRÉCÉDÉS D'UNE NOTICE SUR L'AUTEUR ET SES OUVRAGES,

PAR M. A. HAVARD;

ORNÉS D'UN PORTRAIT DE L'AUTEUR ET DE VIGNETTES GRAVÉES
SUR ACIER.

Prix de chaque livraison composée de 4 feuilles et d'une
vignette, 5o cent.

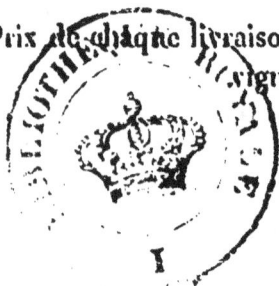

www.ingramcontent.com/pod-product-compliance
Lightning Source LLC
Chambersburg PA
CBHW050504270326
41927CB00009B/1896